붓다의 가르침 따라

붓다의 가르침 따라

지리산에서 세월을 잊다

김규성 지음

prologue

붓다의 가르침에 빠져들기를 바라며

붓다의 가르침은 받는 것보다 언제나 베풂을 말합니다. 남에게 베풀 때 오히려 자신이 행복해지는 경험들을 해보셨을 것입니다. 머무는 바 없이 조건 없는 베풂이 붓다의 무주상보시 정신입니다. 법정스님의 무소유 정신입니다. 그렇다고 감당할 수 없이 베풀라는 말이 아닙니다. 가진 만큼 베풀고 아는 만큼 전하라는 것입니다.

고교시절 역사를 재미있게 가르쳤던 이원경 선생님을 만난 것은 천복이었습니다. 그때부터 쌓은 인문학적 소양은 인생을 살아가면서 토론을 좋아하고 배움을 좋아하는 습관이 되어 평생을 지적인 호기심을 추구하는 삶을 살게 되었습니다. 붓다의 가르침과 인연을 맺게 된 것은 '나는 무엇인가?', '이 세상은 무엇인가?' 라는 대의정에서 출발하였으며 붓다의 가르침을 배우게 되면서 제 인생의 인지정화가 시작되었습니다.

인류 정신 사상사에 최초로 발견된 붓다의 연기법은 '이것이 있으므로 저것이 생겨나고 저것이 사라짐으로 이것도 사라진다', '일어남과 사라짐이 사라진다면 영원한 행복, 상락아정(常樂我淨)을 얻을 수 있다'는 것입니다. 연기법은 한치의 오차도 없습니다. 다만 시차가 있을 뿐, 모든 생명체에 보편적으로 적용되는 인과법을 설파하시는 붓다의 가르침에 흠뻑 빠져들 수밖에 없었습니다.

주역과 역학을 공부하게 된 계기는 '세상과 자연의 이치', '인간의 숙명과 운명'에 대한 궁금증의 발동이었습니다. 나름대로 답을 얻었습니다. 심상사성 개조명운(心想事成 改造命運)입니다.
　모든 것은 나의 마음이 만들어 내는 내 작품입니다. 일체유심조(一切唯心造)입니다. 세상은 성주괴공(成住壞空)하면서 끝없이 돌고 돌아갑니다. 주역 64괘사가 수화기제로 끝나는 것이 아니라 수화미제로 다시 시작됩니다. 인간의 마음은 생주이멸(生住異滅)하고 인간의 몸은 생로병사(生老病死)하면서 무시무종(無始無終)으로 돌고 돕니다.

고교 시절 S자 고갯길을 올라 아름다운 구덕산 숲속 교정에 이르면 "낙오자는 과거를 사랑하고 진취자는 미래를 구상한다"는 교정주련이 제 인생의 길잡이가 되어주었습니다. 이제는 붓다의 가르침이 저의 인생을 밝혀주고 있습니다. 과거도 미래도 아닌 now and here입니다.

2019년 사회생활을 접고 지리산 장당계곡에 「貴人山方」이라는 거처를 마련하고 〈安心亭〉이란 정자에서 자연과 더불어 세월을 잊고 참구한 '나는 무엇인가?'. '이 세상은 무엇인가?'라는 대의정에 대한 정답은 '나는 아바타', '이 세상은 가상현실'이라는 것을 느끼는 중입니다.

  이 책이 빛을 볼 수 있도록 물심양면(物心兩面)으로 애쓴 나의 아내 보광명 보살에게 말로는 다하지 못할 사랑을 전하며, 여여 거사님과 그의 아내 대원경 보살에게도 감사하다는 말 전합니다. 오랫동안 함께한 가족 친구 지인들에게도 더불어 함께 하는 삶에 항상 감사하다는 말을 이번 기회에 전하고 싶습니다.
  이 책을 통해 저와 인연을 맺은 분들이 붓다의 가르침에 흠뻑 빠져들어 어리석음을 해결하는 인지정화의 길에서 함께 할 수 있기를 바랍니다.

2025년 늦은 가을
지리산에서 정산, 비상천

차례

붓다의 가르침에 빠져들기를 바라며 _ 5

part1.
지리산에서 세월을 잊다 _ 12

명(命), 어찌 아는가? _ 14

늙고 죽음 또한 없다 _ 22

죽음에 대한 게송 명상 _ 26

극락정토 가는 쉬운 길 _ 37

행불 _ 44

행불 게송 _ 50

티벳불교에 대하여 _ 53

티벳 사자의 서 _ 71

지구의 격변과 변화에 대한 예견 _ 73

삼국유사 (조신의 꿈 이야기) _ 76

모두가 집안일 _ 78

part2.
부처님은 누구인가? _ 84

부처님의 깨달음의 과정_ 86
부처님께서 삼세 인과를 설하시다 _ 100
위대한 부처님 사상 발전단계 _ 102
부처님의 우주관 _ 114
불교는 왜 무아를 말할까? _ 116
불교의 우주 물리학(능엄경) _ 128
어찌 홀연히 산하대지가 생겼는가? _ 136
마하반야바라밀은 최상의 진언이다 _ 140
연기 공성 중도 _ 143
관세음보살의 이근원통 _ 150
불성이란 _ 160
무명은 절대적 첫항인가? _ 164
일즉일체다즉일 _ 169
3종 인과법에 대한 공부_ 174

part3.
선사들의 가르침 _ 178

도인들의 삶이란? _ 180

혜능 선사의 도에 대한 가르침 _ 186

현장법사의 불법에 대한 구도심 _ 188

육조 혜능 선사의 무상송 _ 201

2조 혜가에게 3조 승찬이 말하였다 _ 206

무엇이 윤회하는가? _ 208

점진적으로 닦음이란 무엇인가? _ 214

단박에 깨닫는 것은 무엇인가? _ 219

보는 성품은 늙지 않는다 _ 221

견도 수도 견성 _ 225

전식득지(轉識得智) _ 232

깨달은 자의 안목 _ 239

정토삼부경에 대하여 _ 242

도의 성품 _ 254

명상 _ 257

중도 _ 261

평상심 _ 268

찰나생멸 - 도겐 선사의 법문 _ 271

설산동자 _ 273

part4.
마음은 어디에 있는가 _ 276

주인과 손님 _ 278
내 마음을 어떻게 알 수 있을까? _ 284
마음은 이미 마음을 알고 있다 _ 294
오늘은 오늘로써 절대다 _ 304
화를 다스리는 게송 _ 307
4차원을 꿰뚫어 보는 참나의 마음 _ 313
입자와 파동에 대하여 _ 322
보배경 _ 330
대승기신론 일심 사상 _ 334
끝없는 인간의 욕심 _ 345
땡그랑 땡 땡그랑 땡 _ 351
인생의 목적은 해탈이다 _ 356

part1.
지리산에서 세월을 잊다

명(命), 어찌 아는가?

천상천하유아독존(天上天下唯我獨尊), 세상 가장 귀한 존재는 사람이다.

인생난득 불법난봉(人生難得 佛法難逢), 사람은 태어나는 것 자체가 힘든 존재이며. 축복이고 고귀하고, 존엄하다. 그런데 사람으로 태어나서 사람마다 각자 부(富)하고 귀(貴)하고, 빈(貧)하고 천(賤)하고, 길(吉)하고 흉(凶)하고, 장수(長壽)하고 요절(夭折)하는 이유가 궁금하다.

8가지 궁금증에 가장 궁금한 것이 장수다.

"부자로, 건강하게, 오래 살고, 사는 동안 덕을 쌓고, 죽을 때 잘 죽어야 한다."

『서경』'홍범편'에는 인생의 바람직한 조건으로 5가지 복이 있어야 한다고 했다. 이것을 수(壽), 부(富), 강녕(康寧), 유호덕(攸好德), 고종명(考終命)이라 하는데, 그중에 장수(長壽)를 으뜸으로 친다.

그렇다면 장수(長壽)하는 사주팔자를 어떻게 알 수 있을까?

명리에서 답을 찾으면 사주격국이 순수하고, 용신이 강령하며, 정신기(精神氣) 삼자를 두루 갖춰 오행의 유통됨에 막힘이 없어야 함은 물론이며, 운로(運路)가 길신(吉神)의 흐름이 되어야 한다.

사주팔자의 으뜸은 중화된 사주라 할 수 있는데, 이는 목-화-토-금-수 다섯 오행을 골고루 갖춰 신왕/신강 하지도 않고 신약 하지도 않은 사주를 말한다. 용신의 강약(왕쇠), 청탁, 정신기, 주류무체(수기유통), 이 4가지를 중요한 판단 근거로 보고 있다.

궁금의 해답을 찾고자 인간은 자연에서 어떤 법칙을 찾으려 했다. 그러한 노력의 결과로 역학(명리) 탄생의 근본원리를 기술해 본다. 이런 법칙을 배우고 익히는 것이 명리학이라고 보기 때문이다.

자연의 순환이나 변화를 어떻게 사람의 운명에 적용했을까? 세상을 가만히 살펴보면 어떤 원리나 규칙에 의해 돌아가고 있음을 알 수 있다. 삼천대천세계라는 거대한 우주도 일정한 규칙에 따라 돌아가기에 큰 충돌 없이 질서정연하게 돌아가고 있다.

제행무상(諸行無常), 시간이 흐름에 따라 이 세상 변하지 않는 것은 아무것도 없다. 주변 환경에 따라 시시각각 물리적 변화를 하니 그것에 현명하게 적응하는 방법을 찾으려는 인간의 노력으로 찾아낸 법칙이 '음양오행학'을 으뜸으로 하는 명의 이치(명리)라고 생각한다. 모든 것이 변한다고 하여 '역학'이라고 하고, 명(命)에 대한 이치(理致) 즉 명리(命理)라 한다.

하루라는 시간의 흐름을 명리학에서는 음양이라고 표현한다. 낮은 양(陽)이고 밤은 음(陰)이다. 매일같이 하루라는 음양 운동이 반복해서 돌아가고 있는 것이 우리가 살아가고 있는 세상이다. 작게는 하루라는 음양이, 크게는 오행이라는 사계절을 순환하며 흘러가는 것이 자연의 이치다. 그래서 동양철학을 '음양오행학'이라고 부르는 것이다.

음양오행은 모두 시간의 흐름에 따라서 변화하는 '운동성'을 의미하기에 낮에는 활동하고, 밤에는 잠자는 것이 '음양운동'이다.
대자연의 운동성을 각각 시간대별로, 월별로 분류하고, 그 운동성을 살핀 다음, 육친이라는 인간관계를 대입해서 숙명 운명에 적용한 것이다.
시간의 변화에 따라서 어떤 운동이 일어나는가를 알아차린다면 명리(역학)는 공부할 것이 없다고 해도 과언이 아니다.

대운이란 것도 월지를 중심으로 흐르는 계절의 변화를 보는 것이다. 하루와 사계절의 변화가 음양오행이고, 음양오행은 동양철학의 근본이기에 그것을 조금 확장하고 분화시켜 놓은 것이 12시간이고, 12개월이다. 세상 모든 것은 음양오행과 10천간, 12지지로 분류할 수 있다.

마찬가지로 음양오행과 10천간, 12지지를 우리가 생활하는 시대상황과 주변 환경, 물상, 육친, 그리고 운동성으로 분류할 수 있다. 국가, 사회, 가족, 부모, 부부, 자녀, 그에 따른 주변 환경, 활동 반경, 육친관계, 없는 오행, 없는 육친, 과유불급, 형이상학적 정신세계, 직업 등등 무한 확장이 가능하다. 이렇게 확장하다 보면 물리학적으로 시공 개념을 내포하고 있다.

 대자연의 이치를 깊게 깨쳐야 하는 공부이기에 누구나 할 수는 있지만, 아무나 할 수가 없는 공부가 또 명리학이다. 공부한다고 누구나 다 알고 깨닫는 것이 아니기에 돈오돈수, 돈오점수 논쟁이 치열하듯 부단한 노력이 필요하다.

 운칠기삼이라는 말이 있다. 사주팔자 타고난 숙명이 30%이고 '대운', '세운'이라는 운명이 70% 정도 영향력을 갖는다는 뜻이다. '숙명'과 '운명'은 큰 차이가 있다. 타고날 숙(宿), 움직일 운(運), 아무리 좋은 명반을 가지고 태어났다고 하더라도 운명을 잘못 만나면, 강태공처럼 문왕을 만나는 운이 오기를 60년 기다린 것과 같다.
 아무리 좋은 명(숙명)을 타고 났다고 해도, 본인의 운(운명)이 정반대의 방향으로 흘러가면, 마치 벤츠가 비포장길을 굴러가는 것과 다름이 없다. 티코보다 못할 수 있다는 것이다. 이렇듯 '대운', '세운'이라는 운명은 우리가 살아가는데 지대한 영향력을 미치고 있다.

 사람의 숙명과 운명을 통변하는 방법에는 여러 가지가 있다. 통변감명의 오류를 줄이려면 끊임없는 노력이 필요하기에 아무나 할 수 없는 공부라는 것이다. 고전사주 해석법부터 현대사주 해석에 이르는 수많은 책들을 공부해야 얻을 수 있다는 결론이다.
 연해좌평 자평진전 삼명통회(록명신) 명리정종 적천수 궁통보감 적천수천미에서 현대의 22간지론까지 공부한 후에 어떤 통변법 관법을 선택하느냐를 결정해야 한다. 복합적으로 판단하는 고도의 정신적, 형이상학적, 지적영역의 범주에 속한다.

　명리학 관법으로는 3가지가 있는데 신살론, 격용론, 그리고 간지론이다. 어느 한 가지를 가지고는 될 일이 아니다. 용신격국 찾아 삼만 리를 갈 것이냐? 신살론으로 갈 것이냐? 아니면 현대해석의 간지론으로 통변할 것이냐?

　명리학계에 3대 도사라고 이름을 날린 이석영 박재완 박제현 선생들도 따지고 보면 고전사주에서 현대의 천간 지지(22간지)에 통달(通達)하였기에 자유자재로 통변할 수 있었다고 사료 된다. 이분들은 술사로, 도사로, 이름을 날렸는데 감명통변에 오류가 거의 없었다.
　하지만 공부를 해보면 신기한 비법이란 없다는 것을 알 수 있다. 꼭 문진을 통해 궁금한 것, 요점을 파악할 수 있는 능력을 갖추었다고 볼 수 있다. 찾아오는 환자를 그냥 바라본다고 병을 진단할 수 있는 명의는 존재할 수 없듯이 꼭 문진 문답을 통해 병의 증세, 문진자의 궁금증을 파악하여야 한다.
　아는 만큼 통변할 수 있고, 아는 만큼 말해줄 수 있다. 미래 예측이라는 학문으로 자리 잡으려는 시도가 진행 중이고, 김대중 정부 시절 인문학 대학원 박사과정으로 정식 등록되었다.

　얼렁뚱땅 말하는 사주쟁이 시대는 요즘 MZ세대에게 먹힐 리가 만무하다. 잘 본다고 소문난 역술인을 찾아가면 첫마디가 "음, 지금까지 어찌 살았노?" 한 마디에 "선생님 말도 마이소" 하고 다 풀어헤쳐 놓는다. 그러면서 "어찌 살면 되겠습니까?"라고 묻는다. 답은 간단하다. 결론은 뻔하다.
 이런 주술적, 얼치기 시대는 지났다고 봐야 한다. 요즘 신세대는 명리학에 관심 많고, 명리학의 저변확대로 명리학을 통하여 자신의 본성 개성 성정 재능 체질 취미를 자기 스스로 판단하여 진로개척에 활용하고 있다.

 명리학은 블루오션(Blue Ocean)이다. 땅속을 깊이 파고 들어간다고 물이 나오지 않는다. 맥을 잡아서 깊게 파고 들어가야 물이 나온다. 유능한 지하수 개발 업자는 한 번에 맥을 잡아버린다. 방향도 중요하기에 옆으로 파면 안 되고, 직각으로 땅속 깊게 파야 물이 나오듯이 길을 안내하는 스승 멘토가 필요한 이유다. 그분들의 도움으로 끊임없이 노력하고 반복해서 연습하여, 모든 지식을 '자기화'했을 때 역술인의 반열에 오를 수 있다. 재능기부로 주변 지인들에게 한마디를 하더라도 '역시 다르구나' 하는 소리를 들을 수 있다. 하나의 이치를 깊게 깨우치면 '천하 만물의 이치'에 통달할 수 있다.

 선사들, 현자들 깨달음의 노래는 모두 중도이다. 주역 중정, 명리 중화, 불법 중도, 유교 중용 등 모두 위대한 진리에 대한 깨달음은 치우치지 않는, 분별에 사로잡히지 않는 중도이다.
 명리에서도 오행이 중화(中和)된 사주를 최묘로 치고 있는 이유도 똑같은 이치다. 유불선, 모든 종교와 학문의 이치는 만법귀일 일귀하처(萬法歸一 一歸何處), 즉 한 곳으로 통한다.

 자유자재하다는 것은 어떤 질문에도 막힘이 없는 경지다. 은산철벽을 뚫어 버렸는데 무슨 막힘이 있겠는가? 봄에는 꽃이 피고, 여름이면 녹음이 우거지고, 가을이면 열매 맺고, 겨울이면 씨앗으로 보관하여 봄을 기다린다. 수화미제의 세계로 돌고 도는 세상 법칙이다. 종말은 없다.

"The Circle of The Life!"

주역 64괘가 수화미제로 끝나는 이유다. 이것이 대자연의 운동이고 대자연의 순환법칙이다. 우리는 시간 속에서 살아가는 자연의 일부일 뿐이다. 자연의 이치를 깨달아 명리학 근본원리에 통달하면 '보인다', 아는 만큼 보이고 전달해 줄 수 있는 것이다. 그래야 역학 공부한다는 자부심을 가질 수 있다.

2011년 서울 방배동 불교BTN에서 개강한 문화원에서 천재 주역가 이산 장태상 선생님에게 주역 공부(1년 과정), 제자 청하 문재호 미래예측학 박사로부터 명리학(2년 6개월 과정)을 공부하여 지금까지 꾸준히 취미로 하고 있다.

청하 선생은 이산 장태상 선생을 지도교수로 미래예측학 박사학위를 받았고, 자강 이석영 선생 5대 제자 중 두 사람인 단원 이병렬 선생, 청운 엄윤문 선생으로부터 학맥을 전수 받았다고 한다.

청하 선생으로부터 '정산(鼎山)'이라는 아호를 받았다. 청하 선생은 『오행으로 보는 질병예측학』이란 논문으로 박사학위를 받았다. 그리고 재야 이수 선생, 하늘산 선생, 석우당 선생, 겁빈나 선생, 운암 선생, 서해 스님에게 서책으로, 또는 직접 수강하며 공부하였다.

이렇게 공부한 이유는 나 자신의 명(命)을 알고 싶은 딱 한 가지 궁금증 때문이다. 답은 얼마나 맞는가? 과연 몇 %인가? 끊임없이 찾아 나설 뿐이다.

늙고 죽음 또한 없다

사리자여! 그러므로 실체가 없다는 부처님 안목으로 말하자면 물질 없고, 느낌 없고, 인식 없고, 의지 없고, 기억 없다. 눈 귀 코 혀 몸과 마음 또한 없고, 형상 소리 냄새와 맛 감촉과 대상도 없으며, 눈의 세계 내지는 의식의 세계까지도 없느니라. 무명 없고 무명 소멸 없으며, 늙고 죽음 없으며, 늙고 죽음 소멸 또한 없느니라.
- '마하반야바라밀다심경' 중에서

참 어려운 대목이다. 부처님 안목인 혜안 법안 불안으로 보면 쉽게 알아차림이 오는 대각의 세계이지만, 스스로 낮추어 생각하는 우리 중생의 안목으로 보면 도저히 알 수 없는 난제 중 난제, 풀 수 없는 수수께끼다.

우리 중생들은 스스로 낮추어 생각하고 몸이라는 제약, 마음이라는 한계 속에서 살고 있다고 생각하며, 세상과 분리된 나라는 존재, 자아가 있다는 에고(Ego)식에 갇혀 살기 때문이다. 아상, 아만, 아견, 아집이다.

6근의 작용으로 일어나는 생각 감정 오감을 나의 것이라고 집착하고 나의 것과 다른 생각 감정 오감을 남의 것이라고 생각하기에 항상 갈등하고 대립하며 분쟁이 있는 것이다.

조동종의 종조 동산 양개 선사는 "내가 없다"를 화두로 삼아 수십 년을 참구하고서 은산철벽을 뚫고 마침내 확철대오했다. 실체는 없고 현상 작용만 있다는 것을 알았다.

양개 선사(807~869년)는 어릴 적 우연히 반야심경의 '무안이비설신의'라는 구절을 듣고 의문을 품게 되었다. 대의정이 일어났다.
눈 귀 코 혀가 다 있는데 왜 없다고 할까?
여러 스님들께 물었는데 아무도 확실한 대답을 못해주었다. 그런데 반야심경 관세음보살의 깨달음에 해답이 있다.

觀自在菩薩 行深般若波羅密多時 照見五蘊皆空 度一切苦厄
관자재보살 행심반야바라밀다시 조견오온개공 도일체고액

반야심경에서 '마하반야바라밀다' 주문은 관세음보살께서 외우는 주문이다. 관세음보살은 몸과 마음이 모두 아바타(AVATA)라는 것을 관찰하고는 모든 고통에서 즉시 해탈하셨다는 것이다.
몸의 고통과 마음의 번뇌는 내가 느끼는 것이 아니고, 아바타가 느낀다는 것이다. 우리가 사는 세상 현상계는 실체가 없고, 현상만 있는 진공묘유의 세계이다. 나도 아바타요, 너도 아바타다. 우리 모두 아바타요, 삼라만상 우주법계 전체가 잠시 존재하는 가합으로 이루어진 실체는 없고 현상 작용만 있기에 몸도 마음도 없다.

홀기일념, 홀로 한 생각 일으킨 것이 무명이다. 중생은 태어날 때부터 백천만겁 쌓여온 업력으로 훈습된 습기 때문에 무명으로 태어났다. 이 무명이라는 것이 실체가 없다. 본래는 맑은 하늘(明)인데 스스로가 우산을 쓰고 있어서 어둠(無明)이 되어 버린 것이다.

부처님께서는 '생로병사'를 해결하기 위해 출가했지만, 깨닫고 보니, 참나 본마음 소소영령한 성품자리에서 보니 늙고 죽음 자체가 없더라는 것이다. 우리의 참나, 성품자리, 관찰자는 불생불멸, 불로불사 하더라는 것이다. 우주 전체에 편재해 있는 순수의식은 텅 비었지만 적멸하고 신령스런 앎(공적 영지) 성품이 신묘하게 앎(성자신해) 그 자체이다. 대각을 이룬 지눌선사와 원효대사의 말씀이다.

우리 본마음은 항상 여기에 현존하고 있을 뿐이다. 옛 선사와 조사님들 말씀으로는 공적영지 성자신해(空寂靈知 性自神解), 우리 본마음 참나 성품자리를 알아차린다는 것은 세수하다 코 만지기보다 쉽고, 손바닥 뒤집는 것처럼 쉽다고 한다. 바로 지금 여기 눈앞에 있다 하여 부처님께서는 정법안장(正法眼藏)이라 설하셨다.

부처님 정법 시대, 오직 게송만을 듣고 수많은 중생들이 수다원 이상 성자의 반열에 들었다는 기록이 초기경전에 전하고 있고, 대나무 숲에 바람 일어나는 소리에, 닭울음 소리에, 기왓장 부딪치는 소리에, "할!"이라는 한 소리에, "차나 한잔 드시게"라는 소리에도 깨치고, 복사꽃 피는 소식에도 깨치고, 부처님처럼 새벽 별 보고도 깨친다.

우리의 본래면목, 성품자리는 늘 그대로다. 늙고 죽는다는 것은 늙고 죽는 것이 아니라 단지 그 이름이 늙고 죽을 뿐이다. 인연이 다해서 실체 없는 우리 유근신이 흩어지는 작용만 있을 뿐 우리 본래 성품 불성은 영원히 우주법계에 편재해 소소영령하고 있다.

기세간의 인연이 다하면 6근의 작용인 유근신(몸)이 사라질 뿐이다. 유업보 무작자(有業報 而 無作者)이다. 우리라고 하는 가아(假我)가 세세생생 윤회하는 것은 우리가 기세간에서 맺은 인연의 과보 업력이 윤회를 하는 것이다.

우리 참나, 진아(眞我) 성품자리는 영원하다.

죽음에 대한 게송 명상

죽음이란?

"죽음이란 목동의 막대기와 같아서 태어남을 늙음으로, 늙음을 병듦으로, 병듦을 죽음으로 몰고 가서 마침내 도끼로 자르듯 생명을 끊어버린다. 그럼에도 불구하고 윤회에서 벗어나려는 사람은 아무도 없고, 오히려 다시 태어나려고 발버둥을 친다."
 - '법구경' 중에서

 우리 모두 시한부 인생을 살면서도, 천년만년 살 것 같이 부지런히 재물을 모으고 축적하지만 죽을 때 한 푼도 못 가지고 간다. 백년탐물 일조진(百年貪物 一朝塵)이다. 어떤 중생도 결코 예외는 아니다. 하지만 그들은 마치 시한부 인생이 아닌 것처럼 오욕락에 흠뻑 빠져 살고 있다. 죽음이란 거대한 쓰나미가 몰려오는데도, "지금만 잘 살면 돼"라는 식이니 어리석기 짝이 없다.
 눈에 보이는 것이 전부라고 탐진치(貪瞋痴) 삼독에서 헤어 나오지 못하고 사는 하루살이 인생이다. 하루도 쉼없이 재물욕과 명예욕에 탐닉하고, "내 자식들만 잘되면 돼", "내 가족들이 최고로 중요하지"라는 동물적 욕망을 벗어나지 못하고 희희락락하며 살고 있다.

　현상계 사바예토를 현명하게 살아가는 사람은 자신의 노후 대비를 위해 생명보험을 미리 든다. 곰곰이 생각해 보면 노후 대비만큼 사후 대비도 중요하다.

　어떻게 죽을 것인가? 항상 생각하는 현명한 사람이라면, 삶이란 불치병을 안고서 태평하게 살 수만 없기에 미리미리 죽음에 대한 대비책을 세워 놓고 살아간다. 웰다잉(Well Dying) 연습을 하며 산다. 돌이켜 생각해 보면서 반성하고 참회하며 산다.

윤회란?

　중생들이 세세생생 윤회하면서 흘린 눈물의 양이 4대양의 물보다 더 많다는 부처님 가르침을 알고나 있는지? 중생들은 무지, 무명하다. 우리 사는 세상은 끝없는 생과 사의 무한반복, 윤회의 세계, 참고 살아야만 하는 인고토(忍苦土)다. 시작도 없고 끝도 없는 무시무종(無始無終)이다.

　몸뚱이만 없어지고 우리가 알게 모르게 지은 업 종자(간다르바, 영혼, 정신, 식)는 사라지지 않고 무한 반복하는 것이 윤회다. 업이 일으킨, 업의 과보가 원인과 결과로 흐르는 과정만 있다. 내가 지은 업에 대한 과보가 윤회를 한다.

　인과응보는 피할 수 없다. 부처님께서 삼명통이 열리시면서 깨달은 위대한 연기법이다. 숙명통으로 부처님 전생을 다 보셨고, 천안통으로 모든 생명체들의 인과응보를 다 보셨다. 끝없이 윤회한다는 것이다. 윤회, 돌 윤(輪), 돌 회(廻), 끝없이 돌고 도는 세상이란 뜻이다.

윤회에서 벗어나려면 해탈세계로 가야 한다. 깨달음을 이룬 수많은 조사 선사들께서는 삶과 죽음은 둘이 아니라, 손바닥과 손등의 관계라고 한다. 죽음을 두려워하면 안 된다.

부처님 이래 법을 이어받은 중국 혜능선사부터 한국불교의 원효대사, 의상대사, 나옹선사, 함허득통스님, 서산대사 같은 한국 불교사에서 대각을 이루신 분들께서는 결코 죽음을 피하지 않고, 사후 대비를 위한 올바른 길, 해탈의 세계를 자상하게 알려주고 있다. 극락 왕생하는 극락정토 세계다.

부처님 출가 동기 자체가 생사일대사를 해결하는 것이었다. 태자의 신분으로 태어난 부처님께서는 이미 탐심과 분심의 감성 정화는 이루신 분이었다. 인간은 왜 죽는가 하는 어리석은 치심을 해결하는 인지 정화가 시급했다. 부처님께서 깨달으신 후, 윤회에서 벗어나는 해탈의 방법을 너무나도 자상하게 설하고 계신다.

죽음에 대한 명상

죽음에 대해 명상하지 않은 사람은 마치 막대기도 없는 사람이 독사를 보면 두려움에 휩싸이는 것과 같다. 살아서 죽음에 대한 연습을 한 사람은 막대기를 가진 사람이 독사를 보면 잡아서 던지는 것과 같다.
 - '법구경' 중에서

  부처님께서는 죽음에 대한 명상을 살아 있을 때 하라고 당부하시면서 죽음에 대해 터부시하는 세태를 경책(警責)하셨다. 중생들은 쓰나미처럼 다가오는 죽음이란 단어 자체를 언급하는 것을 싫어하고, 심지어 죽을 4자라고, 숫자 4 자체도 터부시한다. 죽음에 대한 두려움을 극복하려고 오히려 죽음을 두려워하면 안 된다고 도인처럼 위선적인 말들을 내뱉곤 한다. 부처님께서는 죽음에 대한 명상을 임종 전에 하면 "그때는 늦으리"라고 하셨다. 죽음에 대해 명상하면, 죽음이 닥쳐와도 당황하지 않는다. 처변불경의 마음 자세가 확립되어야 편안해지지 않을까?
  죽음에 대한 준비 명상을 하지 않은 사람은 죽음이 닥치면 엄청 당황하고 무서워한다. 비유하자면 남의 죽음은 동물원에서 호랑이를 만난 것과 같고, 자신의 죽음은 산속에서 호랑이를 만난 것과 같다. 직접 닥쳐 보면 기가 막히고 아무런 생각도 없어진다. 준비 안 된 죽음은 공포 그 자체이다. 살아 있을 때 연습을 많이 해야 죽음의 순간 평화로운 임종을 맞이한다. 마지막 죽음의 마음은 임종 일념이라 말할 수 있다.

  『티벳사자의 서』에 의하면 죽음의 마음이 다음 생을 결정하기에 아주 중요하다고 한다. 평소에 죽음에 대해 명상하면서 아미타 부처님을 구념심행한 임종자들은 죽음은 절망의 끝이 아닌 극락정토로 가서 다시 태어나는 새 삶의 시작이라고 굳게 믿기에 죽음을 축복으로 여긴다. 평화로운 죽음의 마음, 임종일념으로 사바예토와

작별할 수 있다. 그들에게 죽음은 축제다. 아름다운 극락정토를 그리면서 미소 지으면서 임종을 맞이한다.

한 소녀와 부처님의 대화

부처님께서 알라위라는 조그만 도시 시민들에게 죽음에 대한 명상을 설하셨다. 그때 직조공의 딸인 한 소녀가 법문을 듣고 죽음에 대한 명상을 3년 동안 하게 된다. 3년이 지난 후 부처님과 그 소녀와 나눈 대화다.
"소녀여 그대는 어디서 오는가?"
"모릅니다!"
"그러면 어디로 가는가?"
"모릅니다!"
그러자 부처님께서 또 질문을 한다.
"모르는가?"
"압니다."
"아는가?"
"모릅니다!"
선문답 같은 대화다. 그러기에 소녀와 대화를 마친 후 부처님께서 자상하게 가르침을 주신다.
첫째, "어디서 오는가?" 하고 질문했을 때 "모릅니다" 한 이유는 태어나기 전에 어디서 왔는지 모른다는 뜻이다.
둘째, "어디로 가는가?" 하고 질문했을 때 "모릅니다" 한 이유는 "죽고 나면 어디로 가는지 모른다"는 뜻이다.

셋째, "모르는가?" 하고 질문했을 때 "압니다" 한 이유는 반드시 죽는다는 것은 안다는 뜻이다.
넷째, "아는가?"고 질문했을 때 "모릅니다" 한 이유는 언제 죽는지 모른다는 뜻이다.
부처님께서는 문답 후에 소녀를 위해 게송을 읊으셨다.

세상 사람들은 눈 멀었고
몇몇 사람만 진리를 있는 그대로 보네
몇몇 새들만 그물에서 벗어나듯
몇몇 사람만 천상으로 가네

소녀는 게송을 듣고 즉시 수다원과를 얻었으며 죽어서 천상세계 도솔천에 태어났다고 한다. 수다원과를 증득하면 칠왕래 이후 8번째는 사바예토로 다시는 오지 않는다.

부처님 당시에는 사리불, 목건련, 열심히 공부한 소녀 등등, 모두 게송을 듣고 수다원 사다함 아나함 아라한과라는 현성의 과위를 얻었다는 기록이 경전에 많이 나온다. 게송 없이 깨달음을 얻는 경우는 거의 없었다.
그만큼 게송과 명상의 만남은 병아리가 알을 깨고 나올 때 어미 닭이 밖에서 껍질을 쪼아 주는 줄탁동시의 관계다. 손바닥과 손등은 둘이 아니라 하나라는 의미다. 명상하다가 게송을 듣거나, 아예 처음부터 게송을 듣고 그것을 주제로 명상하는 두 가지가 있다. 게송과 명상이 만나야 줄탁동시가 이루어진다.

삶은 불확실하고 죽음은 확실하다.
나는 반드시 죽는다.
죽음은 삶의 종착역이다.
죽음 죽음

 소녀가 3년 동안 매일같이 이렇게 죽음에 대한 게송을 외우면서 명상했기에 부처님과 아무런 막힘없이 선문답 같은 대화를 할 수 있었다.
 옛 선사들이 들었던 '생종하처래 사향하처거(生從何處來 死向何處去)' 화두다. 이것이 인생에서 중요하고 가장 큰 생사일대사다. 나머지는 정말 사소한 일이다.

해탈에 이르는 방법

 출가자에게는 게송을 통한 공의 이치, 팔정도를 닦아, 사성제를 증득, 아라한과를 얻어, 해탈에 들게 하셨다.
 재가불자들에게는 『아미타경』, 『관무량수경』, 『무량수경』의 정토삼부경을 설하셔서 삼악도가 없는 극락정토로 인도하셨다. 극락정토는 성불할 때까지 다시는 윤회하지 않고 수행만 하는 해탈 게임의 정토세계다. 『법화경』 관세음보살 보문품은 관세음보살님께서 극락정토로 인도하는 것을 설한다.

사바예토 윤회의 세계에서 극락정토 해탈의 세계로

사바예토는 선악의 구분이 확연한 이분법으로 만들어진 윤회세계다. 그러하기에 삼악도와 삼선도를 익혀야 한다.

극락세계는 진공묘유로 만들어진 해탈세계라서 지옥, 축생, 아귀의 삼악도가 없다. 선악, 자타, 남녀 등등 이분법 분별법을 초월한 세계다. 문턱은 낮고 혜택은 엄청 큰 해탈을 위해 공부하는 세계다. 몰라서 못 가는 세계다. 알면 꼭 가야 한다.

진정한 웰 다잉(Well Dying)은 죽어서 사바세계 좋은 곳, 천상에 태어나는 것이 아니고 사바세계를 벗어난 해탈세계 극락정토로 왕생하는 것이다. 사바세계에서 욕계 천상에 태어난다 해도 복이 다하고, 명이 다하고, 화를 자주 내면 다시 욕계 5도로 떨어진다. 흔히 말하는 복진타락이다. 천상세계는 무상하지만, 극락정토는 영원하다. 극락정토에 왕생하기 위해서는 반드시 원력을 세워 아미타 부처님을 구념심행해야 한다.

"아미타바! 아미타바! 아미타바!"

아마타바 염불을 구념심행하는 위신력

첫째. 성불할 때까지 육근을 제대로 갖추게 된다.
둘째. 청정한 해탈 삼매를 얻는다.
셋째. 무량한 부처님을 항상 친견할 수 있다.
넷째. 보살행을 닦을 때 여러 천신과 인간들 모두가 공경하게 된다.
다섯째. 무생법인을 얻고 불퇴진의 경지에 이른다.
여섯째. 목숨을 마친 뒤에도 늘 청정하게 수행하고 필경에는 성불한다.
일곱째. 극락에 왕생하여 수명이 무량하게 된다.

다시 인간으로 태어나기 어려움(人生難得)

부처님께서 조갑토경에서 법문했듯이, 인간으로 태어난다는 것은 현대과학의 생물학적으로 분석을 해봐도 무한대 분의 1의 확률이다. 인간의 처음 크기는 0.1mm다. 쥐, 고양이, 코끼리, 사자, 호랑이, 벌레 등등 모든 축생들이랑 크기가 똑같다. 점차 커다랗게 부풀려져서 마치 그것이 자기 몸인 양 착각하고 온 정성을 다해 보약을 먹이고 돌보지만, 한시도 쉼 없이 끝없는 욕망만 좇다가 허망하게 가고 만다. 사후에 식(간다르바, 영체, 영혼, 귀신)이 되어서 오랜 습기로 남아 있는 동물적 욕망, 섹스욕 때문에 교미하는 곳에만 가서 놀다가 수정란에 착상되니, 지옥 몸이나 축생 벌레 아귀가 될 확률이 99,999%다. 오죽하면 인간 몸 받기는 맹구우목(盲龜遇木)이라고 했겠는가?

현재 78억 인구 중 다음 생에 또 인간으로 태어나기는 거의 불가능하다. 경전에 의하면 몇백 명 몇천 명 정도의 확률뿐이다. 남들처럼 그냥 아귀다툼하면서 먹이와 섹스를 추구하는 삶을 살면 거의 축생의 세계로 떨어진다.

양명 연수선사의 선정쌍수 수행법

　중국 북송시대 법안종 3대 조사, 양명연수 선사께서 편찬한 『선정사료관』이란 책에는 참선도 있고, 정토도 있다. 그야말로 "자타일시 성불도"이다.
　마치 뿔 달린 호랑이와 같아서 살아서는 중생들의 스승이 되고, 장래에는 불조(佛祖)가 된다고 하며 참선과 정토를 같이 닦는 선정쌍수야 말로 적합한 수행이라고 한다.
　한국 불교에서도 대각을 얻으신 원효대사, 의상조사, 나옹선사, 함허득통, 서산대사 등등 많은 선지식 조사들께서 중하근기 중생들을 위하여 "나무아미타불 아미타바" 6자 내지 4자 염불을 권장하셨다. 선(禪) 수행을 먼저 가르치신 뒤 정토(淨土) 수행을 강조하시는 선정쌍수의 가르침이다.
　"노는 입에 염불하라"
　나옹선사께서는 이렇게 말씀하시며 참선과 정토를 함께 닦아야 한다고 하셨다.

아미타경의 부처님 법문

　여기에서 서쪽으로 10만 억 불국토를 지나면 극락세계가 있느니라. 그곳에는 현재에도 아미타불 계시어서 현재 설법하시니라. - 중략 - 중생들은 불가사의 공덕을 찬탄하고 모든 부처님께서 보호하고 챙겨주는 이 경전을 믿을지라.
　　- '아미타경' 중에서

아미타 불국토를 믿고, 가기를 원하며 아미타명상을 행하면 누구나 갈 수 있다. 삼아승지겁 동안 거짓말을 한 번도 하지 않아야 구족한다는 장광설, 석가모니 부처님께서 장광설로 법문하신 이 말을 믿어야 한다. 믿고, 믿고 행해야만 한다.

"부처님 감사합니다. 저는 지금부터 윤회게임 사바예토에서 웰다잉을 위하여 사바예토를 탈출하는 그 순간까지 게송을 듣고 읽고, 아미타부처님께 간절히 발원하는 명상을 하면서 극락 가이드로 살아가겠습니다."

사바예토, 인고토인 가상현실에서 우리 삶이란 "지금 여기 뿐"이다. 그래도 살아야 하는 현상계에서 즐거움을 느끼며 살기 위해 정토삼부경에 입문하여 각자 근기에 맞는 수행법으로 선한 마음을 가지고 남을 돕는 봉사 회향의 보살도를 실행한다면 날마다 평화로운 삶을 살 수 있다. 살아서는 극락처럼, 죽어서는 진짜 극락의 삶을 살자.

아미타경에서 길고도 긴 혀의 모습 나타내시어, 삼천대천세계 덮는 성실한 말씀, 장광설로 설하신 부처님 자상한 당부를 믿어야 한다.

믿자! 아마타불의 극락정토를!
원하자! 그곳에서 태어나기를!
행하자! 아미타불 명상수행을!

극락정토 가는 쉬운 길

극락으로 가는 길은 쉽건만 가고자 하는 사람이 없구나.
극락으로 가는 것은 그 누구도 방해하지 못하나니
아미타불 원력에 이끌려서 저절로 가기 때문이다.
어찌하여 세상일에 취한 채 부지런히 수행하여
성불을 구하지 않느냐.
 - '무량수경' 중에서

부처님께서 정토삼부경으로 직접 설하셨고, 용수보살 마명보살 원효보살 의상대사 나옹선사 서산대사 등 불교 역사상 많은 보살 스님들께서 극락왕생의 길을 권유했다. 하지만 많은 중생들이 오욕락에 취해 꿈속을 헤매다가 그냥 죽고 만다. 수많은 경전 어록에 나오는 극락정토로 가는 쉬운 방법들을 소개한다.

첫째, 화엄경 보현행원품 보현보살 게송

"바라컨대 보현보살 거룩한 행의 그지없는 훌륭한 복 회향하오니 삼계 고해 빠져있는 모든 중생들 무량광불 극락세계 어서 가소서."
  보현보살 10대 행원을 실천한 공덕을 극락정토로 회향하라는 가르침이다.

둘째, 화엄경 입법계품 첫번째 선지식 덕운비구의 가르침

  이른바 지혜의 빛으로 널리 비추는 염불 법문이여!
  모든 부처님 국토 갖가지 궁전의 청정한 장엄을 항상 보는 연고니라.
  일체 중생으로 하여금 염불하게 하는 법문이다.
  중생들의 마음으로 기뻐함을 따라서 부처님을 뵙고 청정함을 얻게 하는 연고니라.

셋째, 능엄경 염불원통장 대세지보살의 가르침

  초일월광 부처님께서 염불삼매를 가르치셨다.
  수행시 염불하는 마음으로 불생불멸의 경지 무생법인에 들어갔고 지금도 이 세계에서 염불하는 사람을 이끌어 정토에 들어가게 한다.
  서방 극락정토에서 아미타불 좌우 협시보살인 관세음보살, 대세지보살도 극락정토로 인도하고. 관세음보살 머리에 쓰고 있는 화관에는 아미타불을 모시고 있다. 관세음보살의 최종목표는 모든 중생들을 극락정토로 데리고 가는 일이다.

넷째, 관무량수경의 금빛 연꽃(금련화) 이야기

지극한 마음으로 나무아미타불을 10번 채워 부른다면
명호를 부른 공덕으로 80억겁 생사의 죄가 소멸된다.
또한 목숨이 다할 때에 금빛 연꽃이 태양처럼 나타나서
일념간에 곧바로 극락세계 연꽃위에 왕생하게 되리라!

정토삼부경은 정토종의 핵심 경전 3가지 '아미타경, 무량수경, 관무량수경'이다.

다섯째, 마명보살의 대승기신론에서 권한 염불수행

여래께서 수승한 방편이 있어 신심을 거두어 주시니
이른바 온전히 한결같은 마음으로 염불한 인연으로
극락정토에 태어나서 항상 부처님을 뵙고
영원히 삼악도를 여의기를 원하는 바이니라.

최상근기와 상근기 수행자들은 자력으로 각(성불 해탈 열반)을 이룰 수 있지만, 부처님 사후 2600년이 지난 말법시대 중하근기와 하근기 중생들은 자력으로 해탈하기는 거의 불가능하다고 봐야 한다. 자력수행보다는 타력수행으로 '자타일시 성불도'가 지혜로운 방법이다.

대승기신론 핵심은 '1심 2문 3대 4신 5행 6자 염불'이다. 중하근기 하근기 중생들은 나무아미타불 6자만 일념으로 10번만 염하면

'십념왕생'한다는 지혜로운 방법을 권하고 있다.

여섯째, 용수보살께서 이행도(易行道)를 제시하셨다

 어떤 사람이 바르게 불퇴전의 지위(팔지 보살)에 이르고자 하면 마땅히 공경하는 마음으로 '아미타불'의 명호를 지녀 불러야 한다. 아미타불을 염하면 즉시 확고한 선정에 드는 까닭에 나도 항상 염한다.

 용수보살께서 각에 이르는 2가지 길(이행도, 난행도) 중 쉬운 길로 마음이 즐거울 때나, 괴로울 때나 언제 어디서나 '아미타바'를 염하면 깊은 염불선정에 드신다고 하셨다. 십념왕생의 쉬운 길을 가르쳤다.

일곱째, 여산 혜원선사(374년~416년)의 백련결사

 여산 동림사에서 123명과 함께 백련결사 모임을 만들어 지극한 수행으로 123명 전부가 극락왕생했다는 엄연한 사실이 기록으로 전한다.
 혜원선사께서 입적하시기 일주일 전에 아미타부처님께서 접인래영하셔서 "내가 본원력으로 와서 너를 위로하노니 너는 7일 뒤 나의 국토에 왕생할 것이다"라는 말씀을 주셨다.
 혜원선사는 일생 동안 4번 아미타부처님을 친견하셨다고 전한다.

여산 동림사는 아미타신앙의 본사로 많은 불자들이 성지순례차 방문한다.

여덟째, 원효대사(617~686년)의 '유심안락도'에서

 마음이 안락도에 노니는 길을 가르쳤다. 깨달음의 경지에서 말한다면 차안도 없고 피안도 없으며, 예토와 정토가 본래 일심이며 생사와 열반이 둘이 아니다. 그러나 크게 깨달아 근원으로 돌아가려면 공덕을 쌓아야만 가능하니, 윤회의 흐름을 따라가는 긴 꿈에서 단박에 깨어나기는 불가능하다. 사바세계는 여러가지 악이 있는 곳이므로 '연'에 끌려 대부분 물러나게 되지만 극락정토는 선한 곳이므로 오직 나아가기만 할 뿐 물러나는 법은 없다.
 지금부터 56억 7천만 년 후 미륵부처님 오시기 전, 무불시대 중생들은 본래 부처가 맞지만 지금은 중생인 것이 실상이다. 성불, 진정한 해탈을 하려면 다시는 사바 예토(더러운 땅)로 윤회해서는 안 되고 극락정토에 왕생해야 한다는 가르침을 주셨다.

아홉째, 파드마 삼바바의 '티벳 사자의 서'에서 알려주는 방법

 아 슬프다!! 아득한 옛날부터 무수히 많은 세월 동안 윤회의 늪 속을 방황해 왔다.
 지금까지 참나를 깨닫지 못하고 붓다의 경지를 얻지 못했으니 이 얼마나 고통스러운가!

나는 이 윤회계가 지겹고 끔찍하고 역겹다.
나는 이제 윤회에서 벗어날 준비가 되어있다.
나는 서방정토 극락세계 아미타불 발아래
한 송이 금빛 연꽃 속에서 기적적으로 태어나리라.
이렇게 생각하며 극락에 태어나기를 진심으로 발원하라.
그러면 그때는 즉시 그곳에 태어날 것이다.
제국의 황제가 되는 것보다
천상의 신이 되는 것보다
우주의 지배자가 되는 것보다
수다원과를 얻는 것이 훨씬 낫다.
그러나 이보다도 더욱 뛰어난 것은
극락정토 세계에 왕생하는 것이다.

아미타경에는 10만 억 국토를 지나야 갈 수 있는 곳이라 하지만, 관무량수경에서는 그리 멀지 않는 곳에 있다고 하셨다. 시공이 없는 우주 공간을 꿰뚫어 본 부처님의 말씀이다.

일체유심조, 우리 마음으로 언제든지 발원하면 갈 수 있는 세계가 아미타불 국토다.

나의 대사부님이신 월호스님께서 수행 중 큰 깨달음을 얻고 극락정토로 가는 길을 제시하고자 '금련결사'를 주도하셨다. 선학으로 박사학위를 받았지만, 참선만으로, 자력으로만 각을 이룬다는 것은 현실적으로 불가능하기에 아미타불 원력을 이용한 타력으로 극락정토 세계로 가는 정토사상으로 법륜을 굴리시겠다는 대원력을 세우시고 만든 모임이 '금련결사'다.

'선정쌍수' 운동을 주창하시며 '아미타불 원력'으로 극락세계로 가는 아주 쉬운 방법을 가르쳐 주시는 법문이다. 극락정토 세계는 사후세계가 아니라 몸만 '법성신'으로 바뀌어 아미타부처님 지도하에 성불할 때까지 수행만 하는 가상세계이다. 지옥 축생 아귀 삼악도가 없는 청정한 세계이다. 우리가 살고 있는 사바예토도 가상세계이고, 아미타불 원력으로 가고자 하는 극락정토 세계도 모두 가상세계이다.

성불하여 시공이 끊어진 본래 부처자리 법신 불성자리 본향자리로 돌아가기 전 유위로 존재하는 모든 법계는 가상현실, 꿈속의 세계라는 뜻으로 이해하면 된다.

성주괴공(成住壞空)하는 세상에서, 생주이멸(生住異滅)하는 마음과 생로병사(生老病死)하는 몸으로 무엇인가를 구하고자 함은 바닷가에서 모래성을 쌓는 것이다. 부질없는 욕심 내려놓고 다만 할 일을 할 뿐이다.

아바타가 아미타를 염할 뿐이다.
가자 가자 건너가자 극락정토 해탈의 세계로!

행불

제불의 불도는 깨닫는 것을 목적으로 하지 않는다. 깨달음을 초월하고 해탈의 실현, 즉 '불 향상(向上)의 도'의 행에 있다. 즉 행불 이것에 있을 따름이다. 그것은 진리 자체를 부처라고 하는 자들이 아직 꿈에도 보지 못한 것이다.
 - '정법안장' 중에서

향상일로(向上一路)는 삼세제불과 역대 조사의 골수(骨髓)요, 세상 제일의 구경법(究竟法)이다. 이 향상일로는 죽이고 살리고 놓아주고 빼앗는 도인들의 안목, 살림살이다. 자유자재함이다. 향상일로의 안목을 갖추어야 선지식이 되어 비로소 만인의 스승이 될 수 있고 진리를 보는 지혜의 눈으로 깨달은 비밀의 법, 즉 정법안장(正法眼藏)을 전수하고 지도할 수 있기에, 한국불교가 배출한 대선지식이신 탄허스님(1913~1983)과 성철선사(1912~1993), 진제선사(1934~)께서는 절대의 진리에 이르는 외길을 뜻하는 향상일로 법문을 자주 하셨다.

도겐선사의 저술 『정법안장』에서 이야기하는 '향상일로의 도', 즉 행불에 대한 법문을 공부하는 시간을 가져 보겠다.

깨달음을 초월하고 해탈한 경지의 실현, 즉 '불 향상(向上)의 도' 향상일로(向上一路)가 무엇이냐? 이것이 바로 행불이다. 100% 본래 부처라는 믿음으로 향상일로를 향해 수행하여 지금 부처로 살아가자는 것, 불 향상의 도, 이것이 행불이다.

본래 부처라 함은 몸과 마음은 아무런 실체가 없는 아바타이고 이 세상은 가상현실이라는 것을 알아차리는 것이다. 견문각지(見聞覺知)할 뿐, 견문각지하는 자는 없고 단지 관찰자만 있다. 본래 성품은 불생불멸 불구부정 부증불감하는 무일물, 진아, 참나다. 오염될 수 없는 청정하고 적멸한 신령스런 공적영지(空寂靈智) 성자신해(性自神解) 진공묘유(眞空妙有)의 자리다. 태풍의 눈처럼 고요하고 순수한 공의 자리, 하지만 신묘한 작용이 있는 그 자리이며. 모든 조사, 선사, 선지식들이 한결같이 깨달았던 본래성품 자리다.

"손자가 할머니 옷을 빌려 입고, 할머니에게 절을 한다"

본래 부처가 부처의 옷을 빌려 입고 본래 부처에게 절한다는 게송이다. 야보선사가 금강경 13분 여법수지분에 대해 노래한 게송이다. 부처의 행을 하는, 수행불행하는 사람이 지금 부처라는 뜻이다. 역사적으로 살펴보면 행불은 혜능조사의 『육조단경』의 핵심사상이다.

'불행시불 수행불행(佛行是佛 修行佛行)', 부처의 행을 하면 부처니 부처의 행을 하라는 뜻이다. 불행시불 아행시아(佛行是佛 我行是我), 부처의 행을 닦으면 부처가 되고, 도둑질을 하면 도둑놈이 되고, 사기를 치면 사기꾼이 되고, 거짓말을 하면 거짓말쟁이가 된다.

부처의 행은 "아는 만큼 전하고, 가진 만큼 베풀며, 전한 만큼 알게 되고, 베풀수록 갖게 된다." 이것이 바로 행불이고 부처가 되고 부자가 되는 비결이다.

중생들은 수행하면 '언젠가는 깨닫는다'라고 하지만 이것은 중생 지견이고, 불지견에서의 수행자는 이런 마음으로 하면 안 된다. 행불은 부처의 행을 수행하는 것(修行佛行)이다. 무수무증(無修無證)의 가풍을 가진 조사선에서는 '닦을 것도 없고 깨칠 것도 없다'고 한다. 닦을 것이 있다면 단박에 홀연히 깨닫는 돈오 자체가 안 된다. 무수무증, 조사선에서는 '닦을 것이 없는 닦음, 깨칠 것이 없는 깨침'이다.

본증묘수다, 본래 부처지만 오묘하게 수행을 해야 한다. 깨달음으로 가는 수행이 아니라, 깨달음에서 시작하는 수행, 이것이 묘수다. 석가모니 부처님께서 사바예토에서 깨달음을 얻었을 때 중생도 모두 같이 깨달았다. 이것이다. 순수하게 수행하는 그 자체가 깨달음이다. 본증묘수가 조사선의 핵심이다. 중국 선종 초조 달마조사부터 마조도일까지 화려한 선종 문화를 꽃피울 당시 견성을 강조한 '직지인심 견성성불(直指人心 見性成佛)' 수행법이다.

우리가 명상, 참선을 할 때 앉아 있는 모습은 거의 비슷하지만, 어떤 마음으로 앉아 있느냐가 중요하다. 참선의 역사적 발전단계를 보면, 무수무증, 닦을 것도 없고 깨달을 것도 없다는 생각으로 앉아 있으면 조사선이고, 오직 좌선하고 앉아 있으면 묵조선이다. 지관타좌란 오직 앉아서 묵묵히 비추어 보는 수행법이다. 창조적 발전 과정에서 부작용과 폐단이 생기게 마련이다. 몸으로만 앉아 있으면 뭐하냐? 행주좌와 어묵동정 일상에서 화두를 들고 해야지 하면 간화선이다. 그러다 보니 깨달음을 기다리는 대오심(待悟心)이 생겨나는 병폐 때문에 "아바타가 아미타불을 염할 뿐" 하는 염불삼매의 정토선으로 발현되어 간 것이다.

참선(參禪)의 역사적 발전단계이다. 역사적으로 가장 진화된 참선법 중의 하나가 정토불교의 정토선이다.

"행불하세요!"

6조 혜능선사가 주창한 말이다. 다음에 도겐선사가 『정법안장』에서 강조하셨고, 도겐선사의 사상을 연구하고 석사 박사 논문까지 쓴 행불선원장 월호스님이 쓰기 시작했다.

중생은 이미 성불 되어있기에 성불보다는 행불이 적합하다. 대단한 발상의 전환이다. 중국에서는 혜능조사, 일본에서는 도겐선사, 한국에서는 월호스님이 맥을 이어오고 있다고 보면 된다. 부처의 행을 실행한다는 행불 사상은 대단한 사상이다.

수행불행(修行佛行) 불행시불(佛行是佛) 부처의 행을 지금 수행한다. 부처의 행을 행하면 바로 부처다. 우리는 본래 부처이고, 지금도 그렇고 앞으로도 그렇다. 이를 굳게 믿고 지금 부처로 현성해 나아가는 것이 행불이다. 부처의 행을 한다면 "지금 바로 부처다"라는 심오한 가르침이다. 이것이 선(善)의 핵심이다. 이것을 깨달아야 한다.

나는 지금은 중생이지만 열심히 수행하다 보면 언젠가 부처가 될 거야! 이게 아니다. 나는 본래 부처야! 지금 이렇게 수행하면 지금 부처야! 이렇게 본래 부처에서 시작하는 수행법, 정법안장의 불향상(佛向上)의 도다.

그것은 진리 그 자체를 부처라고 하는 자들이 아직 꿈에도 보지 못한 것이다.

중생들의 잘못된 분별심 알음알이를 냉철하게 꾸짖는 법문이다. 진리 그 자체를 부처라고 하는 사람들은 오직 법신불만이 부처이고, 진리라고 주장하는 것은 아주 단편적이고 분별적인 짧은 안목이다. 거기에서 머물면 발전이 없다. 법신, 진리의 몸뚱이가 바로 비로자나불인데, 거기에서 머무는 것은 하나만 알고 둘은 모르는 반쪽짜리 불교일 뿐이다. "진리 그 자체가 부처다."라고 하는 것이 아니라, "행불을 해야 본래 부처가 지금 부처로 현성된다"는 것이다. 행불하기 위해서는 먼저 부처님의 행을 본받고 부처님 가르침을 따라야 한다는 심오한 진리가 『정법안장』 '불향상의 도'다.

비유하건데 달은 항상 보름달이기 때문에 초승달이나 그믐달이 굳이 보름달이 되려고 애쓸 필요가 없고, 때가 되면 저절로 보름달로 나타날 것이기에 초승달은 초승달대로, 그믐달은 그믐달대로 각자의 역할을 다하면 된다.

바로 지금 여기에서 수행이 깨달음이고, 깨달음이 곧 수행이다. 지나가 버린 과거를 후회하지 말고, 오지 않은 미래를 걱정하지도 말고, 항상 바로 지금 여기만이 있을 뿐이다. 그러나 여기 이 순간에도 머무르지 않는다. (응무소주 이생기심)

오직 밥 먹을 땐 밥 먹을 뿐, 잠잘 땐 잠잘 뿐, 볼 때는 볼 뿐, 느낄 때는 느낄 뿐, 아는 것은 알기만 할 뿐이다. 있는 그대로를 알아차릴 뿐이다.

지금까지 『정법안장』 '향상일로 행불'에 대한 공부를 회향하는 시간을 가져 보았다.

* 일본 조동종 종조 도겐 선사

중국 송나라를 유학하고 일본 조동종을 개창한 일본 대선사다. 일본 불교사에서 도겐(道元, 1200~1253) 선사의 위상은 아주 대단하다. 특히 그가 남긴 총 95권의 『정법안장(正法眼藏)』은 불교뿐 아니라 일본 문화의 뼈대가 된 책으로 여겨질 정도다. 조동종은 일본에서 정토진종 다음으로 큰 불교 종단이다.

『정법안장』은 도겐 선사의 일생에 걸친 수행과 사색을 집대성한 저서다. 송나라로 유학을 가서 보고 듣고 체험한 선(禪)의 요지를 기록한 선서(禪書)다. 도겐은 32세 때부터 『정법안장』 1권을 쓰기 시작해 54세에 입적하기까지 총 95권을 남겼다.

성철 스님은 생전에 "책 읽지 말라"는 말도 남겼지만, 『정법안장』을 읽기 위해 일본어를 배우라는 말도 남겼다. 실제로 성철 스님은 석남사 비구니 스님들에게 일본어를 가르치며 『정법안장』을 보도록 했다. (출처 : 중앙일보)

행불 게송

나는 내가 창조한다. 지금 이 모습도 나의 작품일 뿐
부처의 행, 행불(行佛)입니다.
그것은 머무르지 않는 삶이며 바로 지금 여기에서 더불어 함께
생동하는 삶입니다.
 - 월호스님의 행불게송

불교는 자기 창조설을 주장하는 철학적 가르침이다. 신(神)이 창조한 것이 아니다. 내가 창조한 나의 작품이다. 지금 이 모습이 나의 작품이라고 인정을 하면 내가 지은 업, 잘못은 내가 고칠 수 있다. 내 작품이니까 당연히 내가 고칠 수 있다. 만약에 신(神)의 작품, 다른 사람이 만든 작품이라면 나는 못 고친다.

심상사성 개조명운이다. 나의 마음으로 원력을 세우면 내 운명을 내가 개조한다. 내 작품이기에 내가 고칠 수 있다는 믿음이 첫번째 비결이다. 행불! 부처의 행. 이것은 머무르지 않는 삶이어야 한다. 머무르지 않는다는 것은 애착 집착하지 않는다는 것이다.

육조 혜능 선사는 금강경의 '응무소주 이생기심'이라는 한 구절에 대각을 성취했다고 한다. 그것도 나무 장사꾼 시절에. 물론 그 과거를 미루어 본다면, 이미 수많은 생을 살면서 꾸준히 마음공부를 하면서 점진적으로 변화해 오다가, 금생에 이르러 진리를 듣자마자 즉시 깨달아 한꺼번에 모든 일을 마친 것을 알 수 있다. 머무르지 않는 삶이란 그리 쉽게 되는 것이 아니다.

애착 집착한다는 것은 껌처럼 딱 달라붙어서 머무르게 된다. 애착, 집착이, 탐진치 삼독의 근본 번뇌, 무명의 중요 원인이다. 머무르지 않는 삶이란 애착 집착하지 않고 인연 따라 사는 것이다. 시간 장소 인간에 머무르지 않는다는 뜻이다.

의상대사 법성게에서 노래한 불수자성수연성(不守自性 隨緣成)의 삶이다. 나쁜 인연이 오면 '역행보살이 왔구나!' 하고 감사히 받아드리고 대면관찰하여 자기성찰의 귀중한 기회로, 전화위복의 소중한 동기로 회광반조하면서 점진적 수행에 더욱더 매진하면 된다.

좋은 인연이 오면 선업을 쌓으면 된다. 자연(自然), 스스로 그러하다. 다가오는 인연을 자연스럽게 받아들이며 사는 것, 내가 나다! 나 잘났다! 하는 에고(Ego)의 자성을 따르지 않아야 한다.

부처의 행으로 살아간다는 것은 부처님 인격을 닮도록 사는 삶, 큰마음, 넓은 우주심으로 살아가는 것을 말한다. '나와 너'는 둘이 아니다. 한마음, 일심(一心)이다. 바로 지금 여기에서 더불어 함께 생동하는 삶을 사는 것이다.

과거는 이미 지나가 버렸고, 미래는 아직 오지 않았고, 지금은 계속 흘러가고 있다. 지나간 과거 때문에 후회하고 슬퍼하며 통탄하는 짓거리는 참으로 어리석은 행동이다. 아직 오지 않은 미래로 불안해하고 초조해하는 일도 마찬가지로 어리석은 일이다. 바로 지금 여기(Now and Here)가 가장 확실한 시간이고, 가장 확실한 공간이다. 항상 바로 지금 여기에서 더불어함께 생동하며 살아야 한다. 나도 생동하고 남에게도 생기를 불어넣어 주는 방생하는 삶이다.

첫단계가 참회를 통한 자기 정화, 그릇 비우기다. 예컨대 그릇에 어떤 물건이 이미 가득 채워져 있다면 아무것도 더 담을 수 없다. 이처럼 내 마음속에 이미 고정관념이 가득하다면 아무리 좋은 가르침도 채울 수가 없다. 마음 그릇을 비운다는 것은 그만큼 마음 평수를 넓힌다는 동양철학의 뜻과 일맥상통한다.

부처님 가르침으로 마음 그릇을 비우는 여러 방법들 중 가장 수승한 방법이 참회하는 것이다. 참회란 스스로 잘못을 인정하고 다시는 그런 과오를 되풀이 않겠다고 다짐하는 것이다. 참회하면서 마음을 쉬게 하는 것이다.

경허선사 참선곡을 들으면서, 또는 천수경 신묘장구대다라니 진언을 외우면서 찬찬히 세세생생 무시로 알고도 모르고도 지은 모든 업장 녹여 내는 참회하는 시간을 가져야 한다.

티벳 불교의 가르침에 대하여

불교계 최고의 강백이신 범어사 무비스님께서 가장 존경한다는 불교학자 고 김성철 교수님께서 불교의 수행에 관한 방대한 경전(8만4천 법문)중 딱 한 권을 뽑으라 하면 『보리도차제론』을 추천한다고 했다. 티벳불교의 교과서라 불리는 쫑카파 스님(1357~1419) 저술이다. 큰 감동으로 와 닿았기에 함께 공유한다. 보리는 깨달음, 도는 길, 차제는 순서를 뜻하니, '깨달음의 길에는 순서가 있다'는 뜻이다.

"불교를 공부하면 내 삶에 어떻게 쓰일 수 있는가?"

이 책은 이런 물음에 대한 답을 찾게 한다. 스스로 곰곰이 생각함으로 삶과 죽음에 대한 의문점과 해답이 자연스럽게 풀리는 감동을 느끼게 된다. 아울러 '티벳불교는 샤머니즘적인 불교가 아닌가?' 하는 거부감과 오해를 해소하게 된다. 이 책은 부처님 가르침을 그냥 막 배우면 오히려 나를 망친다는 핵심 요지를 담고 있다.

보리도차제론의 삼사도와 수행목표(람림 수행법)

　1402년 쫑카파 스님이 저술한 『보리도차제론』은 초기불경과 대승불경에 있는 주옥 같은 가르침을 종합하여 불교수행의 목표로 3가지의 길을 체계적으로 제시했다. 방편 법문으로 불경의 가르침을 하나하나 예로 들며 자상하게 설명하고 있다.
　3가지의 길이란, 하사도(下士道), 중사도(中士道), 상사도(上士道)를 말한다. 선비 사(士)를 사용하여 사람, 근기란 뜻을 담고 있다. 하근기 중생, 중근기 중생, 상근기 중생과 비슷한 뜻으로 중생들이 알아듣기 쉽게 구분하여 사용한 방편이다.
　수학 문제 푸는 것에 비유하자면, 더하기 빼기를 할 수 있어야 곱셈 나눗셈을 하고, 암기할 수 있어야 인수분해도 하고, 결국 어려운 미적분도 풀 수 있다는 이치와 같다.
　뗏목도 타지 않았는데 뗏목을 버려라며 공(空)의 이치를 가르치면, 진리 중의 진리, 사성제, 공 사상을 알기도 전에 가치판단의 상실 내지 허무주의, 염세주의에 빠질 수도 있다는 경각심을 일으켜 준다.

삼사도의 길이란?

　첫째, 하사도에서는 불법에 입문하기 전 하근기 중생들에게 세속적 복락을 추구하며 행복하게 사는 길을 알려준다.

　둘째, 중사도에서는 하사도의 삶을 살면서 상대적 복락은 결국 고통으로 변함을 절감하게 되고, 고통도 잠시 이 또한 지나가고, 즐거움도 잠시의 순간뿐, 곧 고통으로 변하고, '제행무상 일체개고'를 알아차리고 나서는 출가 구도자의 길을 제시한다.

셋째, 상사도에서는 부처님 전생담에 나오는 삼아승지 백억 겁의 보살도를 닦아서 마침내 성불하셨다는 이야기를 인용하여, 가장 바람직한 삶의 모습으로 보살도의 길을 제시한다.

보리도차제론의 차례

1. 예비적 가르침

삼사도를 티벳에 전하신 분은 지금으로부터 1,000년전 인도의 고승 아띠샤 스님이다.『보리도등론』을 저술하신 것이 삼사도 가르침의 뿌리가 된 것으로 보인다. 당시 성적으로 타락한 티벳불교 부흥에 기여하신 고승이다. 불교는 그냥 공부하는 것이 아니라 셋으로 나누어 해야 한다는 가르침을 제시했다.

처음 불교 공부를 하기 전에 준비단계로 '내가 인간으로 태어나기가 얼마나 힘든 일인가?' 하는 것을 먼저 자각해야 한다고 한다. 수백억 종의 생명체의 세계에서 '내가 사람이다' 하는 것은 아주 희귀한 일이며, 천재일우의 기회이고, 100억 로또 당첨된 행운아임을 자각하도록 가르치신다.(人生難得佛法難逢)

2. 인간으로 태어난 중요성

　사람만이 불교를 공부할 수 있는 유일한 중생임을 가르치신다. 이를 경전에서는 가만(한가함이 가득하다는 뜻), 유가구족(한가함이 구족되어 있다)으로 표현하고 있다.
　가만의 몸이란 수행에 장애가 되는 요소가 없고 수행에 필요한 조건을 갖춘 귀한 몸이란 뜻이다. 육도중생 중 축생이나 아귀 지옥 중생은 괴로움이 심해 공부할 수가 없고, 천상세계 중생들은 행복에 취해 공부할 수가 없어, 복이 다하면 또 육도윤회를 해야만 한다고 한다. 천상 중생들도 위압의 공포, 죽음, 단열과 살해의 공포라는 3가지 고통이 있다며, 천상세계가 끝이 아님을 쫑카파 스님께서 말씀하신다.

　야생동물들의 공통점은 눈을 뜨면 하루종일 먹을 것을 찾아 헤매는 굶주림의 고통과 약육강식의 세계에서 적자생존하기 위해 산다는 것이다. 어리버리하면 언제든지 잡아먹히는 공포속에서 생명을 유지하고 있다.
　인간은 언어와 도구를 사용할 수 있기에 최강, 최상위의 포식자가 되어, 문명의 이기를 누리며 잡아 먹히지 않고 잡아 먹고만 살고 있고, 식량을 생산하고 비축함으로 굶주림의 공포도 해결할 수 있는 사회적 동물이다. 인간이기에 음식 먹는 것도 한 끼에 30분에서 1시간이면 해결할 수 있고, 잠자는 시간 7~8시간 빼면 공부하면서 삶과 죽음의 문제를 해결할 수 있다.

　현재 78억 인구 중 다음 생에 또 인간으로 태어나기는 거의 불가능하다. 남들처럼 아귀다툼하면서 먹이와 섹스를 추구하는 삶을 살면 거의 축생의 세계로 떨어진다.

『보리도차제론』비유담 중에 "'맹구우목경", "조갑취토경"으로 잘 비유하고 있다.

조갑토(爪甲土)

'손톱 위의 흙'이란 뜻으로 인간으로 태어나기가 힘들다는 잡아함경 조갑취토경에 나오는 부처님 법문이다.

부처님께서 손톱으로 대지의 흙을 파서, 이렇게 보이면서 아난존자에게 말씀하시면서 "이 손톱 위의 흙이 많느냐? 아니면 대지의 흙이 많느냐?"고 물으셨다. 당연히 "대지의 흙이 많다"고 아난존자가 답했다.

지금 인간들 중에 다음 생에 또 인간으로 태어날 사람들은 손톱 위의 흙처럼 적고, 지옥 축생 아귀로 태어날 사람들은 저 대지의 흙처럼 많다고 하셨다. 또 눈에 보이는 생명은 손톱 위의 흙처럼 적고, 눈에 보이지 않는 생물은 대지의 흙처럼 많다고 하셨다. 또한 자기 부모가 있는 줄 아는 생명은 손톱 위의 흙처럼 적고, 자기 부모가 있는 줄 모르는 생명체들은 대지의 흙처럼 많다고 하셨다. 부모가 있는 줄 아는 생명체들은 어릴 때 부모의 보호를 받았다는 이야기다. 수천 수십억 종의 생명체 중 어릴 때 부모의 보호를 받는 생명체는 포유류, 조류 등 일부일 뿐이다. 거의 부모를 모르는 중생들이다. 결론적으로 다음 생에 또 인간으로 태어날 인간은 거의 없다는 가르침이다.

맹구우목(盲龜遇木)

'100년에 한 번씩 숨을 쉬는 눈먼 거북이가 큰 바다에서 구멍 뚫린 나무판자에 목을 걸쳐 숨을 쉰다'는 뜻이다. 인간이 다시 태어날 때 사람 몸 받기가 힘들다는 중아함경에 나오는 부처님 말씀이다. 오늘날 우리가 수학적 생물학적 지식을 동원하면 확률적으로도 가장 합리적임을 알 수 있다. 신화도 아니고 어떤 믿음도 아니다. 조금만 생각해 보면 '아! 그렇구나!' 하고 이치적으로 알 수 있다.

인간이기에 축생들보다 더 행복함을 느끼는 것은 맞다. 최상위, 최강의 포식자이기에 먹을 것 걱정 없고, 또한 잡아 먹힐 공포감이 없다.

인간은 다른 생명체의 고통을 딛고서 호위호식하는 행복을 실감하지 못한다. 오직 먹는 것과 섹스를 추구하는 습기 때문에 탐진치 삼독이 생기는 근본 무명에서 헤어나지 못하고 끝없는 윤회의 쳇바퀴를 돌리고 있다. 하지만 인간으로 태어난 것이 얼마나 소중한 것인지를 알면 정신 바짝 차리게 된다.

3. 죽음에 대한 명상

첫째, 나는 반드시 죽으며 그 시기는 오늘이 될지 언제가 될지 모른다는 점에 대해 공포심이 들 정도로 곰곰이 명상, 사유해야 함을 가르친다.

서산에 해가 지듯이 죽음을 예측할 순 있지만 오랜 수행을 한 고승들을 제외하고는 아무도 모른다. 죽음의 시간까지 알아 맞춘 탄허스님 정도의 수행을 하신 고승들만이 알 수 있다. 얼마나 많은 사건 사고, 천재지변, 전쟁, 화재, 돌연사 등등이 일어나는지를 생각하면 오늘 당장 공부를 할 수밖에 없다는 결론이다.

둘째, 절벽에서 떨어질 때 하늘을 난다고 기뻐하지 말라. 떨어지면 죽는다. 우리의 삶이 끈 안 묶은 번지 점프임을 기억해야 한다.

셋째, 인간의 삶 중에서 밥 먹고 잠자고 병들어 앓다 보니 수행할 시간은 8년 정도밖에 없다. 매일매일 오늘 죽을지, 내일 죽을지, 저녁에 죽을지, 자다가 죽을지는 아무도 모른다는 생각으로 곰곰이 명상 수행해야 한다.

넷째, 죽음에 대한 명상을 하면 금생의 보잘것없는 행복과 안락에 탐닉하지 않게 되고 항상 청정한 계율을 지키게 되고, 수행에 게으름을 피우지 않게 된다.

다섯째, 모든 농작물 중에서 가을의 결실이 제일이듯이, 모든 발자욱 중에 코끼리 발자욱이 제일이듯이, 모든 생각들 중에 죽음과 무상에 대한 생각이 제일이라는 열반경 구절을 인용하면서 매일매일 공포심이 들 때까지 명상해야 한다.

『보리도차제론』에서는 "노느니 염불하라"는 말이 있듯이 놀면서도 항상 죽음에 대한 명상을 하라고 가르친다.
  내가 죽는다는 것은 온 우주가 일시에 폭발해서, 이 세상이 사라진다는 뜻이다. 찰나찰나 기다리고 있는데 한치 앞도 못 보고, 영원히 살 것처럼 오늘도 재물과 명예욕을 쫓아 살지만 죽음에 대한 실상을 느끼면 정신이 번쩍 들고 귀가 막힌다.

쫑카파 스님께서는 죽음에 대한 명상이 끝나지 않으면, 다음 단계에 올라가는 것은 모래성 쌓기의 사상누각이라고 하면서, 죽음에 대한 명상이 완벽하게 끝나지 않으면 평생을 그 단계에 머무르게 된다고 하셨다. 그렇지 않고 진도를 나간다면 그 다음부터의 가르침은 전부 마구니의 장난, 마구니의 유혹일 뿐이라고 한다.
하사도에서 중사도로 진도 나가는 것은 자기 스스로 양심에 비추어 본인이 정한다. 죽음에 대한 명상이 끝난 것을 증명하는 것은 오로지 자문자답뿐이다.

"나에게 재물욕, 명예욕이 있나?"

자신이 제일 잘 안다. 돈에 대한 유혹이 있고, 잘난 체하고 싶다는 마음이 조금이라도 남아 있으면 아직도 안 끝난 것이기에 진도 나가지 말라는 가르침이다. 아무 소용없다.
다음 단계로 삼악도와 천상의 고통에 대해 곰곰이 사유하라는 말이다. 삼악도가 얼마나 무서운 곳인가? 천상세계도 복진타락한다. 윤회가 끝난 것이 아니기에 천상의 고통에 대해서도 사유하라고 가르치고 있다.

4. 삼악도와 천상의 고통에 대한 사유

탐욕이 많은 인간이 태어나는 아귀, 어리석음이 많은 인간이 태어나는 축생, 분노가 심한 인간이 태어나는 지옥, 천상에서 일어나는 3가지 고통, 즉 죽음에 대한 공포, 남에게 무시당하는 고통, 찢어지고 살해당하는 고통을 깊이 사유하라는 가르침이다. 쫑카파 스님께서는 천상의 중생들도 우열이 있기에 천신들 간에 비교대상이 되어 열등감을 심하게 느끼는 고통이 있고, 결국은 복진타락하면 죽는다는 죽음에 대한 공포심이 크다고 한다. 천신들 간에 서로 싸우며 찢어지는 고통이 있고, 살해당할지 모른다는 공포감이 상존한다는 것이다.

삼악도와 천상의 고통에 대해 깊이 사유하다 보면 어디 한 곳이라도 갈 곳이 없어진다. 윤회의 굴레에서 벗어나는 길뿐이다.

쫑카파 스님이 강조하는 것은 인간에 대한 중요성, 죽음에 대한 명상, 삼악도의 무서움, 이런 순서대로 명상해야만 천생만생 돌고 도는 육도윤회의 세계에서 다음 생에 윤회하는 것이 '아하, 정말 무섭구나!' '정말 갈 곳이 없구나!' 하고 뼈저리게 느끼게 된다는 것이다. 이럴 때 당장 "부처님 살려주세요!" 하면서 마침내 불법승 삼보에 귀의하게 된다고 한다.

세 가지 명상 순서가 바뀌면 안 된다. 세 가지 보배, 불법승 삼보만이 우리를 고통에서 구원해 줄 수 있다는 간절함을 가져야 다음 단계 중사도, 상사도로 올라갈 수 있다는 가르침이다.

불법승 삼보에 귀의함

삼보에 귀의하면 사성제, 팔정도, 공의 이치, 반야지혜, 이런 고준

한 불교 교리를 가르치기 전에 당장 발등의 불을 끄는 것을 가르친다. '선하게 살아야 됨'을 먼저 가르친다. 선하게 살아야만 다음 생에 험한 꼴 안 당한다는 것이다.

남에게 잘하는 것이 선(善)인데, 선을 행한다는 것은 타인을 배려하는 생명체만이 공동체 사회를 이룰 수 있음을 깊이 자각하면서 남과 더불어 사는 사회성의 중요성을 자각하게 되는 것이다. 혼자서 사자를 만나면 잡아먹힐지도 모른다. 하지만 잡아먹히지 않고 내가 생존할 수 있는 이유는 사자보다 더 내가 힘이 강해서가 아니라, 남들의 도움, 남들과의 협력, 즉 인간들의 지혜로운 힘, 문명의 힘 때문이다. 불교에서 말하는 증상연이다. 서로서로 상호의존 연기하며 사는 세상살이 때문이다. 화엄경 일즉다 다즉일, 중중무진 연기법의 전체우주가 나와 연결됨이다. 다른 사람들이 터득한 기술 문명이 누적되어 총칼 같은 무기가 있기에 내가 밀림을 누비며 활보할 수 있다. 최상의 포식자가 된 이유이다.

내가 다음 생에 사회적 동물로 태어나야만 험한 일을 당하지 않고 살아남아 공부를 계속할 수 있는 기회를 또 얻을 수 있다. 죽을 때 사회성을 가지고 죽어야만 다음 생에 좋은 곳으로 갈 수 있고, 이기적인 개체성을 갖고 죽는다면 다음 생에 개체로 사는 거미, 지네, 쥐새끼, 깍지벌레, 날파리 등등 축생으로 태어날 수밖에 별도리가 없다.

불교에서는 선악의 실체는 없다고 하지만, 남을 위해 사는 자비로운 삶, 남을 배려하고 존중하는 따뜻한 마음, 이것이 사회성이다.

사회성의 기본 덕목을 불교에서는 보시바라밀이라고 한다. 하사도에서 지계와 보시바라밀을 강조하는 이유가 '공동체의 질서를 지키며 사회적 동물로 살라', '선하게 살라'는 가르침이다.

　인생을 살면서 내가 행복하기 위해, 내가 잘 살기 위해 남의 것을 빼앗고, 거짓말하고 분풀이하는 사람들은 반드시 다음 생에 축생계로 가게 된다. 다음 생을 결정하는 것은 이성적인 인지능력이 아니라 일상의 삶에서 가진 감성에 의해 좌우된다는 가르침이다. 이성은 감성의 시녀. 탐심, 진심을 정화 시키는 감성 정화가 일차적으로 먼저 되어야 치심을 정화하는 인지 정화를 할 수 있다.

　모든 이치에 선후가 있다. 깨달음의 3가지 길 중에서 하사도 중사도 전체가 감성수행이다. 꿈에서도 악한 일 안 할 때쯤에 내가 감성 정화가 된 것으로 스스로 판단한다. 내가 진짜 마음 깊이 착해졌구나 해야 그 다음 중사도 단계로 올라간다.

　『보리도차제론』은 감성을 정화하기 위한 감성 수행에 맞추어진 감동적인 이야기들로 구성되어 있다. 모든 수행은 자발성에 기초하여, 수행을 위한 동기부여에 맞추어져 있다.

하사도의 3가지 분류

　껜슐렉텐 스님(1900~1971)은 하사도를 '하상 하중 하하' 3가지 단계로 분류한다.

1. 하상단계

　다음 생에 인간계 내지 천상계에 태어나기 위해 수행에 전념하는 사람들이다. 다른 종교에서 하늘나라 가기 위해 굉장히 훌륭하게 사는 사람들로 세속적인 욕심에는 관심이 없고 남을 도와주면서 사는 부류의 사람들이다.

2. 하중단계

종교적 수행도 하지만, 이를 현생에서 행복을 위한 수단으로 사용하는 사람들로, 규칙적인 종교집회에는 가지만 일상에서는 생업에 더 종사하는 사람들로 열심히 놀기도 하고 유흥도 즐기지만 일요일 종교집회에 가서 참회하는 것이 전부라고 생각하며 사는 부류의 사람들이다.

3. 하하단계

종교적 수행도 하지 않고 오직 현생의 행복만을 추구하며 오로지 자기 가족들을 위해 사는 사람들이다.

하사도를 3단계로 분류한 깬슬렉텐 스님은 하하중생을 모든 짐승들도 자기 새끼를 돌보며 산다고 하시면서 벌레 같은 삶이라고 평가절하한다. 보통 사람들이 생각하는 최고의 부모가 하하중생들의 삶이라 생각하면 된다.

『보리도차제론』에서는 하사도 단계에서 일단 자신의 행복을 위해 이기적으로 살아야 남을 돕는 단계로 올라갈 수 있다고 한다. 남을 돕기 위해 절약하고, 계율을 지키며 살며, 점차적으로 이타행을 할 수 있다는 가르침이다.

하사도에서는 육바라밀 중에서 지계, 보시바라밀 수행이 우선이다. 계율을 지키면서 나를 위해 수행해야 아라한 단계까지 갈 수 있는 자량분을 축적하고 훈습되어 간다는 가르침이다.

　남을 위해 살면서 수행하다 보면 중사도, 상사도로 올라가게 되고 내가 죽어도 남을 위해 살겠다는 진정한 동사섭의 마음이 절로 난다는 자상한 가르침이다.

　중사도에 올라가게 되면 번뇌를 녹이기 위해서 사성제, 팔정도의 공부를 시작하게 된다.

중사도의 가르침

　중사도에서의 가르침은 윤회의 과정, 12연기법, 계정혜 삼학, 사성제, 팔정도를 공부하여 해탈의 길을 가르친다. 계와 정은 번뇌를 누르고 혜는 근본 무명을 뿌리 뽑아 다시는 태어나지 않으려는 마음이 절로 생겨 해탈 열반에 이르는 길을 깨치도록 가르친다.

　부처님께서 성도하기 전 보리수 나무 아래에서 곰곰이 명상한 화두는 "왜 죽느냐?"였는데, 심명통이 열리면서 확철대오한 해답은 너무나 쉬운 것이었다. 즉 태어났기 때문에 죽는다. 12연기법의 수수께끼가 확연히 열리면서 사성제를 설파하신 것이다.

　태어남이 얼마나 고통스러운 일인가! 12연기 중 태어남의 고통(生苦)에 대한 자세한 묘사를 쫑카파 스님의 말을 인용해 보면, 탄생을 위해 중음신이 자궁에 착상하게 되는데, 자궁 속은 고약한 악취가 나며, 칠흑같이 어두우며, 주변은 오줌과 똥으로 둘러싸여 있다. 입에서 씹은 음식이 배꼽을 통해 태아에 전달된다. 그런 더러운 자궁 속에서 꼼짝하지 못하고 10개월간 갇혀 있다.

출산시에는 기름틀에 넣고 기름을 쥐어짜는 듯한 고통이 엄습한다. 출산 후에는 귀엽다고 포대기로 감싸는 것이 몸에 닿는 부분이 칼날처럼 아픔을 느낀다. 그래서 앙앙 운다는 것이다. 탄생의 고통이 아기 입장에서는 출구가 너무 작아 공포에 떠는 모습을 적나라하게 묘사한 것을 보면, 쫑카파 스님의 문학적 소양이 대단함을 느낄 수 있다.

상사도의 가르침

상사도에서의 가르침은 보리심 훈련과정이다. 윤회의 세계 속에서 고통받을 수많은 중생제도를 위해 무수겁 이후로 성불을 다짐하고 다시 윤회의 세계에서 살아가는 보살의 길을 제시하며, 모든 중생이 전생에 한번 이상 내 어머니 아닌 중생은 없다는 논리적인 상상력 지모심(知母心)과 항상 기쁜 마음을 가지라는 의요심(意樂心) 등등 칠종인과법을 체득시키고, 자신을 타인으로 삼고 타인을 자신으로 삼는 수행훈련 자타상환법을 가르친다. 쉬운 말로 역지사지로 생각하는 법이다.

상사도의 맨 마지막 단계로 선정쌍수, 지관쌍수, 사마타 위빠사나 수행 참선을 가르친다. 육바라밀과 사섭법 등으로 계속 자기 마음을 훈련시켜, 사홍서원의 중생무변 서원을 하면서 눈물이 주루룩 날 때쯤 진정한 보살의 삶을 살게 된다는 가르침이다.

티벳불교의 우수성과 세계화 과정

1. 똥렌 수행법.

　티벳불교 스님들의 호흡하는 명상법으로 똥렌 수행법은 세상의 모든 나쁜 기운들은 내가 들이마시고, 정화시켜 좋은 기운을 내뿜는다는 상상초월의 호흡명상법이다. 티벳어로 똥렌은 '주고 받기'라는 뜻이다.

　고통받는 중생들이 눈앞에 있다고 시각화한 다음, 행복 풍요 같은 나의 공덕의 결과를 날숨으로 내보내고 중생들의 고통 번뇌 등 모든 문제점을 들숨을 통해 대신 흡수하는 대자비의 상상초월 명상법이다. 나쁜 기운은 다 나한테 오기를 염원하며, 좋은 기운은 다 불쌍한 중생들에게 가기를 염원하는 호흡명상 훈련법이다. 부처님의 수식관을 창조적 발현시킨 명상법이다.

2. 폭력의 종교문화를 배격하는 티벳불교 문화

　인도불교 부처님 전통을 끊어짐 없이 그대로 계승하여 창조적으로 발전시킨 티벳불교는 현재 서구 유럽 미국 캐나다 아르헨티나 호주지역까지 가장 널리 퍼져 있다.

　1960년대 월남전으로 서양의 폭력적 문화를 배격하고 부수기 위하여 '저항문화운동'이 세계적으로 퍼져 나갈 때, 폭력적인 카톨릭, 개신교의 종교문화의 대안으로 동양의 인도불교 중국불교를 빨아들였다.

　초기에는 파괴의 불교인 임제종 계통 선불교(선사들의 활! 방!)가

크게 유행했던 시기가 있었다. 당시 숭산스님, 라쥐니쉬 등등 유명하셨다.

콜럼버스가 신대륙을 발견한 이후 식민지 개척과정에서 서로 강대국의 우위를 점하기 위해 강력한 무기개발 경쟁을 하면서 정복전쟁을 펼쳤던 시기에 이를 뒷받침한 종교문화가 카톨릭, 개신교였다.

초창기 서구 유럽에 소개된 불교는 선불교였던 것이 맞지만, 지금은 정착기에 들어갔고 또한 『보리도차제론』이 널리 퍼짐으로 티벳 불교가 가장 영향력을 가지고 있다.

윤회를 해결하는 방법

1. 지관쌍수 선정쌍수 참선방법

치열한 참선 수행을 통해 공의 이치, 멸성제를 득도하여 환멸문으로 나아가 12연기의 근본번뇌인 무명을 끊어내는 방법, 즉 대승기신론에서 논하는 일심(본각 본래성품 원각 불성 법신)으로 돌아가는 방법을 상사도에서 가르친다. 견성 성불하여 해탈 열반에 이르는 길이다.

2. 정토종으로 귀의함

대승기신론에서 아미타불에 귀의하여 열심히 아미타 부처님 명호를 부르면 모두 극락정토로 가서 성불할 때까지 수행하는 염불선 정토 수행법이다.

　한국불교의 유명한 선사들(원효대사, 나옹선사, 함허득통, 서산대사 등) 대부분 고승들께서 대각을 이룬 후, 권유하시는 방법이다. 나무아미타불 6자 염불만 자나깨나 일심분란으로 부르면 반드시 극락정토에 왕생한다고 한다.

　단 두 가지 조건이 있다. 발보리심, 발보살도다. 현생에서 투철한 부처님에 대한 믿음과 현생에서 보살도를 실천하셔야 한다. 윤회를 벗어나겠다는 간절함과 작든 크든 타인을 위한 보살도의 마음이다.

　일상의 삶에서 수행이 없다면, 임종시 단 한번 일어난다는 죽음의 마음에서 '나무아미타불'이란 6자가 나올 수가 없다. 간절한 원력의 삶이 있어야 한다. 업력에 이끌려 다니는 삶이 아니라 극락왕생을 원하는 삶이다. 지금부터라도 업력에서 원력으로 사는 삶으로 변화시켜야 한다.

　극락정토는 천상세계와 달라서 성불할 때까지 아미타 부처님 지도하에 수행만 하는 세계이다. 천상세계는 무상하지만, 정토세계는 영원하다. 다시 사바예토로 윤회하는 삶은 없다. 영원한 극락정토에 상주한다.

　참고로 아미타 부처님의 48대원 중에 열여덟 번째 대원인 '십념왕생원'은 임종 시에 아미타 부처님의 명호 "나무아미타불!"을 열 번만 불러도 극락왕생한다는 원이다.

　물론 극락정토에도 수행력, 수행 근기에 따라 상중하, 또 상중하의 상중하 이렇게 9품 단계로 나누어져 있다. 사바예토 현생에서 열심히 공부 수행하면 근기에 따라, 근기에 맞는 극락세계에 반드시 왕생한다는 아미타불의 불가사의한 위신력이다.

고 김성철 교수님은 서울대학교 치과대학을 졸업하시고 치과의사로 개업하고 있던 중 발심하여 동국대학교에서 인도철학 박사를 취득하고, 평생을 불교 연구에 매진하신 정말 존경받으신 학자의 길을 걸으셨다. 그의 불교 강의와 역서 중론, 회쟁론. 백론십이문론, 불교의 중심철학 등등을 차근히 듣고 공부한 것과 저의 대사부님 월호스님의 법문을 10년간 꾸준히 듣고 공부한 것을 참고로 마음 공부하시는 도반님들께 회향하는 공부 시간을 가져 보았다.

* 티벳불교의 존경받는 3명의 성인(쫑카파 스님, 파드마삼바바 스님, 아티샤 스님)들 중에서도 가장 존경받는 스님이 티벳불교의 교과서로 불리는 『보리도차제론』을 저술한 쫑카파 스님이다. 티벳사원에 가보면 가장 중앙에 쫑카파 스님 영정사진이 걸려있고 양옆으로 나머지 두 분 사진이 나란히 걸려있다.
『티벳사자의 서』를 저술한 파드마삼바바 스님, 『보리도등론』을 저술하신 아티샤 스님, 『보리도차제론』을 저술하신 쫑카파 스님.

티벳 사자의 서

파드마삼바바는 인도와 티벳의 히말라야 접경 지역에서 활동하셨던 최고의 스승이다. 8세기경 티벳왕의 초청으로 티벳에 간 파드마삼바바는 인도에서 갖고 온 신비한 경전들을 티벳어로 번역하였고, 사후세계에 대하여 죽은 사람들의 가이드북으로 『티벳 사자의 서』를 지으셨다. 『사자의 서』에 나와 있는 정토사상 한 구절을 공부해 보자.

아, 슬프다!!
　아득한 옛날부터 무수히 많은 세월 동안 윤회의 늪 속을 방황해 왔다. 지금까지 참나를 깨닫지 못하고 붓다의 경지를 얻지 못했으니 이 얼마나 고통스러운가!
　나는 이 윤회계가 지겹고 끔찍하고 역겹다. 나는 이제 윤회에서 벗어날 준비가 되어있다. 나는 서방정토 극락세계 아미타불 발아래 한 송이 금빛 연꽃 속에서 기적적으로 태어나리라. 이렇게 생각하면서 그 세계에 태어나기를 진심으로 발원하리라. 그러면 그때는 즉시 그곳에 태어날 것이다.
　제국의 황제가 되는 것보다, 천상의 신이 되는 것보다, 우주의 지배자가 되는 것보다, 수다원과를 얻는 것이 훨씬 더 낫다. 그러나 이보다도 더욱 뛰어난 것은 극락정토 세계에 왕생하는 것이다.

아미타경에는 10만억 국토를 지나야 갈 수 있는 곳이라 하지만 관무량수경에서는 그리 멀지 않는 곳에 있다고 하셨다. 시공이 없는 우주 공간이 접히는 것을 꿰뚫어 본 부처님 말씀이다. 우리 마음으로 언제든지 발원하면 갈 수 있는 가상세계다.

지구의 격변과 변화에 대한 예견

 탄허 스님께서는 역학을 응용하여 미래를 투시하는 미래학 공부를 취미로 하고 있다고 말씀하시면서 인간의 천진한 예지 본능과 우주의 섭리를 꿰뚫은 역학과 깊은 선정에서 나오는 숙명통으로 지(知)와 술(術)의 경지를 넘어선 각(覺)과 도(道)의 경지에서 미래를 투사한 예견과 예지를 말씀한다 하시면서 단순히 어떤 예언을 하는 차원보다 한 차원 높은 경지라고 하셨다. 예언이란 표현보다는 예견 예지라고 하셨다.
 아는 것이 끊어진 경지에서는 모르는 것이 없어지는 것이라면서 자신있게 말씀하신 지구의 격변과 변화에 대한 예견은 꼭 한번 새겨들을 만하다. 말법 시대, 환란 시대에 잘 대처할 수 있도록 하기 위함이다.

 옛 성현들이 미래를 알고 이야기해 준 것은 사람들이 혼란에 빠지지 않게 하기 위함이다. 어쩔 수 없는 말법시대에 미래를 대비하는 가장 큰 준비는 마음이 흔들리지 않도록 부동심 평정심을 유지하라는 말씀이다. 선사답게 참선을 강조하셨다. 부동심 평정심을 유지해야 그나마 남을 돕고 구제할 수 있다고 하셨다.

다가올 지구촌의 대격변과 변화에 대해 적극적으로 의견을 피력함

2004년 서남아시아 지진해일. 2008년 중국 사천성 지진.
2011년 일본 동일본 대지진. 2016년 경주 2017년 포항 지진.

지진 예견의 예시

1. 한국 동남 해안쪽 백여리의 땅이 피해를 입고 서부 해안쪽은 융기하여 땅이 늘어난다.
2. 한국은 간방, 일본은 손방이므로 북빙해가 녹을 때 3분의 2가 물에 잠겨서 독립을 유지하기에도 작은 영토만 남는다. 주역 괘상으로 간방은 지야(止也). 손방은 입야(入也). 한국은 지진이 아예 없다고는 할 수 없지만 그나마 한국은 지진의 안전지대. 그칠 止야. 일본은 들어갈 入야.
3. 중국 본토 역시 균열로 인해 만주와 요동 일부가 우리 영토가 된다.
4. 환태평양 불의 고리(Ring of Fire)로 인해 미국 전역도 소(沼)가 많이 생긴다.
5. 비극적인 인류의 종말이 기다리고 있다. 전 세계 인구의 60~80% 피해를 본다.
6. 히말라야 눈 덮인 설산도 앞으로 녹아내릴 것이라 함.

탄허스님은 1983년 입적하시면서 입적일을 정확히 맞추셨다. 복진즉사(福盡卽死), 사람의 숙명은 복이 다하면 죽는다는 말, 예측 그대로 망일 날 많은 제자 스님들이 지켜보는 앞에서 정역의 시대가 도래할 것이라 예지하시고 가셨다.

  1985년에 100년 뒤 지구의 미래를 설해주는 역학책 정역이 완성되었다. (중국 영토의 25%가 가라앉는다는 조선일보 2024년 4월 20일 기사 참조할 것)

삼국유사 (조신의 꿈 이야기)

'조신의 꿈'은 인생의 모든 부귀영화는 꿈처럼 덧없이 사라지는 것이고, 언젠가는 무너지는 것에 투자하는 것은 어리석다는 교훈을 주는 삼국유사에 나오는 이야기이다.

봄비가 폭우로 변해 쏟아지는 날, 오늘은 가볍게 보내고 싶어 영화도 보고 막걸리도 마시며, 빗소리를 음악 삼아 나이 탓 못하고 '조신의 꿈' 이야기를 읽으며 인생 일장춘몽 그대로가 인생무상임을 새삼 느꼈다. 지난 세월 참 덧없이 흘러간 것 맞다. 대강의 줄거리 옮겨 적어 본다. 강원도 양양 낙산사 창건에 따른 관세음보살 신앙에 대한 이야기다.

강릉태수의 딸에게 마음을 빼앗긴 조신은 낙산사 관음보살 앞에서 그녀와 인연 맺어줄 것을 남몰래 빌었다. 수년이 지나 그녀에게 배필까지 생기자 조신스님은 다시 관음보살을 찾아가 원망하며 소원을 빌면서 날이 저물도록 슬피 울다가 그리운 정에 지쳐서 잠시 졸았다. 꿈에서 갑자기 김씨 낭자가 기쁜 얼굴로 들어와 "사실은 스님을 마음속으로 사랑했다"면서 청혼하자 스님은 매우 기뻐하며 고향으로 돌아갔다. 스님은 그녀와 부부연을 맺어 40여년을 살면서 5명의 자녀까지 낳았지만 찢어지게 가난한 현실을 끝내 극복하지 못했다.

"붉은 얼굴과 어여쁜 웃음도 풀잎에 이슬이요,
지란(芝蘭)같은 약속도 바람에 흔들리는 버들가지다.
당신은 내가 있어 더 누가 되고,
나는 당신이 있어 더욱 근심이 된다.
가만히 지난 날의 기뻤던 일을 생각해 보니
그것이 바로 근심의 발단이었다."

부인의 절절한 말 한마디는 이별로 이어졌다. '이별의 기쁨'을 만끽한 조신스님은 다시 길을 떠나며 꿈에서 깨어났다. 꿈을 깨어보니까, 법당 안에는 호롱불만 타고 있고, 잠시 꿈속을 헤매던 시간 동안 스님의 머리털과 수염은 모두 하얗게 새어 있었다. 마치 한평생 고생을 다 겪고 난 것 같아 재물과 사랑을 탐하는 마음도 얼음 녹듯 사라졌다. 생생한 꿈속에서 충격을 너무 받아, 교훈을 크게 얻은 조신은 사재를 털어 〈정토사〉라는 절을 짓고 일생을 관세음보살 아미타 신앙에 귀의한 신실한 수행자로 살았다.

삼일수심천재보 백년탐물일조진
三日修心千載寶 百年貪物一朝塵

일생을 살면서 갈 때 가더라도 탄허스님께서 '마지막 한마디 말 후구'는 깨닫고 죽어야 된다는 말씀이다. 인생무상에 대한 경책의 말씀을 생각해 보는 봄비 내리는 하루였다.

모두가 집안일

내가 학가산 보문사에서 지낸 이후 10여 년이 되었다. 비록 뜻을 얻어 부지런히 수행하여 헛되이 시간을 보낸 적은 없었으나 아직 정견(情見)이 없어지지 않아, 마치 어떤 물건이 가슴에 걸려있는 것이 원수의 처소에 있는 것과 같았다. 지리산 상무주암에 있을 때 대혜선사 서장을 얻어 보았다. 선(禪)은 고요한 곳에 있지 않고, 시끄러운 곳에도 있지 않으며, 일상의 반연에 응하는 곳에도 있지 않고, 생각하고 분별하는 곳에도 있지 않다. 그러니 첫째로 고요한 곳과 시끄러운 곳과 일상의 반연에 응하는 곳과 사량 분별하는 곳을 가리지 말고 참구해야만 홀연히 눈이 열려 바야흐로 모든 것이 '집안일'임을 알게 될 것이다.

나는 여기에서 뜻이 딱 들어맞아 자연히 물건이 가슴에 걸리지 않고, 원수도 같은 자리에 있지 않아 당장에 안락해졌다.

- '조계산 송광사 불일보조국사 비명' 중에서

보조국사 지눌선사의 세 번째 깨달음 이야기다. 선(禪)은 고요한 곳에도 있지 않으며 또 시끄러운 곳에도 있지 않다. 일상사에 응하는 곳에도 있지 않으며 생각하고 분별하는 곳에도 있지 않다. 지리산 상무주암에서 도반 원묘스님과 함께 수행 중 지눌선사는 간화선의 종주 대혜종고 선사의 서장을 읽고 확연히 세 번째의 깨달음을 얻었다는 구절이다. 확철대오 대각을 이루고 읊은 '모두가 집안일이다'라는 깨달음의 노래다.

선(禪)은 부처님 마음이요, 교(敎)는 부처님 가르침이다.
선과 교가 둘이 될 수 없다.

보조국사 지눌선사께서는 삼계의 고통은 불타는 집이기에(법화경 화택의 비유품) 그대로 참고 머물면서 그 기나긴 고통을 달게 받을 수 없다면서 쉽게 접근하여 견성(見性)을 맛보게 하기 위해서 아주 자상하게 그 방법들을 설하셨다. 지눌선사는 돈오점수와 정혜쌍수를 함께 닦기를 권유하시어 선교의 대립을 극복했던 한국불교사에 위대한 선지식이다.(1158~1210년. 52세 열반)

견성을 체험하는 것이 성불을 의미하는 것은 아니다. 우리가 불성을 만나면 돈오이고, 잠깐 만나도 돈오, 불성 안에 들어앉아 살아도 돈오, 깨달음의 측면에서는 돈오가 맞다. 지눌선사께서는 증오와 구분하는 개념으로, 이러한 돈오(敦悟)를 해오(解悟)라고 하셨다. 마명보살의 대승기신론의 상사각, 견도를 의미한다. 화엄경에서 초발심시변정각이라는 초지 단계이다. 부처님에 대한 믿음이 꽉 차면 이미 견성한 것이다.
천생 만생 윤회하면서, 6식 7식이 지어온 업(습기)을 닦는다는 의미에서 수분각을 점수라고 하셨다. 일체의 번뇌가 제거되어 불성이 실현되는 확철대오 경지가 증오, 구경각이다. 신해행증(信解行

證)의 단계(화엄경 수행단계)를 구분하여 자상하게 수행 지침을 주셨다.

우리 마음은 본래 청정한 본각인데, 무명으로 인해 오염된 마음을 닦아 나가는 점수의 길을 시각(是覺)이라 하여, 시각 본각 상사각 수분각 구경각에 이르는 수행단계를 인용하신 것 같다. (마명보살 대승기신론의 수행단계)

성철스님께서 선문정로에서 주장한 돈오돈수의 돈오와는 약간 다른 개념이다. 깨달음은 맞다고 하시면서 돈오 후 번뇌를 다 닦아서 점수가 완성되면 확철대오하는 단계를 증오(證悟)라고 하셨다. (지눌선사의 돈오점수 이론)

돈오가 먼저 되어야 자비 지혜의 보살도(부처님의 길)를 실행할 수 있고, 이것이 불행시불(佛行是佛), "부처님의 행위가 부처다"라고 하신 6조 혜능선사의 가르침을 계승한 것으로 보인다.
우리네 살림살이가 정확한 길을 몰라서 이리저리 늘 헤매고 있다. 자신의 참나를 망각하고, 몸뚱이에 집착하고, 망상에 집착하기에 천생 만생 돌고 도는 윤회의 세계, 사바예토, 더러운 세계, 고(苦)의 세계를 벗어나지 못하고 돌고 도는 윤회를 계속한다는 것이다.

지눌선사께서는 돈오와 점수의 2가지 문을 제시하며 역대 모든 조사 선사 성인들이 걸어온 길이라고 하셨다. 보조 지눌선사의 깨달음은 3번에 걸쳐서 단계별로 있었다고 한다.
첫째, 8세에 동진출가하여, 25세에 육조단경을 읽고 선을 닦아야 지혜가 나온다 생각하고, 참나는 6근에 물들지 않은 '청정 무구심 텅 빈 자리'임을 깨닫고는 자유자재하셨다고 한다. 6근의 작용으로 일어나는 일체 유위법은 모두 꿈이요, 아바타요, 물거품이요, 그림자요, 아침이슬이요 번갯불 같아서, 모두 허망한 것이다.

삼국유사를 편찬하신 일연선사께서는 이러한 6근의 작용을 세상에서 가장 무서운 도적놈이라 하셨다. 많은 선사 조사들의 깨우침은 6근 6경 6식으로 이루어진 18계의 일체 만법이 공하다고 한다. 조건으로 만들어진 모든 인연법은 조건이 사라지면 지수화풍 4대 원소로 다 흩어져 버리는 허망한 가상현실에 우리 중생들이 살고 있다고 한다. 육조 혜능선사께서 금강경 '응무소주 이생기심'에서 대각을 이루신 것처럼 지눌선사께서는 금강경 32분 응화비진분에 크게 깨우쳤다.

둘째, 28세에 화엄경 여래출현품(통현장자 주석본)을 읽고 여래의 일체 지혜는 중생 모두에게 구족되어 있음을 깊이 통찰하셨다. 열반경에서 '일체중생 실유불성(一切衆生悉有佛性)'이라는 가르침을 읽고, 두 번째 깨달음을 증득하셨다.

셋째, 41세에 지리산 상무주암(현기선사가 40년 수행 중 25년 3월 21일 좌탈입망으로 조사열반에 드심)에서 대혜 종고 스님께서 저술한 서장을 읽고 선(禪)이란 시끄러운 시장 바닥에서도 늘 평상심으로 있어야 한다. 고요한 곳, 시끄러운 곳의 구분에 있지 않다는 구절을 읽고 크게 깨우쳐서 정혜쌍수의 가르침을 펼치기 시작하시면서 수심결을 저술하셨다.

존재의 실상 '무상 고 무아'의 지혜를 증득하여, 일체의 집착에서 벗어나 아라한이 되면 소승의 작은 마음, 즉 법신불 참나의 본 고향 자리로 돌아가는 소승 사상에서 법신불의 은덕으로 펼쳐지는 육바라밀의 실천을 통해 불보살들의 세계로 들어가야 한다는 큰마음, 즉 대승의 사상으로 전환된 것이다. 보리살타의 진정한 의미를 깨우친 것이다. 최고의 이상적 인격을 말해주는 법신불의 실현이 진정한 보살도라는 것이다.

참고로 대승 사상(큰마음)은 깨우친 아라한들이 열반에 들지 않고, 오로지 중생들이 성불하여 해탈하는 그날까지 중생 교화를 위해 다시금 사바예토로 윤회하여 돌아오신다는 사상이다.

제행무상(諸行無常)은 우리가 사는 현상계 모든 것은 매 순간마다 생멸하고 항상하지 않기에 일체개고(一切皆苦)다. 모든 만물은 인연으로 생하고 멸하고 연생연멸을 반복한다. 실체가 없는 제법무아(諸法無我)다.

삼계 화택 속에서도 선정으로 깨닫고 법신불, 참나 안에서 평상심을 유지하며 육바라밀을 실행하며 즐겁게 살 수 있는 정혜쌍수, 상락아정(常樂我靜)의 길을 제시했다. 보조국사 지눌선사의 큰 깨침이다.

윤회를 벗어나고자 한다면 부처를 찾는 것이 최고다. 부처를 찾는 길은 오직 이 마음뿐이다. 마땅히 오직 마음일 뿐이라고 생각하면 경계가 그 자리에서 소멸되어 마침내 번뇌거리가 되지 않는다. 마음을 어찌 멀리서 찾겠는가? 이 육신을 떠나지 않는다.

- '지눌선사 법문' 중에서

본래 성품 참나 무아를 알아차리는 길.
밖으로 구하지 말라! 모두가 안에 있는 우리 집안일이다.
안으로 구하라! 육신을 떠나지 않는 내 본래 성품을 관하는 것이다.
지눌선사께서는 본래성품자리는 텅 빈 가운데 신묘한 빛을 발하는 공적영지(空寂靈智)라고 하셨다.
원효대사는 본래 성품 자리를 신통하게 알고 있는 성자신해(性自神解)라고 하셨다.
부처님께서는 실체는 없지만 묘한 작용이 있는 진공묘유(眞空妙有)라고 설하셨다.

part2.
부처님은 누구인가?

부처님의 깨달음의 과정

　불교의 핵심은 모든 것을 내려놓는 것이다. 방하착하면 진정한 행복이 찾아온다. 열반적정, 상락아정 속에서 영원한 행복을 누리며 다시는 몸 받는 사바예토에 오지 않고, 해탈하여 윤회하는 삶을 살지 않는다. 그러기에 불교를 내려놓는 철학적 종교라고 말한다. 대학에서 다른 종교는 종교학과에서 가르치지만, 불교만은 인문학 철학과에서 가르치는 것만 보아도 단순한 종교 이상의 사유 명상이 꼭 필요한 종교이다

　부처님의 깨달음을 이해하고 부처님 닮는 수행을 하려면 부처님께서 어떤 연유로 깨달음에 이르게 되었는지 그 과정을 꼭 살펴봐야 한다. 부처님을 닮아 늘 자유의지를 갖고 곰곰이 사유하고 성찰하는 자세를 가질 때 우리의 삶이 윤택해지고 행복해지기 때문이다.

　부처님께서는 재가불자에게는 『행복경』을 설하였고, 출가자에게는 존재의 속성 무상 고 무아의 지혜를 증득하여 해탈 열반에 이르는 가르침을 주셨다. 부처님은 바보라고 불리던 수행자도 교화를 시켰다.

'주리반특가 수행법'은 바보 아라한의 이야기를 담고 있다. 머리가 나빠서 가르치면 금세 잊어버리는 주리반특가를 위해서 부처님은 빗자루를 쥐어주면서 "쓸고 닦자"는 한가지 수행법을 제시하셨다. 바보 주리반특가는 오로지 부처님 말씀을 따라 수행한 결과 아라한 경지를 증득하고 해탈지견의 노래를 불렀다.

마음의 번뇌를 쓸고 닦는 방법이 '다 내려놓는 것'이다. 깨달음을 얻는 것은 세수하면서 코 만지기보다 쉽다는 말도 있다.

고타마 싯달타 태자가 어떻게 대승 아라한 경지에 도달하여 부처가 되었는가? 그 구도 과정을 살펴보자.

깨달음의 길을 떠남

부처님께서는 조그만 도시국가 카필라국을 떠나 420키로 떨어진 보드가야 인근 마가다국 지역으로 구도의 길을 떠나셨다. 보드가야는 부처님께서 성도한 장소다. 직선거리로 서울에서 대마도까지의 머나먼 거리를 떠나신 것은 석가족 정반왕이 통치했던 카필라국은 작은 왕국이었기에 항시 위협적인 존재인 강대국 코살라국을 의식했던 것으로 보인다.

싯달타 태자는 32상 80종호를 갖춘 기골이 장대하고 인품이 뛰어나서 전륜성왕이 될 것이란 소문이 파다했다. 그가 태어났을 때 아사타 선인은 "이 아이는 전륜성왕이 되거나 부처가 될 것"이라고 예언하였다. 이웃의 강대국 코살라국 입장에서 위협적 존재가 분명했던 것 같다. 로마를 통치하던 헤롯왕이 앞으로 세상을 구할 성자가 태어났다는 동방박사의 예언을 듣고 예수와 같은 시기에 태어난 모든 아이들을 죽였던 사건을 연상하면 이해가 될 법하다. 싯달타가 먼 나라에 가서 수행한 것은 당시의 정치적 분위기와 연관해서 생각해 볼 수 있다.

곰곰이 생각하시는 명상 수행을 하시다

싯달타 태자께서는 12살 때 농경제에 참석했을 때, 농부의 쟁기질에 흙 밖으로 나온 벌레가 작은 새에게 잡아 먹히고, 그 새는 큰 새에게 잡아 먹히는 장면을 목격했다. 차마 그 모습을 더 보지 못하고 자리에서 일어나 인근의 염부수 나무 그늘에 앉아 자연스럽게 들어갔던 수행이 바로 '곰곰이 생각하는 명상'이다. 중국 선불교의 참선하고는 다른 개념이다.

싯달타 태자는 생명체에 대한 자비심이 충만하셨고, 또한 왕위도 버리고 구도의 길을 떠나신 것을 보면 태어날 때부터 번뇌의 삼독, 탐진치 중에서 탐심과 진심을 이미 떠난 감성 정화가 완성된 분으로, 죽음에 대한 지적 어리석음인 인지정화(치심)를 해결하려고 하셨던 분인 것 같다.

고행과 삼매 수행을 하시다

출가 직후 바가완이란 선인에게 고행을 배웠고, 알라라깔라마에게는 무소유삼매를 배웠으며, 웃다까라마뿟따에게는 비상비비상삼매를 배웠다. 마지막으로 부친 정반왕이 보내준 다섯 명의 친구

들과 고행에 들어가셨는데, 고행으로는 번뇌를 제거하지 못한다는 점을 자각하시고는 고행을 중단했다.

고행을 중단하신 후 또 다시 곰곰히 생각하시다

고행으로 찾지 못했던 해답을 그대로 보는 명상에서 찾기 시작했다. 12살 시절 농경제 때 곰곰이 생각하던 그 명상법, 선이 떠오른 것이다. 부처님께서 처음 들었던 화두는 '죽는 것은 무엇인가?'였다. 곰곰이 사유하다 '탄생했기 때문에'라는 아주 쉬운 것 같지만 인류 역사성 처음 있는 위대한 대발견을 하셨다. 12연기법을 깨우치시고 사성제 진리를 정리하셨다.

진리 중의 진리, 사성제를 깨우치다

부처님께서 보리수 아래에서 닦았던 수행은 곰곰이 생각하는 선(禪)이었다. 선수행을 통해 얻어진 능력은 숙명통, 천안통, 누진통의 3가지 밝음, 즉 삼명통이 열리면서 전생을 기억하여 12연기 가운데 '무명과 행'의 전생 업력, 업종자를 발견하심으로써 부처님이 되신 것이다. 12연기의 유전문과 환멸문은 사성제의 다른 표현이기에 12연기의 발견은 사성제의 발견이기도 하다.

중생에게 갖추어진 불성자리, 본래 성품자리는 '연기 무자성 공'이다. '연기법칙, 공의 이치'로 모든 연기하는 것이 실체가 없다는 것을 알아차리면 천생만생 윤회하는 '12연기 법칙'이 와르르 무너져 내린다.

고집멸도(苦集滅道), 사성제 멸성제의 자각이고, 반야 지혜, 공(空)의 체득이고, 6조 혜능선사가 말하는 본래무일물의 통찰이다. 본래성품 불성자리가 확연히 드러난다.

환희용약하여 덩실덩실 춤추며 해탈지견의 노래를 부른다. 현대 뇌과학에서 감동하거나 깨달음을 얻으면, 엔돌핀의 4000배나 되는 다이돌핀이 활성화 된다고 한다. 깨달음을 얻으면 덩실덩실 춤추는 이유를 알 것 같다.

삼명통이 열리는 과정

1. 제식연기

내가 옛날에 깨달음을 이루지 못 했을 때 명상에 들어가 다음과 같이 생각하였다. 무엇이 있기에 나고 죽음이 있는가? 생이 있기에 노사가 있다. 이 같은 방법으로 유, 취, 애, 수, 촉, 육입처, 명색이 존재한다. 무엇이 있기에 명색이 있는가? 식을 조건으로 삼아서 명색이 존재한다. 내가 이런 식으로 사유하였을 때 식의 한계에 이르러서 되돌아오고, 그 이상을 넘어갈 수 없었다.
 - '잡아함경 성읍경' 중에서

생을 연하여 노사가 있다는 연기법의 실마리 한 끝을 잡아서 12연기로 차례차례 역관으로 사유하고, 다시 12연기 순관으로 사유하는 방식을 되풀이 하였지만 무명으로 인해 행을 일으킨다는 것은 도저히 넘사벽이었던 것이다.

  남녀가 결합한 수정란에 우리의 마음(식)이 들어가서 엄마의 자궁속에 조그만 고기덩어리 상태로 달라붙어 있는 것이 심신복합체 명색인데, 그 이상은 진전할 수가 없어서 역관, 순관으로 갔다왔다 하기만 하였다. 12연기 가운데 무명과 행을 제외한 10연기까지만 사유하셨던 수행을 식의 한계에 이르러서 되돌아온 연기라는 의미로 제식연기라고 한다.

  제식연기는 전생을 기억하는 숙명통이 열리기 전이기에, 노사가 왜 있는지 소급하여 추적해 들어가지만, 그 추적은 12연기의 3번째 지분인 식에서 멈출 뿐 더 이상 진행하지 못했던 것이다.

2. 12연기법칙

  이것이 있기에 저것이 있고, 저것이 멸하면 이것도 멸한다는 제법종연생 제법종연멸 연생연멸의 연기법칙은 수학 공식 같은 것으로 욕계 색계 무색계에 존재하는 모든 생명체의 살아가는 보편적인 법칙이다.

  탄생에서 시작하여 노사에 이르기까지의 과정을 철저히 따져 보면 한치의 오차도 없이 펼쳐지는 보편적 법칙, 변함없는 진리임을 알 수 있다. 세상이 어떻게 돌아가는지 모르기 때문에(무명, 무지) 업을 짓고(행), 지은 업이 종자가 되어(식, 마음), 어머니 자궁속 수정란에 간다르바(식, 마음)가 들어감으로 간다르바(귀신, 영혼, 마음, 식)가 붙은 조그만 고기덩어리인 심신복합체(명색)가 생겨나고, 임신 5주 후에 눈 귀 코 혀 입 몸 뜻의 6군데의 출입처가 생겨나고(육입), 갓난아이가 몸 밖으로 나온 3~5일 후 바깥 세상을 지각하는(촉), 동시에 기쁘고 괴롭고 무덤덤한 느낌(수)이 생겨나는데, 이때부터 사춘기가 되어 자립할 시기가 되면 강한 음욕과 분노가 일어나는 동물적 욕망이 생기는 단계(애)를 거쳐, 인생관 세계관 가치관이 구체화 되는 시기(취)에 좋은 배우자 만나려 노력하고 좋은 생업을 얻으려는 생존의 시기(유)인 육유 색유 무색유의 삶을 살아가다가 늙고 병들어 죽는 시기(노사)를 거쳐 다시 12연기를 하는 끝없는 윤회의 바퀴를 굴리고 있다.

숙명통이 열리는 장면

그때에 보살께서 이미 괴로움과 즐거움을 버리고 근심과 기쁨도 이미 여의어 괴로움도 없고 즐거움도 없이 생각을 보호함이 청정하여 넷째 선정에 노닐었으니~

그때에 보살께서 이러한 선정을 얻으시니, 모든 번뇌의 부림이 다하고 티 없이 깨끗하시며, 행하는 일이 부드러우시며 견고한 곳에 머물러 전생의 일을 아시되, 하나 둘 셋 넷 다섯 생이나 열 스물 서른 마흔 쉰 생이나, 백천 생이나 무수한 백 생이나 무수한 천생이나 무수한 백천 생과 겁이 이루어짐과 무너짐과~

내가 전에 어디에 태어났는데 이름은 아무요 성은 무엇이었다, 이러이러한 생에는 이러이러한 음식을 먹었고 수명은 얼마였고 수명의 한계는 얼마였고~

거기에서 죽어서는 거기에 태어났고 저기에서 죽어서는 거기에 태어났는데 이러이러한 얼굴 모양이었다 하는 무수한 전생의 일을 아셨다.

그때에 보살께서 초저녁에 첫째 밝음, 숙명통을 얻으셔서 무명이 다하고 밝음이 생겼으며 어둠이 다하고 광명이 생기시니 이른바 전생의 일을 깨닫는 트임이었다.

천안통이 열리는 장면

그때에 보살께서 다시 청정한 삼매의 선정으로 티를 없애고 번뇌의 부림이 없게 하시어 뭇 때가 다하매 행하는 바가 부드럽고 견고한 곳에 머무시어 중생들의 생(生)과 사(死)를 아시며, 청정한 하늘 눈(천안)으로 살피시어 중생들이 나고 죽는 것과 좋은 빛 나쁜 빛과 좋은 길 나쁜 길과 귀한 것 천한 것을 보시고 중생들이 지은 행에 따라 모두 아시며, 곧 살피어 아시되 이 중생은 몸과 입 뜻으로 악을 행하여 삿된 소견의 업을 지으니 목숨이 다한 뒤에 지옥 축생 아귀에 떨어지는 것을 아셨다.
또 축생들이 몸으로 선을 행하고 입으로 선을 행하고 뜻으로 선을 행하며 바른 소견을 가져 성현을 비방하지 않으며 바른 소견의 업을 짓는 것을 보시고는 목숨이 다한 뒤에 하늘이나 인간에 태어나는 것을 아셨다.

이와 같이 청정한 하늘 눈으로 중생들이 나는 것과 죽는 것이 그들이 지은 행에 따른 것을 보고 아시니 이것이 보살이 밤중에 얻으신 둘째 밝음 천안통을 아셨다.

누진통이 열리는 장면

그때에 보살께서 이와같이 청정한 선정을 얻어 온갖 번뇌의 부림을 다하시고, 청정하여 티가 없으며 행하심이 부드럽고 견고한 곳에 머무시어 번뇌가 다한 지혜가 앞에 나타남을 얻으셨다. 마음으로 번뇌가 다한 지혜를 반연하여 여실하고 분명하게 괴로움을 아시고, 괴로움의 쌓임을 아시고 괴로움의 다함을 아시고 괴로움이 다하여 도에 향함을 아셨다. 거룩한 진리를 여실히 아는 까닭에 번뇌와 번뇌의 쌓임, 번뇌가 다하여 도에 향하는 것도 여실히 아셨다.

이렇게 아시고 이렇게 관찰하시니 욕심번뇌의 뜻을 벗어남과 무명번뇌의 뜻을 벗어남에 모두 벗어나서 벗어나는 지혜를 얻고 외치시기를 나의 삶은 다했다. 내 범행은 이미 이루어졌고 할 일은 이미 마쳐서 다시는 몸을 받지 않으리라 하시니, 이것이 새벽에 얻으신 셋째 밝음 누진통이었다.

부처님 깨달음은 성문 아라한도 독각 아라한도 아닌 대승 아라한의 깨달음이었다. 초야에 숙명통과 자정의 천안통을 통해 마침내 새벽 별 보며 누진통으로 12연기법칙, 사성제 팔정도의 깨달음이 완성되었다. 부처님 깨달음의 과정을 이해할 때, 순서가 바뀌면 안 된다.

첫째, 당신 자신에 대한 연기법칙
둘째, 모든 생명체의 연기법칙
셋째, 진리 중의 진리 사성제 팔정도를 정리한 것으로 이해해야 한다.

보살에서 부처가 되신 후 보리수 아래 가부좌를 틀고 앉아 7일 동안 움직이지 않고 해탈의 즐거움, 열반적정 상락아정의 기쁨을 느끼셨다. 육체의 몸을 가진 열반을 유여열반이라 한다. 유여열반을 얻으신 후 최초로 설하신 경전이 21일간의 삼칠화엄경이다.

아라한 경지에서 부르는 해탈지견의 노래(아라한 사구게)

나의 삶은 다했다. 청정한 범행을 다 세웠고 할 일도 마쳤기 때문에 다음 생을 받지 않을 것을 내가 안다.
아생이진 범행이립 소작이작 자지불수후유 시 제비구문불소설 환희봉행(我生已盡 梵行已立 所作已作 自知不受後有 時 諸比丘聞佛所說 歡喜奉行)
이른바 '나의 생은 이미 다하고 범행은 이미 섰으며, 할 일은 이미 마쳐 후세의 몸을 받지 않는다,'고 스스로 아느니라.
그때 모든 비구는 부처님의 말씀을 듣고 기뻐하며 받들어 행하였다.
- '잡아함경1권 단경' 중에서

수자타의 공양과 춘다의 공양

춘다의 공양은 크나큰 공덕이 있는 것이니라, 무슨 까닭인가? 여래가 세상에 출현함에 두 종류의 공양을 한 사람이 최상의 공덕을 얻으니, 첫째는 여래가 무상정등각을 성취하려고 할 때 와서 받들어 공양한 수자타 우유죽 공양이었으며, 둘째는 여래가 열반하시려 할 때에 마지막으로 와서 받들어 공양을 올린 춘다의 버섯죽 공양이었다.

부처님 열반하시기 전 마지막 공양을 하시고 큰 배탈을 얻은 후 열반하신 것을 두고 열반 후 춘다가 받을 온갖 비난을 염려하신 것을 보면, 상황을 역전시키는 예지력도 참 대단하신 분이란 것을 알 수 있으며, 이런 사실만 보더라도 인간적으로 보통 분은 아니라는 것을 짐작할 수 있다. 수자타의 공양 후 유여열반을 얻으셨고, 춘다의 공양 후 무여열반에 드셨다.

화엄경 일불승 사상과 법화경 열반경 일불승 사상

깨달음을 얻고 나서 가장 핵심적인 말씀을 가장 먼저 하거나 마지막에 설하심에 비추어 볼 때, 가장 먼저 설하신 삼칠화엄이라고 칭하는 21일간 삼매에서 설하신 광명설법의 심지법문, 화엄경에서의 중중연기법문과 열반하시는 하루 동안 설하신 열반경에서의 영원한 행복, 상락아정 법문이다. 화엄경과 대승열반경, 두 경전이 핵심경전이다.

화엄경의 일불승 사상은 돈(頓) 일불성이라 한다. 화엄은 누구나 세상의 주인임을 알고 주인처럼 당당히 살라는 가르침이다. 임제 선사의 수처작주 입처개진의 정신이다.

법화열반경의 일불승사상은 점(漸) 일불성이라 한다. 보살도를 열심히 닦으면 언젠가는 수기를 받고 모두 다 성불한다는 것이다. 보살도를 닦으면 환희용약하는 마음이 절로 생긴다는 것이다.

맞다. 남을 도우면 자신도 모르게 묘한 기쁨과 행복감을 느낀적이 있었을 것이다. 점차적으로 부처가 된다.

깨달음에 대한 점검 정법 사법

견성하여 다시는 몸 받는 윤회에서 해탈하는 아라한 경지의 성자 반열에 오른 각자들은 성욕 재물욕 명예욕 권력욕 식욕 등등 탐심이 모두 사라진 경지다. 현생에 한 맺힌 것이 전혀 없는 진심(분노, 화)이 모두 사라진 경지, 양심에 비추어 부끄러울 것이 하나도 없고 지적인 어리석음, 치심이 모두 사라진 경지, 즉 감성정화와 인지정화가 다 완성된 경지를 뜻한다.

수행자들이 하는 수행법이 정법인지 사법인지 판가름하는 기준은 그 수행을 한 사람에게서 번뇌가 사라지면 정법이고 번뇌가 남아 있으면 사법인 것이다. 스스로 안다는 것이다. 거짓으로 깨달은 체하는 증상만들은 대망어죄로 사문에서 축출되었다.

새로운 명상 수행법의 탄생을 기대하며

  12살 싯달타 태자가 나무 그늘에 앉아서 '곰곰이 생각하는 명상'으로부터 시작된 명상법은 중국으로 넘어와 육조 혜능선사의 선(禪)불교로 화려하게 꽃 피운 이후 쫑카파 스님 저술『보리도차제론』으로 티벳불교가 세계적으로 알려지면서 Meditation이란 명상과 요가 수행 붐이 전 세계적으로 확산되고 있다.
  곰곰이 생각하는 명상법은 부파불교의 사마타, 위빠사나 수행법이고, 보조 지눌선사의 지관쌍수, 멈추어 꼼꼼이 분석하여 살피는 수행법, 선정에 들어 지혜로 보는 정혜쌍수 수행법과 일맥상통한다.
  행불선원 월호스님께서 창조적으로 발전시킨 아바타 명상법이 세계적으로 널리 퍼져 나가 많은 사람들이 함께 해탈하는 그 날을 염원해 본다.

아바타 송

진리 중의 진리는 사성제
도 중의 도는 팔정도
팔정도의 핵심은 내비도
내비도의 비결은 바라봐!
바라보고 바라봐! 아바타로 바라봐!
몸도 아바타! 마음도 아바타!
나도 아바타! 너도 아바타!
우리 모두 아바타!

늙어가도 괜찮아 아바타! 병들어도 괜찮아 아바타!
죽어가도 괜찮아 아바타! 탐이 나도 별거 아냐, 아바타!
화가 나도 별거 아냐 아바타! 불안해도 별거 아냐 아바타!
실패해도 괜찮아 아바타! 성공해도 별거 아냐 아바타!
안심 안심 또 안심!
몸과 마음은 아바타!
관찰자가 진짜 나! 진짜 나는 즐거워!
진짜 나는 행복해! 진짜 나는 충만해!
크고 밝고 충만해!
크고 밝고 충만해!
우린 모두 아바타야!

부처님께서 삼세 인과를 설하시다

부처님의 깨달음은 한마디로 인과법이다. 이것이 있기에 저것이 있다.

　제법종연생 제법종연멸
　아불대사문 상작여시설
　諸法從緣生 諸法從緣滅
　我佛大沙門 常作如是說

모든 것은 인연 따라 생기고 모든 것은 인연 따라 사라진다. 이 말 한마디에 사리불은 아라한과를 얻어 부처님 상수제자가 되었다.
　이 세상에 영원한 것은 없고 무상(無常)하다. 인연 따라 생멸하는 법칙을 깨달으시고 부처님께서는 삼세인과법을 설하셨다. 부처님 가르침을 믿는다는 것은 삼세인과를 믿는 것이다. 전생의 인이 금생의 연으로, 금생의 인이 내생의 연이라고 굳게 믿는 것이다.

　세상에 나만 홀로 존재하는 것은 어디에도 없으며, 모든 것은 주변 환경의 유기적인 연관관계에 의해 인연 따라 생겼다가 언젠가는 변하여 사라지게 된다. 중중무진연기법에 따라 연생연멸하는 것이다.

　지수화풍 4대가 일시적 가합으로 잠시 존재했다 인연이 사라지면 뿔뿔이 흩어지고 생주이멸, 성주괴공하는 우주의 법칙으로 돌아가는 공한 존재가 된다. 그러하기에 모든 존재는 꿈이요, 아바타요, 물방울 같고, 그림자 같고, 번갯불 같고, 아침이슬 같다고 금강경에서 설하셨다.

　열심히 마음공부하고 수행하다 보면 어느 날 문득, 홀연히, 단박에 정각을 이루고 아래와 같은 열반 게송을 읊조리는 날이 오면 상락아정의 영원한 행복을 얻게 된다. 일대사 인연을 해결하게 된다. 인과에 매이지 않고, 인과에 떨어지지 않는 인과불락의 완전 해탈 열반 경지에 도달하게 된다.

　설산동자가 위법망구로 깨달았던 깨달음의 노래다.

　　제행무상 시생멸법
　　생멸멸이 적멸위락
　　諸行無常 是生滅法
　　生滅滅已 寂滅爲樂

　　이 세상 모든 일은 덧없으니
　　그것은 곧 나고 죽는 생멸법이라네
　　생멸의 인과법이 사라지고 나면
　　모든 것이 상락아정 열반의 기쁨이라네

위대한 부처님 사상 발전단계

 초기불교에서 부파불교를 거쳐 대승에 이르기까지 사상의 흐름을 일목요연하게 정리함으로써 불교 공부하는 도반님들을 위해 조금이라도 도움이 될까 하는 마음을 가져 본다. 부처님께서 설하신 경전들이 어떻게 사상적으로 변화해 왔는가?

초기(원시)불교 5온 12처 18계의 연기사상

 불교는 현상세계의 일체 존재는 모두 다 인연 화합물에 지나지 않는다는 것을 강조한다. 여러가지 조건이 인연 화합하여 나로 존재하고 나로 작용하지만, 인연이 다하면 그 쌓였던 것들은 다시 흩어지고 나 또한 사라지게 된다. 모든 존재는 지수화풍의 일시적 가짜 합으로 생(生)했다가 멸(滅)하면 그 가짜 합은 지수화풍으로 흩어져 멸하는 연기의 산물일 뿐이다.
 존재의 속성 무상(無常), 고(苦), 무아(無我)의 진리를 깨달아, 집착 애착 갈애로 인한 고통을 멸하는 것이 열반적정의 해탈에 이르는 길이다.

기원전 남인도 유적발굴 과정에 탑에서 연기게송이 발견됨으로써 초기 불교에서 상호관계성, 상호의존성에 대한 연기법의 중요성이 입증된 바 있다. 현상계 모든 법은 상즉상입, 연생연멸한다는 연기게송이다. 모든 형상계 만물은 중중무진 연기로 상호연결된다는 것이 연기사상의 핵심이다.

이것이 있으므로 저것이 있고, 이것이 없으므로 저것도 없다.
이것이 생기므로 저것이 생기고, 이것이 멸하면 저것도 없다.
제법종연생諸法從緣生
제법종연멸諸法從緣滅

부처님 상수제자 사리불도 "이것이 있기에 저것이 있다"는 연기법문 한마디 구절을 듣고 바로 수다원과를 성취하고 외도에서 벗어나 부처님 제자가 되었다.

부파(소승)불교 유부 불교의 아공 법유사상

부처님 열반 후 20개의 부파로 쪼개진 것이 소승불교다. 대승불교 입장에서 요즘 소승불교를 부파불교라고 부른다.
부처님께서 설하신 무아를 인연 화합물인 공성(空性)으로 이해하고, 연기를 요소들의 인연화합과 해체과정으로 이해하면 화합물로서의 인간 자아는 공이지만 그 화합물을 이루는 요소들은 법으로서 실재하는 것으로 간주한다.
이것이 아공법유(我空法有) 사상이다. 레고로 비유하자면 조합된 나와 너, 집과 나무는 공이지만 그런 조합물을 이루는 낱낱의 레고 조각들을(요소들) 법으로 칭하며 실재로 존재한다는 사상이다.

법을 주장하면서 다소간 실체론적 사고가 법유사상으로 남아 있는 것이 부파다. 유부는 실재로 5위 75법이 각각의 법으로 존재한다고 논하는 사상이다.

'설 일체유부'라고 하여 대표적인 부파불교를 유부라고 한다. 즉 일체가 유라고 설하는 것이 부파다. 유부(有部)라는 뜻은 법의 실체는 항상 존재한다는 의미다.

대승불교 중관 아공 법공의 공사상 중관사상 대승 1기

유부는 자아를 법으로 해체하며 아공 법유를 주장하지만, 부처님께서 무아를 설하신 것은 자아가 자아 아닌 요소로 해체된다는 것이 아니다. 그 경우에는 자아 안에 자아를 성립시킬 만한 기본 요소가 존재하기 때문이다. 오히려 부처님께서는 자아 안에 자기 자성을 가진 법이 실재하지 않는다는 것, 색수상행식의 오온을 아무리 들여다보아도 그 안에 단단한 핵 같은 궁극적 요소는 찾아지지 않는다는 것, 따라서 자아는 무지개나 그림자와 같고 아바타 같은 것이란 점을 강조한다. 금강반야사상 '일체유위법 여몽환포영 여로역여전' 사상이다. 대승은 유부의 법유를 비판하여 아공과 더불어 법공을 설한다.

이처럼 일체의 공성을 강조하는 초기 대승사상을 '색즉시공 공즉시색'을 설하는 공사상 또는 중관사상이라고 부른다. 연기 공 중도는 실제로는 같은 의미를 갖는다. 굳이 나누어본다면 연기는 눈앞의 현상, 공은 그것의 실체이며, 중도는 이러한 진실을 체득하는 것을 의미한다.

대승불교 유식무경사상 대승 2기

 일체의 법이 모두 공이라면, 우리에게 고락을 안겨주며 마치 실재하는 것처럼 나타나는 이 현상세계는 과연 무엇인가? 일체가 연기라면 그러한 연기를 성립시키는 터전은 무엇인가? 일체가 공이라고 설하는 공사상으로부터 한걸음 더 나아가 유식(唯識) 사상은 바로 이러한 물음에 답하고자 한다. 유식이란 오직 마음뿐이란 뜻이다. 일상 의식이 실재라고 여기는 현상세계는 사실 우리의 심층마음이 그려 놓은 허상일 뿐이며 가유(假有)에 지나지 않는 가상현실이란 것이다.

> 요가 수행자(요가까라)들이 요가 수행 중 일상적 표층의식(전5식 제6의식 제7말라식)보다 더 깊은 심층의식에서 활동하는 마음을 자각하였다(제8 아뢰야식). 일상의식에게는 객관적 실재로 여겨지는 눈앞의 세계가 실은 심층마음의 활동 산물이라는 것을 통찰한 것이다.
> - '해심밀경 분별유가품' 중에서

 유식사상에 따르면 우리가 실재라고 집착하는 나와 세계는 개체적 유근신과 유근신이 공통적으로 살아가는 기세간은 모두 우리 심층마음, 즉 제8 아뢰야식 내의 종자가 시절인연을 만나 형성해 놓은 대상 경계, 가상현실, 가상세계라는 것이다. 유식무경 일체유심조 만법유식 같은 의미다. 오로지 식만 존재하고 외적 경계는 식을 떠나 따로 존재하지 않기에 유식무경이 성립한다는 것이다.

유식학파는 심층마음에 도달하는 방법으로 지관수행을 강조한다. 사마타 지(止)는 정신을 집중해서 마음의 적멸과 고요를 개발하고, 위빠사나 관(觀)은 존재의 실상을 있는 그대로 관찰하는 것을 의미한다.

대승불교 여래장사상 일심사상 대승 3기

유식이 개체적 유근신과 공통적 기세간을 형성하는 아뢰야식의 식전변 과정을 밝힘으로써 우리의 심층마음의 생멸활동을 강조하고 있다면, 마명보살의 『대승기신론』은 그렇게 생멸 활동하는 우리의 심층마음 자체는 생멸의 바탕으로서 불생불멸 불구부정 부증불감의 심체라는 것을 강조한다.
- 반야심경의 핵심

마음은 생멸활동을 통해 찰나 생멸하면서 변화하는 상(相)으로서 유근신과 기세간을 형성하지만, 그렇게 활동하는 마음 자체의 성(性)은 일체의 생멸상을 여읜 불생불멸의 진여이고 여래장이다. 대승기신론은 유식에서의 심층 아뢰야식이 단지 생멸의 특징만을 갖는 염오식이 아니라 그 자체 불생불멸의 진여성을 갖는 염정화합식이라는 것, 그렇게 유위와 무위, 생멸과 불생불멸의 화합식이란 것을 논한다.

우리의 심층마음 아뢰야식에는 청정무구한 본래 깨어있는 식, 각성의 식이 있다. 업력으로 인한 유루종자와 본래 청정무구한 무루종자의 화합식이 있다.

시간의 흐름으로 본 부처님 설법
45년 설법설과 49년 설법설

남방불교에서는 부처님께서 깨달음을 얻은 나이를 35세로 보고, 북방불교에서는 부처님 깨달음을 39세에 얻은 것으로 본다. 부처님 오신 날도 남방불교 4월 15일, 북방불교는 4월 08일로 본다. 북방불교 49년 설법을 중심으로 정리해 본다.

부처님 시절 모든 설법은 500년간 암송으로 전해졌고, 전해진 암송이 기록으로 남겨진 것은 기원전 1세기 알루비하라 사원에서 시작되었다고 본다. 중국 천태종 8대 조사 담연스님이 시대별로 정리한 부처님 설법 경전을 교상판석이라 한다. 중국에서의 불교용어는 교상(教相), 교판(教判) 등으로 약칭된다. 부처님께서 보리수 밑에서 성도(成道)한 이후, 사라쌍수 나무 밑에서 열반하실 때까지 설법한 무수한 경전을 가르침의 교상으로 분류해서 그 순서를 설명함으로써 불교경전의 근본진리와 불교수행의 궁극목표를 확립하려는 경전해석법을 말한다.

1. 화엄경 설법

부처님께서 성도하신 12월 08일부터 12월 28일까지 21일간 부처님 성도 후 삼매에 드셔서 심지법문으로 설하신 광명설법이다. 원래 명칭은 『대방광불화엄경』이다. 용수보살께서 부처님 정수에 드셔서 가져왔다고 전하는 화엄경 글자 수는 10조 9만 5천 48자였다고 한다. 현재는 80권, 60권 두 종류의 화엄경이 유통되고 있다.

2. 초기 12년간 아함경 경전을 설함

31세~ 42세까지 12년간 잡아함, 중아함, 장아함, 중일아함경, 니까야경 등을 설하셨다. 부처님 초창기의 가르침은 교조적이거나 형이상학적이지 않았다. 비유와 우화를 활용했고 문답형식을 통해 세속의 말로 쉽게 설법했다. 중생들에게 쉽게 쉽게 설명하려고 8만 4천 방편을 사용하셨다고 보면 된다. 초등학교 과정의 초기 설법에서는 재가자에게는 행복의 길을, 출가자에게는 해탈의 길을 설하셨다.

3. 아함경전 설하신 후 8년간 대승경전을 설하심

43세부터 50세까지 8년간 대보적경 중등 과정의 대승경전을 설하셨고, 중등학교 과정의 대승을 설하심. 기원 후 2세기경 인도 마명보살이 대승기신론으로 마음의 생멸문에 대해 자세히 밝힌 논서가 유명하다. 마명보살은 시대의 논객으로 얼마나 말을 잘하였는지 설법을 듣고 말들도 감화되어 울었다고 하여 마명이란 칭호로 불린다고 한다. 대승기신론은 문자 그대로는 '대승(큰 수레) 또는 대승불교에 대한 믿음을 일으키는, 또는 일으키기 위한 논서'이다.

4. 21년간 반야경전을 설하심

51세부터 72세까지 21년간 고등학교 과정의 대반야경 600권을 설하셨다. 600권 반야경 중 577번째 경이 금강경이고, 반야의 핵심만을 모아서 정리한 것이 260자 반야심경이다. 중국 육조시대 황제보살로 유명한 양무제 아들 소명태자가 편찬한 금강경은 한국 불교의 소의경전으로 널리 유통되고 있다.

5. 8년간 법화경 열반경을 설하심

73세부터 80세까지 8년간 대학교, 대학원 과정의 법화경 열반경을 설하셨다. 법화경을 설하심에 내가 깨달음을 얻은 후 40년이 지났다고 설하신 법문에서 유래한다. 열반경은 실제로 열반하시는 2월 08일 단 하루만 설하신 것을 보면 7년 364일 동안 법화경을 설하신 것으로 보면 된다. 원래 명칭은 『묘법연화경』이며 7권 28품으로 이루어져 있다.

법화경은 천태종의 소의경전이다. 수나라 시대 통치 이념으로 천태지자 대사에 의해 크게 발전하였다. 수나라 2대 황제 양제가 지자라는 존호를 하사하였고, 천태지자 대사는 수양제에게 총지라는 법명을 지어 줄 정도로 두 사람 모두 부처님 아들이란 자부심이 대단했다. 수나라에서 천태종이 크게 부흥했던 이유다. (법화경 설법에서 법화행자를 '나의 아들 딸들아'라고 설하신다)

대반열반경은 36권 25품으로 편찬된 것이 널리 유통되고 있다. 깨달음을 얻고 나서 가장 핵심적인 말씀은 가장 먼저 하거나 마지막에 설하심에 비추어 볼 때, 먼저 설하신 삼칠화엄이라고 칭하는 21일간 삼매에서 설하신 광명설법의 심지법문 화엄경과 열반하시는 하루 동안 설하신 것이 열반경이다. 그래서 화엄경, 열반경의 두 경전을 부처님 말씀의 핵심사상으로 본다.

부처님 사상의 위대성(신분 성별 성속 생명 평등 사상)

부처님이 성도 후 처음 찾아간 건 그동안 함께 고행해 왔던 다섯 비구였다. 처음에 그들은 부처님을 변절자라 비난했지만 쾌락과 고행의 극단을 배제한 중도의 설법에 감화되어 첫 제자가 되었다.

중도를 설하신 최초의 설법을 초전법륜이라 한다. 동양철학에서 주역의 중정사상, 유교의 중용사상, 명리학의 중화사상과 더불어 부처님이 설하신 중도사상은 깨달음의 정수이다. 한마디로 혜능선사 첫법문에서 "불사선 불사악(선도 추구하지 말고, 악도 추구하지 말라)"다. 그러할 때 '그대의 본래면목은 뭐꼬?' 육조 혜능선사의 육조혁명, 발상의 대전환으로 계승되었다.

부처님 사상은 성선설도 아니고 성악설도 아닌 성공설(性空設)의 중도(中道) 법문이다. 최초의 설법 후 49년 동안 부처님께서는 맨발로 인도 전역을 걸으며 설법을 이어갔다. 지구 둘레 7바퀴 반 정도를 전법 여행한 것이다.

부처님 열반하실 때 마지막 법문이 "자등명 법등명"이다. 집단을 만들려 하지 않았고 자율적 수행을 통해서 행복을 얻는 것이 목적이었다. 그 방법의 핵심개념으로 사성제 팔정도를 제시하셨다.

부처님 제자인지 아닌지는 사성제와 팔정도의 진리를 받아들이는가, 아닌가에 있다. 부처님 당시 인도 전역에 만연한 힌두교의 카스트제도는 바라문, 크샤트리아, 바이샤, 수드라(불가촉천민은 축생으로 보았다) 등의 엄격한 4가지 계급제도로 사회질서를 유지하고 있었다. 그 시대에 계급제도를 철폐하고 신분평등 성별평등을 주장하신 것은 부처님의 위대한 업적이다. 2600년 전 일이다. 가히 상상할 수가 없는 혁명이었다.

인도 계급제도와 달리 중국은 인간은 평등하다는 인본사상이 널리 깔려 있었다. 인도불교가 중국으로 넘어 옴으로써 부처님 사상은 엄청 창조적 발전을 하게 된다.

기원 전후 대승불교의 등장으로 재가자 출가자의 구분 의미는 부처님 뜻에 어긋나기에 재가자 출가자가 평등하다는 성속평등사상으로 발전하게 된다. 관세음보살 대세지보살 등등 재가 보살들이 등장하게 된다. 문수 보현 지장 미륵보살들이 출가 보살임과 비교해 볼 때, 성속평등 사상으로 중생들의 모든 소원을 다 응해준다는 대승보살 등장이 대승불교의 핵심사상이다.

기원 후 3세기경 대승열반경이 등장함에 일체중생 실유불성 사상은 생명평등 사상으로 더 발현된다. 모든 생명은 부처님과 같은 거룩한 불성을 지니고 있다는 것이다. 윤회를 극복해서 붓다가 되는 것이 아니라 본래 가진 청정한 불성, 참나를 자각하면 모든 중생이 다 부처라는 것이다. 중생이 변해서 부처가 되는 것이 아니라 중생이 본래 가지고 있는 불성을 밝히면 부처인 것이다.

 인도불교는 동쪽 중국으로 넘어와 중국 인성론과 결합하여 화려한 중국 선(禪)불교를 꽃피워 절정기를 이룬다. 육조 혜능선사의 육조 혁명이다. 핵심 키워드는 견성불(見佛性)이다. 견성성불!

 혁명의 위대한 횃불은 오늘날까지 불타 올라 명상이란 이름으로, ZEN이란 이름으로, 참선이란 이름으로, 달라이라마 존자의 티벳 밀교 명상이란 이름으로, 서양 과학 물질문명의 많은 병폐를 경험한 미국 유럽 등등에서 오묘한 정신문명에 매료되어 급속도로 창발하고 있는 중이다. 그 뿌리가 나란자라 강가 보리수 아래에서 깊은 명상에 빠져 대각을 이룬 부처님 명상, 선정삼매다.

 코페르니쿠스적 발상의 전환은 자각 명상 사유의 힘에 있다. 천동설에서 지동설로의 변화는 사유를 통한 관점의 대전환이다. 원래 지동설이었던 것이 본래 자리를 찾아 지동설로 돌아가는 것이다. 천동설이 지동설로 변환된 것이 아니다. 착각은 천동설이고 명상 참선 사유삼매를 통한 자각은 지동설이다. 중생이 부처가 되는 길은 처음부터 구비된 본래 성품자리로 돌아가는 것이다. 각성, 깨달음이다. 참나 알아차리기 수행이다.

 혁명가 석가모니 부처님 사상은 육조 혜능선사의 2차 혁명을 거쳐 오늘날에도 창조적 발전을 해 나가고 있다.
 나의 대사부인 행불선원장 월호스님은 아바타 명상법을 창조하셨다. 한국에서 발원한 아바타 명상법이 세계적인 명상법으로 발전할 가능성을 부인할 수는 없다.

몸도 아바타, 마음도 아바타!
너도 아바타, 나도 아바타!
우리 모두 아바타!

이렇게 대면관찰하는 생활 속의 수행법이 아바타 명상법이다. K푸드, K팝, K드라마, K무비, K문학에 이어 월호스님의 K명상 아바타 명상법이 세계적으로 널리 퍼져 나가면 좋겠다.

부처님의 우주관

 인간의 우주관은 짧은 인간사에 따라 변하였지만, 6년 수행 후 깨달으신 부처님의 우주관은 끝없이 펼쳐진 무한 공간을 삼천대천세계, 즉 무한대라고 설하셨다. 현대 물리학이 표방하는 다중 우주론과 일맥상통함에 감탄을 금할 수 없다.
 영겁의 시간 속에 한 찰나가 존재하며 한 찰나 속에 영겁이 존재한다. (일념즉시무량겁一念即是無量劫) 무한대의 우주 속에 한 티끌이 존재하며, 한 티끌 속에 우주가 존재한다. (일미진중 함시방一微塵中含十方) 시간과 공간에 대해 미증유의 표현으로 '마하'라고 설하셨다. 무량수 무량광불은 시공간이 없다는 표현이다.

 현대물리학에서 무한히 빠른 물체의 운행속도는 거의 제로에 가까우며, 에너지가 곧 질량이며 질량이 곧 에너지라는 상대성이론, 빛이 입자이면서 파동이라는 것을 양자역학으로 입증하고 있다.

 의상대사가 중국 화엄종의 교리를 체계화한 지엄선사로부터 수학하고 중국유학 7년 만에 졸업논문으로 쓴 법성게에는 부처님 깨달음 후 광명 설법하신 화엄법계의 우주관을 엿볼 수 있다. 법성게는 시공을 초월한 '마하'의 화엄법계를 다음과 같이 노래했다.

　일미진중함시방(一微塵中含十方)
　일체진중역여시(一切塵中亦如是)
　무량원겁즉일념(無量遠劫即一念)
　일념즉시무량겁(一念即是無量劫)

　한 티끌 속에 시방세계를 함용할 수 있고,
　모든 티끌들 속에도 시방세계가 함용되어 있다.
　헤아릴 수 없는 영원의 시간인 무량겁이 한순간이고,
　찰나의 한순간이 곧 끝없는 영원의 시간인 무량겁이다.

불교는 왜 무아를 말할까?

동산 양개선사의 화두

중국 조동종의 종조 동산 양개선사(807~869년)는 어릴적 우연히 반야심경의 '무안이비설신의'라는 구절을 듣고 의문을 품게 되었다.
'눈 귀 코 혀가 다 있는데 왜 없다고 할까?'
여러 스님들에 물었는데 아무도 확실한 대답을 못해주었다. 출가하여 여러 선지식을 찾아 다니다가 운암 담성 선사를 만났다. 똑같은 질문을 하니까, 잠시 가만히 있다가 선사가 왈,
"다만 이것뿐!"
들어도 도통 이해할 수가 없었다. 은산철벽에 꽉 막혀 답답할 뿐이었다. 그러다 우연히 개울가를 건너다가 개울에 비친 자신의 그림자 모습을 보고 홀연히 단박에 깨쳤다. 한 소식, 즉 대오했다.
"이뭣고? 다만 이것뿐!"
무아(無我)를 깨쳤다. 개울물에 비친 자신의 모습이 아무런 실체가 없는 그림자였다.

자아(Ego)에 대한 일방적 개념

보통 우리가 현상계의 마음이라고 하는 의미는 3가지로 분류할 수 있다. 마음의 구조를 잘 살펴보면, 우리가 나(자아, Ego)라고 갖는 개념들.

우리가 일상적으로 마음이라 생각하는 마음은 오온에 갇힌 반연심, 대상심, 대상에 따라 생멸하는 마음 곧 의식이다. 6근의 작용으로 생겨나는 생각 감정 오감을 우리는 마음이라 착각하고 살아가고 있다.

우리가 착각하는 자아(Ego식, 7식 말라식)를 한번 살펴보자.

첫째, 변함없이 한결같은 상일(常一)한 자아
둘째, 내 뜻대로 될 수 있는 주체적, 주도적, 주재적 자아
셋째, 나와 너는 별개의 존재라는 개체적, 실체적 자아

과연 나라고 생각하는 오온(몸. 마음)이 상일하고 주체적이고 개체적인 존재일까?

불법으로 본 자아에 대한 허상

우리가 자아(오온, 심신)라고 생각하는 심신의 구성물들은 끊임없이 변화하고 있다. 지수화풍 4대 가합으로 연생연멸할 뿐 실체라고 할 것은 없다. 어제의 나, 오늘의 나, 미래의 나가 같을 수 없다. 시간이 존재하는 현상계에서는 시시각각 변화하고 있다. 무상한

것을 상일하고 주재적이고 주체적이라고 집착하며 붙잡는 것이 문제다. 몸의 느낌에 대한 애착은 끊을 수 없다 해도 수행자는 마음의 느낌에 대한 애착을 끊어 환멸문으로 나아가 12연기의 악순환 고리를 끊어 버릴 수 있다. 곧 사라져 버릴 것을 항상하는 나인 것처럼 붙잡는 허망한 집착이 문제이다. 몸을 아무리 아껴도 '노 병사'를 피할 수 없다. 항상하는 자아, 주도적(주제적) 자아, 실체적 자아는 허망한 망념이다. 일체 만법은 단지 이름일 뿐이다. 이름에 집착하지 말라는 금강경의 핵심사상인 '즉비시명(即非是名)이다.

경전에서 설하는 무아 공 무자성 연기.

오온 안에도 밖에도 개별적이고 실체적인 자아는 없기에 무아이고, 무자성이고, 공이며 일체가 하나로 연결(연기) 되어 있다. 잡아함경의 부처님 말씀들을 들어 보자.

1. 오온은 무상한데 그것을 항상 된 나라고 여기니까 괴롭다

색은 무상하다. 무상하므로 괴롭고 괴로움으로 나(我)가 아니다. 수상행식도 또한 이와 같아 무상하다. 어리석고 무지한 범부들은 오온에 대하여 그것이 항상된다. 편안하다. 아프지도 않다고 생각하며, 그것이 나(我)이고 나의 것이라고 생각하며 그 오온을 보호하고 아낀다. 그러다가 최후에는 그 오온의 원수에게 해를 당하는 것이 마치 장자가 거짓으로 친한 척한 원수에게 해를 당하기까지 그것을 깨닫지 못하는 것과 같다. 그러나 거룩한 제자는 오온이 무상하고 괴롭고 나가 아니며 공이란 것을 안다.

2. 색은 물방울 같고 수는 물거품 같고 상은 봄날의 아지랑이 같고 행은 파초 나무 같고 식은 환과 같다는 것을 관찰하라

비유하면 눈 밝은 사람이 단단한 재목을 구하려고 파초 나무를 베어 잎사귀를 벗겨보아도 그 안에 알맹이가 없는 것과 같다. 무슨 까닭인가? 파초 나무는 단단한 알맹이가 없기 때문이다. 이와같이 모든 행은 단단한 알맹이가 없는 파초 나무와 같아 그것은 병자와 같고, 종기와 같고 가시와 같아 무상하고 고(苦)이며 공이며 나(我)가 아니다. 나라는 것은 단지 개념이고 언설일 뿐이다. 색수상행식에 대하여 사람이라는 생각을 지어 중생, 푸드 갈라(개체가), 자바(영혼)라고 말할 뿐이다.

3. 이것이 있으므로 저것이 있고 이것이 생하므로 저것이 생한다

이것이 없으므로 저것이 없고, 이것이 멸하므로 저것이 멸한다. '제법종연생 제법종연멸', 이 한마디 말씀은 사리불이 불법에 귀의하여 부처님 상수 제자가 되고 아라한 경지에 이르는 연기법 핵심이다. 즉 화엄경에서 말하는 상즉상입, 중중무진 연기 관계로, 전체는 하나로 연결된 무아의 세계라는 것이다. 우주 전체를 품에 안는 열린 큰마음이 있다. 무아, 참나라고 한다. 연기 무아 무자성 공성 중도는 같은 뜻이다.

현대 의학으로 보는 무아

개별적 실체적 자아가 없다는 '무아에 대해 현대 의학에서 체세포 복제'로 명확히 설명하고 있다. 드러난 현상계에서는 눈 코 입 혀 발 다리 등의 각각 세포는 다르다. 그러나 가려진 심층 세계(절대계)에서는 모두가 하나이다. 현상계에 드러난 각각 세포는 상호간 배치, 인연 관계에 따라 드러나는 차이일 뿐, 심층의 세계를 들여다보면 서로서로 영향을 주는 하나의 공동 운명체로 이루어져 있기에 복제하면 존재(동물 사람)가 될 수 있는, 모든 정보가 다 갖추어져 있는 동일한 정보(DNA)로 되어있음을 알 수 있다.

5식 6식 7식으로 구성된 현상계 표층 차원에서는 서로 다른 각각의 세포로 개별적 실체로 존재하는 것으로 보인다.

하지만 8식 9식 10식이라는 절대계의 심층 차원에서는 각 세포들의 정보(DNA)는 하나로 된 전체를 이루고 있음을 알 수 있다. 현상의 차이가 각각의 실체라고 여기기에 주객, 자타, 남녀 등등을 구분하는 분별의 세계가 아닌, 일체가 모두 하나로 연결된 무아의 세계다. 불교가 현상에 드러나는 실체론을 비판하고, 하나가 전체와 상호작용 속에 중중무진으로 연결된 연기론을 주장하는 이유다.

화엄경에서 말하는 '사사무애의 세계, 인드라망의 상즉상입 세계'다. 고통과 즐거움, 삶과 죽음도 동전의 양면처럼 상즉해 있고, 색과 공도 현상적으로 다른 것같이 보이지만 서로 상즉해 있기에 반야심경에서 색즉시공, 공즉시색이라 설하는 것이며, '일미진중함시방 일즉다다즉일'의 화엄의 세계에는 나 안에 우주 전체가 들어 있다는 '상입의 세계'를 노래하고 있다.

그러하기에 깨달은 선사 조사들은 범부 중생의 6도윤회 세계와 성문 연각 보살 부처의 수행자들의 4세계가 서로 상입해 있기에 '중생이 곧 부처'라고 하는 것이다. 유마거사가 유마경에서 설하는 '번뇌, 즉 보리'다.

양자역학으로 본 입자(물질)와 파동의 실체

1. 아인슈타인 박사의 특수상대성 이론의 전제 조건

빛의 속도는 공간을 시간으로 나눈 분수 값으로 측정한다. 현상계 우주법계에서 빛보다 더 빠른 속도는 없다. 우리가 살고 있는 현상계의 특징은 시간 공간이 존재한다. 절대 법칙으로 인식되고 있다. 입자 세계의 만고불변의 특징이다. 입자(물질)는 시간 공간이 있어야 관찰할 수가 있다.

2. 동시성 중첩성

많은 실험 결과로 입증된 양자 물리학 세계, 양자의 특징은 중첩성(얽힘 현상, 공명현상)과 동시성이다. 중첩성과 동시성이 필요충분조건으로 이루어진 절대계에서는 시간 공간이 존재하지 않는 '텅 빈 공(空)의 세계'이다. 공간이 존재하지 않는다는 의미는 시간이 흐르지 않는 절대계에서는 시간이 '0'이면 공간은 무한대로 아무런 의미가 없다는 뜻이기도 하다. 시간 공간이 존재하지 않는다는 뜻이기도 하다. 시간의 편차가 '0'이면 시간 공간의 '동시성 중첩성'이 입증된다. 부처의 세계가 펼쳐지는 것임을 뜻한다.

3. 특수상대성 이론과 양자역학은 서로 모순되는가?

정답은 아니다. 특수상대성 이론도 맞고, 양자역학도 맞다. 아인슈타인 박사는 질량을 가진 물체가 빛의 속도에 가까워 질수록 무한대의 에너지(Energy)가 필요하기에, 우주의 에너지(Energy)는 유한해서 빛보다 더 빠른 속도는 없다는 것을 전제로 했다. 시간 있음을 전제로 하기에 우리 현상계를 3차원이 아닌 4차원으로 인식하신 분이다.

시간이 '0'인 세계, 절대계가 존재한다는 점을 아인슈타인 박사는 모르고 있었다는 점이다. 말년에 일본 물리학자의 소개로 불교를 접한 아인슈타인 박사는 불교가 가장 자신의 학문과 일치된다고 하면서 일찍 불교를 알지 못한 것을 한탄했다고 한다.

동국대에서 유식, 심리학을 가르치시는 서광스님께서는 아인슈타인 박사의 불교관을 자주 인용해서 유식, 마음을 설명하시곤 한다. 시간이 '0'이라면 공간은 무한대이다. 즉 무한대라는 뜻은 공간이 없다는 말과 일치한다. 속도란 개념 자체가 무의미하다. 시간이 없다는 뜻이다.

부처님이 깨달은 무아, 공의 세계는 시공간이 없는 '참나, 공적영지(空寂靈智), 성자신해(性自神解)의 세계'다.

시간이 흐르는 현상계와 시간이 흐르지 않는 절대계의 특징

1. 현상계의 특징(입자의 세계)

첫째, 속도라는 개념이 존재하는 특수상대성 이론에 의해 빛보다 더 빠른 속도의 물체는 존재하지 않는다.
둘째, 입자가 공간을 이동하기 위해서는 반드시 시간이 소모되기에 같은 시공간엔 동시에 입자가 존재할 수는 없다. (국소성)
셋째, 특정 시간에 정확한 위치를 공간에 표시할 수는 있다. (실재성)
넷째, 공간을 이동하는데 반드시 시간이 필요하기에 양자도약 같은 중간 이동 생략 과정은 불가능하다. (연속성)

2. 절대계의 특징(양자의 세계)

첫째, 동시에 하나의 입자가 여러 공간에 동시에 존재한다. (동시성)
둘째, 여러 입자가 동시에 존재하면서 중첩이 가능하다. (중첩성)
셋째, 입자의 위치를 고정시킬 수 없으며 확률로만 존재한다. (불확정성)
넷째, 양자 중첩상태에서 중첩된 양자끼리 관측을 통해 상태가 결정되게 되면 공간의 거리에 상관없이 시간이 걸리지 않고 동시간에 이루어진다. (비국소성)

양자역학의 동시성, 불확정성, 동시에 여러 공간에 존재 가능한 양자 중첩성 등등을 볼 때, 시간이 흐르지 않는 세계의 특성과 일치함을 알 수가 있다. 평소 우리가 보고 느끼는 시간이 흐르는 현상세계는 빛보다 빠른 속도로 움직일 수는 없다. 특정 시간에 위치를 정확하게 확정할 수는 있지만, 입자가 동시에 여러 공간에 존재할 수가 없다. 입자가 동시에 여러 가지 상태를 가질 수도 없다는 것이다.

아인슈타인 박사도 시간이 존재하지 않는 '제로, 0'의 세계를 간과했듯이 우리는 시간이란 항상 존재하며 항상 흘러간다는 아상, 아집, 법상, 법집이라는 고정관념에 빠져 살고 있기에 시간이 존재하지 않는 절대의 참나 세계를 알아차리지 못하는 것이다. 다만 수행을 통해서 절대계를 알아차리면 시간 공간이 없는 부처의 세계에서 자유자재할 수 있다는 것이 열반경에서 강조하는 '일체중생 실유불성'이란 여래장 불성 개념이다.

현대 물리학 양자역학에서는 이중슬릿 실험을 통하여 시간이 탄생하는 순간을 입증하여 '파동으로 존재하는 공의 세계'와 시간 공간이 존재하는 '입자의 세계'를 밝혀냄으로 우리 중생들 수행자들이 그토록 알아차리고 싶어 하는 공적 영지, 성자신해의 자리가 있음을 과학적으로 입증했다고 볼 수 있다.

시간이 탄생하는 순간(시간의 탄생)의 영자 역학의 실험

존재하지 않던 시간이 탄생하는 순간을 어떻게 알 수 있는가?
시간이 없는 세계의 특징이 사라지고, 시간이 흐르는 세계의 특징이 나타나는 그 순간의 조건을 실험을 통해 찾으면 된다.

현상계와 절대계의 가장 큰 차이점은 하나의 입자가 동시에 여러 공간에 '존재하느냐? 존재하지 못하느냐?'이다. 그 조건이 바로 존재하지 않던 시간이 탄생하는 순간이며 시간이 흐르는 순간이기 때문이다. 이중 슬릿 실험에서 양자를 관측하는 순간, 양자는 입자화되어 하나의 입자로만 관측되고 자신을 제외한 어떤 물질과 상호작용을 하는 중첩이 파괴되어 하나의 입자로 확정된다는 것이다. 부처님께서 능엄경에서 참나 무아를 알아차리는 방법으로 '관관자(觀 觀者)'를 강조하신 그대로 정확하다. 관찰자를 관찰하라.

"오직 관할 뿐. 관찰하는 자는 없다."

참나, 무아의 세계를 설하신 것이다. 놀라울 뿐이다. 이근원통의 수행법 그대로 일치한다.
  '문성 반문성(聞性 返聞聲)' 듣는 소리를 되돌려 듣는 그 텅 빈 성품자리를 관(觀)하라.
  회광반조하는 성품자리는 '텅 빈 자리 알아차린 자리'다. 시간이 탄생하는 순간의 조건이 '상호 연관성, 상호작용'이다. 상호작용이 시간이다. 상호작용이라는 연기의 법칙이 사라지면 공의 세계의 특징인 시간 공간이 없는, 즉 시공이 무한대인 절대 세계가 펼쳐져 파동의 세계에서 양자는 여러 공간에 동시에 중첩해서 존재하게 되는 것이다. 하지만 상호작용하는 연기의 현상세계에서는 하나의 입자는 하나의 공간에만 존재하게 되는 것이다. 시간이 흐르는 세계가 펼쳐지는 것이다. 시간 공간 인과법이 존재하는 우리가 살고 있는 중생계 현상계다.

부처의 세계 절대계의 세계 공적영지 성자신해 무아의 세계

참나 무아의 세계에서 펼쳐지는 텅 빈 마음속에서 신령하고 밝은 마음속에서 발하는 오묘한 빛의 작용은 성소작지, 묘관찰지, 평등성지, 대원경지로 표현되는 부처세계, 참나의 지혜작용들이다. 지혜는 빛의 신령스럽고 오묘한 작용이다.

부처님 가르침을 공부하면 할수록 '실지실견'하는 부처님의 오묘하고 신령스런 빛의 작용, 가피를 느끼게 된다.

우주의 에너지(Energy), 우주의 무한한 기(氣)를 내 것으로 만들어, 성공의 절대 법칙으로 사용 실행한 것은 '5% 인생 승리자, 성공자'들의 공통된 철칙이다. 따라서 무상으로 사용할 수 있는 우주의 에너지(Energy)를 얻어, 육바라밀, 삼학, 팔정도를 실천할 수 있는 원력을 얻는 기도를 오늘도 내일도 해야 한다. 인생을 행복하게 살기 위한 나만의 방법이다. 자리이타심이 생기게 하는 원력의 실천인 것이다.

불교에서 무아(無我)로 표현하는 법성, 열반, 반야, 불성, 본지풍광, 환처본지, 천지미분전 본래면목, 부모미생전 본래면목 등등 많은 용어들은 표현만 다를 뿐 같은 의미라고 보면 된다.

열반경 불성 여래장, 화엄경 법계, 화엄경 일진, 승만경 여래장 자성청정심, 능가경 8식 아뢰야식, 수능엄경 수능엄삼매, 법화경 일도 일승, 대품반야경 반야법성, 유마경 무주실제 등도 무아(無我)의 다른 이름일 뿐이다.

부처님께서는 무아경에서 무아의 정의를 명확히 하셨다.

몸과 마음은 내가 아니다.
나의 것이 아니다.
나의 자아가 아니다.

이와같이 관찰하면 애착에서 벗어나고 모든 고통에서 벗어나 자유자재한 공의 세계 해탈 열반에 이른다.
내가 없는데 누가 고통을 받는다는 말인가?
받을 주체가 없다는 뜻이다.

불교의 우주 물리학(능엄경)

우주 물리학을 설하신 능엄경 경전을 한번 살펴보자.

우리가 말하는 우주는 단순한 은하계 태양계 정도가 아니다. 2600년 전 부처님께서 설하신 우주법계는 삼천대천세계가 법신불로 충만되어 있다고 하셨다. "법신이 법계에 충만하다"는 말은 사찰 주변에서도 많이 볼 수 있다. 끝이 없는 무한대로, 오직 삼매로만 갈 수 있는 무량겁 무량광 무량세계의 시간 공간을 초월한 세계가 삼천대천 세계의 부처님 우주관이다.

현대 물리학적 표현으로 우주는 에너지(Energy)로 충만되어 있다는 것이다. 아인슈타인 박사의 상대성이론으로 물질과 에너지(Energy)의 등가성이 입증되었다. 양자역학에서 우주의 미시적 세계를 관찰하니까 우주 법계는 미시적 아원자 입자로 충만되어 물 흐르듯 파동, 공으로 존재하다가, 관찰자가 마음(의식)을 집중하여 관찰하면 입자로 변환된다는 놀라운 발견은 양자역학에서 '이중슬릿 실험'으로 증명이 되었다. 즉 현대 물리학의 공식이 되었다. 작은 입자를 끝까지 들여다 보면 텅 빈 공(空)이란 것이다.

유식학 구사론에서는 물질을 분해하면 티끌(塵)은 극유진 우모진

양모진 토모진 수진(水塵) 금진(金塵) 미진(微塵) 극미진(極微塵) 인허진, 이러한 순서로 작은 입자를 쪼개고 쪼개면 허공이 되어 10차원의 미시세계가 펼쳐지니 결국 텅 빈 허공이 된다고 설하셨다. 딱 맞는 말씀이다.

색이 '거시적 차원'이라면 공은 '미시적 차원'을 뜻하는데 색즉시공 공즉시색, 색과 공은 서로 같다. 우리가 살고 있는 현상계와 절대계는 한 덩어리 우주라는 것이다. 상즉상입하는 전체 속의 하나라는 뜻으로 양자역학에서 말하는 아원자라는 것은 중첩성 동시성을 갖춘 미시적으로 아원자 입자의 본성을 분석한 것이다. 이러한 본성 때문에 우주의 모든 생물체와 연결 소통된다는 것이다.

능엄경 경전 말씀

아난다야! 너는 흙의 성질(地大)을 관찰해 보아라. 굵어서는 대지(大地)가 되고, 가늘어서는 미진(微塵)이 되었다가 인허진(허공에 가까운 티끌)이 되느니라. 인허진은 지극히 미세한 색변제상(極微色邊際相)으로 일곱 몫으로 쪼갠 것이며, 다시 인허진을 쪼갠 것이 바로 완전한 허공이 되는 것이다.

아난다야! 만일 이 인허진을 쪼개어 허공이 된다면, 마땅히 허공에서 물질이 난다는 것도 알아야 한다. 너는 지금 화합한 까닭에 세상의 온갖 변화가 생기지 않느냐고 물었으니, 너는 또 이 점을 다시 관찰해 보아라. 한 인허진은 얼마의 허공들이 화합해야만 생기겠느냐. 당연히 인허진이 합쳐서 인허진이 되지는 않으리라.

또 인허진을 쪼개어 허공으로 돌아간다면, 얼마나 되는 물질들이 합해야만 저 큰 허공이 되겠느냐? 그러나 물질을 합할 때 물질을 합한 것이 허공이 아니며 허공을 합할 때도 공을 합한 것이지, 물질이 아니다. 즉 만일 색과 합할 때라면 색과 합했으니 허공이 아니며, 만일 허공과 합할 때라면 허공과 합했으니 물질이 아니다. 색은 오히려 쪼갤 수 있겠으나, 허공을 어떻게 합하겠느냐.

아난다야! 너는 원래 여래장(如來藏) 가운데, 성품이 물질이며 진공인 것과 성품이 공이며, 물질인 것이 본래 청정한 그대로 우주에 두루 하였느니라. 그것은 중생의 마음을 따르고, 각자의 아는 능력(知量)에 따라 응하며 업에 따라 나타나느니라.(應所知量)

업을 좇아 나타나건만 우연이니 자연이니 하는 것은 분별일 뿐 알지 못하는 것이다. 이것은 모두 이 인식하는 마음으로 분별하여 헤아리는 작용이니, 단지 말만 있을 뿐 전혀 진실한 뜻이 없느니라.

여래장 가운데 성품이 불(火)이며 진공인 것과 성품이 공이며 불(火)인 것이 청정 그대로인데 우주에 두루하다. (지수화풍 4대가 공과 즉해 있다)

아난다야! 너는 아직도 모르고 있다. 여래장 가운데 성품이 물인 진공과 성품이 공인 물이 본래 청정한 그대로 우주에 두루하다. '우주는 수소로 꽉 차 있다는 뜻'이다.

아난다야! 너는 아직도 모르고 있다. 여래장 가운데 성품이 각의 정기인 밝게 보는 것이 청정한 본래 그대로 우주에 두루하다. '각의 정기는 빛'을 말한다. 우주는 빛으로 이루어져 있다.

'빛이 에너지(Energy). 법신 여래장'이라는 뜻이다.

아난다야! 너는 아직도 모르고 있다. 여래장 가운데 성품이 밝은 알음과 밝지 못함이 있는데 이것이 식(마음)이다

화엄경의 말씀

사사무애법계(事事無礙法界)란 현상계는 삼라만상이 서로 걸림 없이 교류해, 한 개와 여러 개가 한없이 관계하고 있다는 우주관을 말한다. 일즉다 다즉일(一即多 多即一)을 말한다. 현실의 각 존재가 서로 원융상즉(圓融相即)한 연기관계에 있는 상즉상입의 중중무진 우주관이다. 즉 사물과 사물이 서로 방해함이 없이 교류·융합하는 세계이다. 이 말은 어떠한 사물이건 고립돼 있지 않고 다른 것에 의존하면서 상의상관(相依相關) 중중무진연기(重重無盡緣起) 관계를 이루고 있다는 뜻이다.

그런데 색즉시공이라 해서 모든 것이 공하다고 하면 공견(空見)에 빠지기 쉽다. 그래서 부처님께서는 또 공즉시색이라고 하셨다. 공이 곧 색이다. 공이라는 게 텅 빈 것 같지만 사실은 우주에 꽉 차 있는 성품(에너지 Energy)을 표현한 것이다.

만병의 근원인 분노 화(嗔)는 보이지 않고 측정할 수 없지만 분명히 있다. 그 분노 화가 어디서 왔는가? 대상에 반연함으로 생겼다. 즉 색(분노, 화)은 공을 의지해 나타난다. 그래서 색즉시공 공즉시색이다. 모든 물질은 지수화풍의 성품으로 되어있기에 서로 부딪지 않고 그대로 공존하고 있다. 우리 몸속에 있는 100조의 세포도 의식(마음)을 가지고 있다. 그래서 우주에 편재한 에너지

(Energy)도 우주의식이라는 마음을 가지고 있다. 우주에 빛으로 존재하는 입자가 내 몸 안에 다 있다는 뜻이다.

반야심경의 말씀

 반야심경에서 말하는 '색즉시공 공즉시색(色卽是空空卽是色)'이란 색이 변화해 공이 되고, 공이 변화해 색이 되는 관계는 아니다. 시간이 경과하면 색이 변해 공이 되고 공이 변해 색이 되는 것이 아니라, 색과 공이 서로 다르지 않다는 말이다. 색이 바로 공이고 공이 바로 색이라는 것이다. 색즉공(色卽空)이며, 상즉상입의 관계란 뜻이다.
 공이란 색이 있는 바로 그 자리에 있는 것이지 색이 있는 자리를 떠나서 따로 공이 존재하지 않고, 색 역시 공을 떠나서 있는 것이 아니다. 동전의 양면과 같이 하나라는 것이다. 연기 무자성 공이다. 이 둘이 공존해 동등함을 이루기도 하고, 혹은 공이 드러날 경우에는 색이 숨고 색이 전면에 나타나면 공이 뒤에서 받침이 되는 경계선이 없는 전체의 하나, '일즉다다즉일 일미진중함시방'의 상즉상입 관계다.

양자역학 원리를 경전 말씀에 대비하면

 만법유식, 유식무경, 일체유심조 다 같은 의미다. 일체 만법은 Only Original Mind만으로 조작 되어진 것이다. 참나의 성품자리가 관리 경영하는 6근의 작용들로 이루어진 것이다. 참나(제8식 아뢰야식), 제7식 말라식, 제6식 의식, 전 5식 오감 순서로 구분되는 것 같지만 사실은 '참나 말라식 의식 전오식'이 전체가 한 덩어리라는 것이다. 절대계와 현상계를 분리해서 우주법계를 논할 수 없다.
 우리 마음을 관찰한 유식학에서 마음이 작동되는 순서라고 이해하면 된다. 절대계의 '텅 빈 적멸속에 신령스런 알아차림 제8식'이 현상계의 우리 의식(6식 7식 전5식)을 관리 경영하고 있기에 선업, 악업의 행을 지으며 세세생생 윤회를 거듭하고 있다.

 인용한 능엄경 마지막 구절에서 아난다에게 "너는 아직도 모르느냐?" 하고 질타한다. 여래장 가운데는 명, 무명이 함께 공존한다. 시공을 초월하여 이원적 분별성이 없다.
 우리가 원하는 간절함은 발원과 동시로 이루어진다. 그러기에 대승기신론에서 일심(우주의 마음)이 중생심과 똑같다고 한 것이다. 일심 이문으로 진여심, 생멸심은 결국 궁극적으로 같다는 뜻이다. 생멸문에서 환멸문을 거쳐 진여심으로 들어가면 일심이 된다는 뜻이다. 왜냐하면 아원자라는 것이 나의 마음속에 있는 입자와 100% 연결되어 있기 때문이다. 우주에 있는 입자가 내 마음과 소통을 하고 있기에 신심으로 기도하면 불보살의 가피를 받을 수 있다.

 현대 과학계에서 우리 몸은 100조의 세포로 이루어져 있는데 각각의 세포는 다 마음(의식)을 가지고 있음이 밝혀졌다. 양자역학에서 양자장이 에너지(Energy)의 바다(Field)를 이루고 있다고 하는데, 이 양자장이 불교에서 말하는 '여래장'인 것이다. 성품자리, 불성, 법성, 부처, 원각, 법신, 텅 비어 고요하고 신령스러운 빛으로 있는 자리다. 양자역학을 연구한 과학자들은 우주도 마음을 가지고 있는데 이것을 우주심, 우주의식, 우주지성, 본식이라고 한다. 우리 몸 안에도 본식이 꽉 차 있다. 법신 충만이라는 뜻이다.

 아원자 입자가 왜 마음을 가지고 있다고 할까? 텅 빈 공 속에 물 흐르듯 파동으로 존재하는 소립자가 관찰하는 순간 시공을 초월하여 아무리 먼 거리에 있어도 하나로 연결되는, 동시성 중첩성을 가지고 있다는 것이다. 우주 속에 존재하는 입자가 다 내 몸 안의 입자와 연결 소통하고 있다. 양자역학에서 공명현상, 얽힘현상이라는 것이고, 우리가 간절함으로 기도할 때 이루어지는 기도의 가피력이다. 이것을 부처님게서는 여래장(불성, 성품자리, 참나)이라고 이름하였다. 우주는 에너지(Energy)로 충만되어 있는데, 그것을 우리는 여래장이라고 하고 법신불이라 하고, 생명력이라 한다. 우주 자체가 양자장, 에너지(Energy)의 바다인 것이다.

 우리 안에 엄연히 존재하는 공적영지의 마음을 알아차리면 오감 감정 생각의 작용이 평정되어 '성소작지 묘관찰지 평등성지 대원경지'의 부처님께서 설하신 4가지 지혜를 얻을 수 있는데, 성소작지가 전지전능한 기도의 가피력이다. 간절함의 크기 따라 응해주신다는 응소지량을 설하셨다. 꼭 성취한다는 마음을 내면 100% 이루어지는 원리다. 인생에서 나름의 성공한 사람들 5%법칙에 속하는 사람들은 한결같이 일찍 이런 원리를 알아차려 100% 활용하여 성공한 사람들이다.
 긍정적인 생각을 하면서 우주에 편재한, 우주의 에너지(Energy)를 무상으로 끌어당김으로 '뜻하는 바 모든 서원, 원력이 성취되는 기도의 비법'이기도 하다. 우리 몸 자체가 아원자로 구성되어 있기에 내가 한 마음을 일으키면 내 몸속의 아원자와 우주의 아원자와 연결됨을 알 수 있다.

양자역학의 실험을 통하여 시공을 초월하여 동시로 연결됨이 입증되었다. '실지실견(實知實見)'하시는 부처님은 온 우주에 편재해 계시기에, 중생들이 간절한 기도를 하면 그때그때 응해주신다는 것이 '응소지량(應所知量)'이다. 업에 따라 업의 경중에 따라 가피력이 나타나는 시간적 편차는 있지만 한치의 오차도 없다는 것이 능엄경에서 설하시는 '응소지량의 법문'이다.

기도 가피력의 발현(3가지)

현증가피는 간절함의 기도 그대로가 나타나는 것을 말한다. 불보살님이 그대로 나타나거나, 음성 형상으로 화현하여 나타나는 것을 말한다.
몽중가피는 꿈을 통해서 먼저 예시하고 다음에 이루어지게 한다.
명훈가피는 참으로 신기하게도 집안이 늘 편안하고 바라는 일들이 뜻대로 잘 이루어져, 생활 속에서 늘 감사한 일들이 많이 생기고, 큰일날 뻔했던 사건 사고 천재지변 등등을 신묘히 모면하게 해준다.
많은 사람들이 불보살의 가피력을 느낀다는 것은 불보살들이 성소작지의 전지전능함을 지혜로 갖추고 있다는 것이다.

어찌 홀연히 산하대지가 생겼는가

부루나 존자가 말하였다.
"세존이시여! 만약 세간의 모든 오온, 육근, 육입, 십이처, 십팔계 등이 그대로 다 여래장이어서 원래 청정하고 본래 그러하다면 어찌하여 홀연히 산하대지의 갖가지 유위의 모습이 생겨나서 차례로 변천하여 흘러서 마쳤다가 다시 시작하곤 하는 것입니까?"

부처님이 말씀하셨다.
"이는 마치 눈에 티끌이 들어 병이 난 사람이 허공의 꽃을 보는 것 같아서 눈병이 없어지면 그 꽃은 허공에서 저절로 없어지는 것이다."
 - '수능엄경 견도분' 중에서

우주의 근원을 밝히는 3가지 방법이 모두 문제가 있다는 것을 독일 철학자 알베르트는 '트릴레마'란 용어를 사용하였다. 두 가지 선택 중 어떤 것을 택해도 나쁜 결과가 초래되는 상황을 딜레마(dilemma)라고 하고, 세 가지 선택 중 어떤 것을 택해도 나쁜 결과가 발생되는 상황을 트릴레마(trilemma)라고 한다.

세계의 근원을 밝히는 3가지 방법은?

첫째, 계속 근원을 물어가는 무한소급 방식. 닭이 먼저냐 알이 먼저냐?

둘째, 무한소급을 끊는 제1 근원을 설정하는 독단(Dogma). 기독교 절대신

셋째, 제 1원인이 마지막 결과와 맞물리는 순환구조. 불교 12연기 윤회설

부처님 말씀으로 모두가 불생불멸하는 존재, 여래장이라면 우리가 살고있는 기세간 우주는 어떻게 생겨났다가 왜 없어지고 하는가? 부루나 존자의 질문에 부처님은 말씀하셨다. 우주는 허공의 꽃이다. 몽환공화(夢幻空華)다. 우리가 일상생활에서 갑자기 머리를 기둥에 부닥치면 눈앞이 핑핑 돌면서 꽃같은 것이 보인다. 실제로 있는 것이 아닌데 충격을 받았기에 잠시 있는 것처럼 보일 뿐이다. 사막의 신기루 같은 것이다. 우주가 진짜로 있는 것이 아니라는 말이다. 우리 인식으로만 존재하는, 마음이 그려낸 가상현실, 가상세계, 홀로그램이 우주라는 것이다. 금강경에서 삼천대천세계도 세계가 아니라 단지 그 이름이 삼천대천 세계라고 말씀하신 것과 같다. 즉비시명(卽非是名)이다.

우리가 사는 우주는 실체가 있는 것이 아니고 현상만 있을 뿐이다. 현상은 언젠가 소멸하게 되어있다. 그러나 거기서 끝나는 것이 아니라 '성주괴공(成住壞空)'한다. 몸이 '생로병사(生老病死)'하면서 윤회하고, 마음은 '생주이멸(生住異滅)'하면서 찰나 생멸하듯이, 우리 사는 우주도 조그만 특이점에서 응집된 힘이 폭발(빅뱅)하여

지금 팽창 중에 있지만 어느 정도 팽창했다 머물렀다가 어느 순간부터 블랙홀로 쭉 빨려 들어가서 소멸한다. 이것이 끝이 아니고 또 팽창하기 시작한다. 끝없이 성주괴공, 성주괴공, 이렇게 반복적으로 되풀이 한다.

우리 사는 계절에 춘하추동으로 돌고 도는 어김없는 자연법칙이 있듯이 동양철학 주역 64괘가 '수화기제'로 끝나지 않고 '수화미제'로 돌고 돌듯이 삼라만상 우주법칙은 절대 끝나는 법은 없다고 보는 것이 불교의 우주관이다. 대부분 종교들이 우주의 종말이 온다고 회개하라고 외치는 것과는 대조적이다. 휴거, 종말론 때문에 세상이 요란했다. 종말론으로 큰 사회적 문제가 된 사이비 종교들이 많다. 불교의 우주관은 텅 빈 허공에 어느 날 업력이 불어와 지수화풍 4대 요소로 만들어졌다는 것이다. 무시무종으로 성주괴공하면서 굴러간다.

유식론에서 우주의 생성을 이렇게 설명한다. 아무것도 없는 허공에 업력의 바람(힘, Energy, 風)이 불어와서 수계(水)가 형성되고, 수계가 회전을 하다 보면 열(火)이 나고, 찌꺼기들이 만들어져 지계(地)가 만들어지고 고체화되어 우주가 형성되었다. 지수화풍 4대 요소의 인연화합으로 만들어졌다고 한다. 무시 이래, 그 출발점 이전부터 생명(유정 중생)이란 것이 있었다고 한다. 무시무종이란 시작도 없고 끝도 없다는 우주관이다.

법화경에서는 우주만물이 생기기 이전, 승음세계에 스스로 존재하는 최초의 부처님, 위엄왕불이 계셨다고 한다. 빛이 생기기 이전부터 소리(음)의 세계가 존재했다고 설정한다.

동양철학과 서양철학의 공통점 중 하나는 문명 이전에 소리(음)가 있었다는 것이다. 기독교에서도 태초에 말씀(음)이 계셨다고 한다. 그러니까 우주가 생겼다고 좋아할 일도 아니고, 없어진다고 걱정할 일도 아니다. 우리가 태어났다고 좋아할 일도 아니고, 죽는다고 슬퍼할 일도 아니다.

우리 마음이 생주이멸, 몸이 생로병사, 우주가 성주괴공하기 이전의 우리의 참나 본 마음 자리를 찾는 것이 몸 받은 지금의 중대사다. 몸 받은 호시절에 일대사 인연을 해결해야 한다.
부모미생전 본래면목. 천지미분전 본래면목. 위엄왕불 이전의 본래소식. 반고씨 이전의 본래소식. 장자가 말하는 혼돈의 세계. '이뭣꼬?'의 세계. 그 자리는 '불생불멸 불구부정 부증불감'하는 참나 본래 성품자리다.

마하반야바라밀은 최상의 진언이다

오직 귀신의 울음소리만 들린다는 이 세상에서 가장 건조하고 척박한 땅, 해골 조각만 나뒹군다는 사막 타클라칸, 실크로드 천산남북로를 거쳐 세계의 지붕 파미르 공원을 넘나드는 길은 죽음의 길이라 불렸다. 오직 구도심으로 불법을 구하기 위해 16년간 인도로 구도 여행을 다녀왔던 당나라 현장법사가 늘 외우고 다녀 죽음으로부터 보호받았다는 진언이 '마하반야바라밀'이다.

그후 중국 한국 티벳 일본 등지로 널리 유포시킨 것도 현장스님이다. 가히 이 진언의 위신력은 불가사의하다.

진언이란 진실한 말씀 진리의 말씀이란 뜻이다. 인연 따라 자기에게 맞는 진언을 하면 되지만, 관세음보살님께서 마하반야바라밀 진언을 외우고 모든 고통 벗어났다고 한다. 모든 고통 사라지기를 원한다면 외우면 된다. 관세음보살님께서 하시는 주문이다. 이러한 사실을 100% 믿는다면 앉으나 서나 오나가나 "마하반야바라밀" 주문을 하고 다녀야 한다.

그러므로 알아야 하느니라. 반야바라밀은 위대한 진언이며, 크게 밝은 진언이며, 최상의 진언이며, 같음 없는 진언이며, 모든 고통 사라지고. 헛됨 없이 진실하다.
　- '마하반야바라밀다심경' 중에서

수많은 진언 중 최상의 진언이다. 많이 독송하면 죽을 죄도 면할 수 있다는 구생경에도 '나무 마하반야바라밀 시대신주, 나무 마하반야바라밀 시대명주, 나무 마하반야바라밀 시무상주, 나무 마하반야바라밀 시무등등주'라고 한다.

마하는 크고, 반야는 밝고, 바라밀은 충만하다는 뜻이다.
크고, 밝고, 충만하다.
참나 반야 지혜다.

연기 공성 중도

"연기(緣起)와 공성(空性)과 중도(中道)가 동일한 의미라고 말씀하셨던 부처님께 머리 조아려 경배드립니다."

제2의 붓다로 칭송되는 용수보살이 부처님께 경배드리는 모습을 생생하게 기록한 용수보살 저술『중론과 회쟁론』에서 인용한 글이다. 부처님 가르침을 통한 마음공부를 함에, 즉 지적인 깨달음을 추구함에 가장 중요한 3가지 개념이 '연기, 공성, 중도'다. 그런데 이 3가지 개념이 다 동일한 의미라는 것을 알기는 어렵다. 이런 이치를 밝히는 학문을 중관학, 인명학, 논리학이라고 한다.

공의 논리학, 연기의 논리학, 중도의 논리학, 해탈의 논리학, 열반의 논리학, 해체의 논리학, 탈 이분법의 논리학, 파사현정(破邪顯正)이라고 한다. 우리 생각의 틀, 관념의 틀이 잘못된 것을 논파하여 바름을 드러낸다는 뜻이다. 용수보살께서『중론』을 저술한 이유는 부처님 중도사상을 설파하기 위함이다.

공의 이치를 설한 반야심경에 반한다.(몸과 마음은 AVATA)

어떤 조건으로 연기된 일체만법은 공하다. 이렇게 관찰하는 것이 중도다. 오온(색수상행식)으로 구성된 우리 몸과 마음을 깊이 관찰했더니 다 공(空)하다는 것이 반야심경에서 관세음보살께서 지혜 제일 사리불에게 가르치신 공의 이치다. 일체만법이 공함을 관하면 모든 고통에서 벗어난다.

반야심경 첫대목이 '관자재보살 행심반야바라밀다시 조견오온 개공 도일체고액'이다. 관자재보살이 깊은 반야바라밀을 행할 때, 몸과 마음을 AVATA라 관찰하고 모든 고통 벗어났다. 가자 가자 건너가자 완전하게 건너가자, 극락정토 건너가서 깨달음을 성취하자. 극락정토 건너가면 누구나 아라한과를 성취하고 성불이 보장된다. 공의 이치를 증득하여 텅 빈 공한 마음의 성품자리를 관하면 모든 고통에서 벗어난 해탈 열반이다. 다시는 사바예토에 윤회하여 삼계화택으로 오지 않는다. 몸도 마음도 그 본성이 텅 빈 것을 깨달으면 사람이 부처와 무엇이 다르랴!

금강경에서 설한 시간 부정과 즉비시명의 가상현실
(이 세상은 가상현실)

머리 굴려서 나오는 생각들 관념 개념들이 실제로 있는가? 살펴보자.

1. 과거 현재 미래라는 시간도 실체가 없다

과거 현재 미래라는 시간은 머리속으로 생각할 수는 있다. 그러나 직접 체험한 적이 있는가? 과거는 지나가 버렸기 때문에 도저히 만날 수 없다. 과거로 돌아가서 체험할 수 없고 이 찰나 순간에도 체험할 수 없다. 미래는 아직 오지 않았기에 체험이 불가능하다. 찰나 생멸하는 무상이다. 현재라는 개념도 과거와 미래의 틈에 끼어 있을 곳이 없다. 찰나 생멸한다는 의미는, 1초는 75찰나라고 하는데 무한히 '0'에 수렴해서 증발해 버린다는 뜻이다. "바로 지금 여기 이 찰나뿐"이다. 찰나찰나 점멸하는 한 점의 흐름뿐이다. 시간은 실재하지 않고 흐르는 찰나의 한 점 흐름뿐이다.

이것을 러시아의 체르바스키는 'Point Instant 점 찰나!'라고 해서 세계적으로 뉴닝한 불교학자 반열에 올랐다. 세상은 미진한 점들의 모자이크일 뿐이다. 현대물리학 양자역학에서는 이 세상을 시공 연속체로 본다. 이 세상을 점으로 잘 표현한 작품 김한기 화백의 '어디서 무엇이 되어 다시 만나랴!'라는 작품을 감상하면 무한 우주공간에서 '순간에서 영원으로! 이런 통찰을 할 수 있겠구나!' 하는 자각이 생겨난다.

시간의 수레바퀴에서 꽝꽝꽝 굉음을 내고 손살같이 달리는 시늉을 할 뿐, 엄밀히 통찰해 보면 시간은 없다. 시간의 수레바퀴에서 내리게 만드는 그런 논리와 가르침이 '중도로 보는 것'이다. 이와같이 중도로 관하면 생각의 한계가 드러나고 모든 것은 실체가 없고 공하다는 것이 드러난다.

금강경에서 '과거심불가득 현재심불가득 미래심불가득'이라고 한다. 과거 현재 미래의 마음을 잡을 수 없다는 뜻이다.

중론에서 이미 가버린 것에는 가는 것이 없다. 아직 가지 않은 것에도 역시 가는 것이 없다. 이미 가버린 것과 아직 가지 않은 것을 떠나서 지금 가고 있는 중인 것에 가는 것이 없다고 시간을 부정한다.

　이런 가르침을 통해 깊이 통찰해 보면 견고하게 보였던 세상만사, 확실하게 느꼈던 나의 생각들이 심각하게 문제가 있다고 마주하게 된다. 과거 현재 미래로 이루어진 시간은 '거북이 털, 토끼뿔'같이 우리 생각 속에서만 있을 뿐 실재하지 않다는 것을 자각하게 된다.

2. 삶과 죽음도 실체가 없다

　부처님께서는 삶과 죽음의 일대사 인연을 해결하기 위해 고행과 삼매를 통한 수행에서 답을 얻지 못하고, 보리수나무 아래에서 '곰곰이 생각하는 명상'을 통해서 '탄생했기 때문에 죽음이 있다'는 12연기법을 발견하셨다.
　우리가 살아 있다는 생각을 할 수 있는 것은 죽지 않고 있기 때문이다. 아주 간단하다. 살아 있으니까 죽음이 있다. 그러나 우리 생각 속에는 내가 태어나기 전에 나는 없었다. 그리고 죽음 다음에도 내가 없어질 것이다. 그러니까 지금 내가 살아 있다는 유를 체험하는 것이 아니다. 왜냐하면 무가 있어야 유를 체험할 수 있기 때문에 살아있다(유)고 할 것도 없다. 전부가 유의 상태이면 유를 체험할 수가 없다.
　우리가 사는 가상현실 현상계는 일체만법이 분별적 상대적 이분법으로 설계되어 있기에, 유라는 것은 무가 있어야 한다 있는 그대로 보자면 태어나기 전에, 죽은 다음에 내가 없다. 그러니까 지금 내가 살아있다(有)고 할 수도 없다. 없다는 무(無)에 비교해서 지금은 있다는 유(有)가 성립할 뿐이다. 상대적인 분별심이다.

　삶과 죽음을 생각으로는 할 수 있다. 그러나 내가 태어나기 전에 내가 태어났다는 것을 체험한 적이 없다. 내가 죽은 다음에 내가 죽었다는 것을 체험할 수가 없다. 결론은 지금 이 순간 살아 있다고 할 것도 없다는 뜻이다. 그런 이유로 삶과 죽음에 실체가 없다는 뜻이다.
　우리가 죽음에 대한 고민을 하려면 실제로 있어야만 고민할 수도 있는데 없는 것을 고민한들 아무런 소용 가치도 없다는 것이다. 그래서 삶과 죽음에 대한 종교적 철학적 번민이 해탈된다는 이치가 중도적 통찰을 통해서 '오직 비교를 통한 분별심에서 발생한 것뿐'이라는 사실을 자각할 때 해소될 수 있다.

공성 연기 중도를 한번 더 알기 쉽게 풀어보자

1. 공성이란 무엇인가?

　실체가 없다는 의미다. 살아가는 현상계 표층마음에서 작용하지만 절대계 심층마음(제8아뢰야식)에서는 아무것도 존재하지 않고, 오직 생각(제6식, 제7자아식) 속에만 있다는 것이다. 6근(안이비설신의)이 6경(색성향미촉법)을 만나서 일어나는 6식(안식 이식 비식 설식 신식 의식)이 만들어 내는 이 세상 일체 만법이 가짜이고 허망하며 전도몽상 가상현실임을 알아차리는 순간, 텅 비어 공하

다는 의미다. 즉 모든 것이 이름 뿐이다.(즉비시명即非是名)

조건 지어진 상호의존적인 일체유의법은 꿈이고, 아바타이며 물거품 그림자이고 아침이슬 같고 번갯불 같다는 것이 세상은 가상현실이라는 뜻이다.

오온 6근 12처 18계는 참나가 아니지만, 그렇다고 참나가 따로 있는 것이 아니다. 이렇게 관하는 것이 진공묘유의 중도다.(性相不二)

아주 미묘한 소식이다. 이 소식을 알아차리는 것이 중도이다. 견(見)하라. 관(觀)하라. 불교는 관찰의 종교다. 중도로 보는 것이다. 내 생각의 틀로 관찰하는 것이 아니라 있는 그대로를 있는 그대로 관찰하는 것이다.

2. 연기란 무엇인가?

세상만사는 어떤 실체가 있는 것이 아니라, 모두 상호의존적 작용으로 발생한다. 의존은 어디에서 일어나는가? 우리 생각 속에서 의존이 일어난다. 비유하자면 강의실에서 강의를 받기 위해 들어갔을 때, 큰 강의실이라는 생각이 들면, 작은 강의실을 염두에 두었기에 작은 강의실과 비교해서 큰 강의실이란 생각이 드는 것이다. 우리 생각들이 비교를 통해서 의미가 발생하는 것이다.

화엄경에서 모든 우주법계는 중중무진연기로 사사무애 상즉상입하는 연기관계로 이루어져 있음을 설파하고 있다. 대대법, 분별적 이분법의 상대적 비교하는 세계가 우리가 살고 있는 현상계 사바예토 윤회세계의 실체다. 즉 가짜의 세계 모든 것은 이름뿐인 가상현실이다.(即非是名의 세계)

삶 죽음, 빈 부, 하늘 땅 등등 세상만사 두두물물 모든 것이 다 연기한 것이다. 실제 바깥에 있는 것이 아니라 오직 우리 생각이 비교를 통하여 만들어낸 허망하고 실체가 없는 것이다. 즉 연기와 공은 동전의 양면이다.

3. 중도란 무엇인가?

숫자로 가운데 중간을 의미하는 것이 아니라 흑과 백을 다 배격하고 양극단에 치우치지 말라는 의미다. '흑도 아니고, 백도 아니다'는 의미다. '가운데 길을 가라'는 의미가 아닌, 텅 비어 아무런 실체가 없지만 묘한 작용을 하고 있다는 진공묘유 사상이 중도이다. 표현은 다르지만 연기, 공성, 중도가 한 이치에서 나온 것이다.

연기 공 중도의 이치를 공부한 이익

부처님께서 인류사 최초로 발견하신 연기법을 곰곰이 사유해 보면, '연기(緣起), 공(空), 무자성(無自性), 중도(中道)'는 같은 의미라는 것을 알 수 있다. 비교하고 분별하는 상대적인 세계에서 벗어나, 주관적 시점에서 세상을 바라보면 우리의 삶이 항상 당당하다는 것이다.

남과 비교하지 않는 절대적인 삶이 가장 행복한 삶을 살아갈 수 있다. 그냥 하고 싶은 것을 하고 살면 된다. 운전자 관점으로 내 차를 몰고 내 목적지로 찬찬히 잘 가기만 하면 된다.

상대적으로 분별하고 비교하지 않는 삶은 아무런 열등감 우월감도 존재하지 않는다. 세 끼 먹고, 비 피할 집만 있으면 아무런 고민 없이 당당하게 살아갈 수 있다.

  수처작주 입처개진(隨處作主 立處皆眞)의 삶, 세상의 중심에 서서 주인공으로 당당하게 살아간다. 누구의 시선도 아닌 내 자유의 지대로 살아가겠다는 지혜가 열린다.

관세음보살의 이근원통

아바로끼떼 스바하!

관세음보살의 이름이 참으로 아름답다. 모든 중생들의 소리를 자유자재로 듣고 응신으로 나투샤 대자대비의 마음으로 '구고구난(救苦救難)'하시는 관세음보살님이 이근원통으로 깨달음을 이루셨다는데, 원통이라는 말뜻의 정확한 의미를 모르고 있었다.

원통이 무엇인가? 원이란 '불이법'이니 '불이법에 통달하는 것'을 뜻한다. 즉 '세상과 내가 하나가 되어(범아일여) 근본 성품자리를 깨닫는 것'을 의미한다.

부처님께서는 선지식 조사 선사들의 출현이 없을 때를 대비하여 능엄경을 통하여 25분의 대사(大士, 선지식)들을 등장시켜 대사님들이 얻었던 원통(圓通)에 대하여 직접 설명하도록 하셨다. 대사님들은 25가지 깨달음의 방법들을 흥미진지하게 설파한다.

이근원통이란?

　세상의 소리에 자유자재한 관세음보살이 이근원통(耳根圓通)법으로 소리의 성품자리(耳根)를 통해 깨달음에 도달했다. 그래서 원통대사라고 한다. 세상의 소리를 통하여 중생들이 가진 성품을 보고 각 중생들의 품은 소원에 응신으로 나투사 중생들의 '고통과 고난'을 해결해 주시는 대자대비한 보살이다.
　6근이 6경을 통하여 6식을 느끼는 18계와 7대를 합하여(지수화풍 4대와 공대 견대 식대) 총 25개 우주법계 경계대상은 각자 원통을 가지고 있다. 25대 원통이란, 삼라만상 우주법계를 구성하는 25가지 요소를 말한다. 이중에서 이근의 원통이 최고로 빠르게 깨달음에 도달할 수 있다는 것이다.
　이식의 원통도 아니고, 공대의 원통도 아니고, 안식의 원통도 아닌, 왜 이근의 원통이 최고냐? 과연 누가 대답할 수 있겠냐? 왜 25개의 원통 가운데 이근원통이 최고일까? 관세음보살께서 어떻게 이근원통으로 깨달아서 알게 되었을까? 의심에 의심이 생겨나 능엄경 공부를 해보았다.
　관세음보살께서 '소리로 깨닫는 것'은 무엇일까?
　서산대사께서 한낮에 닭 울음소리를 듣고 오도송을 읊은 것은 어떤 경계일까?
　경허선사가 "죽으면 콧구멍이 없는 소로 태어나면 된다"는 어떤 처사의 한마디에 득도하여 오도송을 노래한 깨달음의 자리는 어떤 것일까?
　혜능선사는 금강경 한 구절 '응무소주 이생기심', 향엄선사는 대나무에 기왓장 조각 부딪치는 소리에 깨달음의 한소식을 하셨고,

만공선사는 새벽예불 종소리에 확철대오하셨고, 부처님 정법시대 성문승들은 부처님의 법문 니까야(아함경)를 듣고 아라한과를 얻으신 분들이다.

나는 5조 홍인선사의 회상에서 한번 듣고는 말씀 끝에 단박에 모두 깨달아 몰록 진여불성 성품을 보았다.
- '육조단경에서 이근원통으로 깨달은 혜능선사 법문' 중에서

'기탁염 발묘명'이 능엄경의 핵심이다

화엄경의 요지가 '통만법 명일심, 만법을 통섭해서 일심을 밝히는 것'이라면, '소화엄경'으로 불리는 능엄경의 대의는 '기탁염 발묘명(棄濁染 發妙明, 혼탁하고 오염된 마음을 버리고 오묘하고 밝은 깨달음의 지혜를 계발하는 것' 이다. 청정한 맑고 밝은 마음을 보는 것이 핵심 종지다.

본무수증(本無修證)이나 인망유수(因妄有修)라. 본래 닦고 깨달을 것은 없으나, 반연하는 허망한 인연으로 닦을 필요가 있을 뿐이다. 능엄경의 가르침이다.

마음이 어디에 있느냐!

부처님과 아난존자가 칠처징심(七處徵心) 이야기한다. 일곱 곳에서 마음을 밝혀내기 위해 부처님께 아난존자가 혼쭐이 나는 대화

를 한다. 마음이란 것을 어디에서도 찾지 못한다.

아난존자가 탁발하러 갔다가 마등가 여인에게 유혹을 당해서 잘못될 뻔한다. 부처님이 그것을 아시고 문수보살을 시켜서 능엄주를 가져가 주문을 외워서 구제해 온다. 그러면서 부처님이 아난존자에게 조목조목 따지면서 묻는다.
"넌 도대체 어떻게 왜 출가했으며, 출가를 한 사람이 어찌 그럴 수 있느냐?"
아난존자가 대답한다.
"저는 부처님의 그 훌륭한 모습을 보고, 그 모습에 감동이 되어서 출가했습니다."
"그 모습을 봤다니 무엇이 봤느냐?"
아난존자가 말했다.
"눈이 보고 마음이 그것을 이해하게 되었습니다."
"그래? 네가 대답 잘했다."
이러면서 부처님이 묻기 시작한다.
"눈이 봤다고 하니 과연 눈이 보는 것이냐?"
이렇게 이야기가 전개되면서 차츰차츰 따져 들어가게 된다. 그래서 나중에는 아난이 답하게 된다.
"마음이 본 것입니다."
그러자 부처님이 묻는다.
"그래? 그렇다면 마음이 어디에 있는데 보았다고 하느냐?"
그러자 아난이 대답한다.
"마음은 안에 있습니다."
얼른 생각에 마음은 몸 안에 있는 것처럼 생각이 든다. 그래서 안에 있다고 하니까 부처님이 다시 하나하나 분석해 낸다. 분석해 내는 것을 아난이 들으니 도대체 아무리 생각해 봐도 마음이 안에 있는 것이 아니다.

그래서 아난이 다시 대답한다.

"마음은 밖에 있습니다."

이렇게 아난존자가 대답을 하나씩 하나씩 해서 일곱 가지 질문에 일곱 가지 대답을 한다. 그 대답마다 부처님이 하나하나 지적을 하는데 결국 마음이 그 일곱 곳에도 있지 아니한 것으로 이야기가 된다. "마음은 어디에 있다" 라고 말할 수도 없고, "어디에 없다" 라고도 말할 수 없다는 결론에 도달한다.

그러면 어디에 있을까? 마음은 여래장 속에 있다고 말씀하신다. 여래장은 곧 불성 자성 청정법신 성품자리가 저장되어 있는 창고다. 대반열반경(大般涅槃經)에서는 일체중생실유불성(一切衆生悉有佛性)을 설한다. 모든 중생은 불성 자성 법신 성품이라는 언어적 표현은 다르지만 부처님과 똑같은 비로자나 법신의 성품 불성이 있다는 것이다.

여래장이란 무엇인가?

들을 줄 알고, 볼 줄 알고 하는 진여묘성이라는 근본성품이 우리에게 모두 다 갖추어져 있다는 것이다. '한물건'이라고 하는 감추어진 무엇을 설명할 수는 없는데 뭔가 있다는 것은 확실하다. 생각이 끊어진 자리, 심행처멸, 언어도단의 자리에 있는데 볼 수도 없고 찾을 수도 없다는 그 청정한 마음자리, 불성자리, 법신자리, 공의 자리, 성품자리라는 본래면목이 분명히 있다. 중생들 누구나 다 갖추어져 있는 '여래장'을 깨칠 수 있고 찾을수 있는 방법은 무엇일까?

해결방법은 원통에 들어야 한다

 원통법문은 "모두가 수행방편을 관(觀)하여 삼매를 얻어 드디어 원통(圓通)을 얻었노라"라고 능엄경에서 설하셨다. 중생들이 윤회하는 이유는 짓는 업, '카르마' 때문이다. 천생만생 업을 통해 윤회하는 원인은 6근을 포함한 25개 허망한 경계대상에 집착하고 분별하는데 있다. 업은 저장되고 윤회를 한다. 함장식 아뢰야식 제8식 종자식이라는 업식이 세세생생 윤회하며 인간은 고(苦)의 세계인 사바예토를 벗어나지 못하고 있다.
 번뇌, 업, 윤회라는 매듭 속박을 풀면 여래장 속에 감추어진 마음을 볼 수 있다. 능엄경에서 제시하는 방법은 원통에 들어야 한다. 그중 가장 수승한 것이 이근원통이다. 관세음보살께서 이근원통으로 해결하셨다. 원통대사님으로 불리는 까닭이다.

 법화경 관세음보살 보문품에는 중생들이 "관세음보살"을 부르는 '칭명염불'을 계속하면 그 소리를 듣고 응신으로 나투샤 고통 환난으로부터 구제해주신다. 소리를 듣는다는 것은 '염불하는 중생의 성품자리'를 관(觀)한다는 뜻이다.

중생과 보살의 (관)에 대한 안목 차이

 중생은 '불문성 이문성(不聞性 而聞聲)'으로 성품자리는 보지 못하고 소리를 듣는다. 보살은 '불문성, 이문성(不聞聲 而聞性)'으로 소리는 듣지 못하지만 성품자리를 듣고 본다.
 6근으로 6경을 본다 할 때, '꽃을 본다, 먹어 본다, 들어 본다, 냄새 맡아 본다, 생각해 본다, 만져 본다' 이런 경우 중생은 볼 견(見)으로 이해하지만, 보살은 성품자리를 관(觀)하는 것으로 알아차린다. 예를 들어 먹어볼 줄 안다는 것은 먹어본다는 '근본성품자리'를 단박에 알아차리고 한소식한다는 뜻이다.
 그러기에 능엄경에서 '관 관자(觀 觀者)', 즉 관찰자를 관찰하라고 하셨다.

 이근이 모든 근 가운데 진리의 본체에 들어가서 깨닫는데 가장 빠른 이유는 소리라는 것이 일어났다 사라지는 생멸의 순간이 가장 빠르기 때문이다. 소리는 잠시뿐, 뭔가 실체가 없다는 것을 단박에 깨칠 수 있다는 것이다. 금강경 '즉비시명'의 세계, 모든 것은 이름뿐 실체가 없다는 공의 도리, 진공 묘유의 중도를 홀연히 단박에 관하면 성품 자리가 훤하게 드러난다. 홀기일념하는 그 자리!

 일체유위법 여몽환포영 여로역여전 응작여시관
 하라는 관(觀)의 자리다.

능엄경 사구게송

 반문 문성, 관 관자, 반조 문성, 반문 문자성(反聞 聞性. 觀 觀者. 反照 聞性. 反聞 聞自性)이 핵심 요지다.

　색유동정(色有動靜) 견성부동(見性不動)
　성유생멸(聲有生滅) 문성상재(聞性常在)

　물질은 움직임과 머무름이 있지만
　물질을 보는 성품은 부동하다.
　들리는 소리는 생과멸이 있지만
　소리를 듣는 성품은 항상하다.

 듣고 보는 참 성품 자리에서 성품은 항상 부동인데, 경계에 끄달려 분별하고 생멸하는 마음을 '주객이 전도된 거짓 나'로서 착각하고 사는 것이 중생의 삶이다.

 대승기신론에서 일심은 부동한데 진여문과 생멸문으로 나눈 마음은 중생의 마음일 뿐! Original Mind를 '성품자리 불성 법신자리'라고 하고, 우리가 일반적으로 말하는 Mind는 분별심, 중생심이라는 것이다.
 그래서 반문 문성(反聞 聞聲)은 중생의 삶이고, 소리를 듣는 놈을 관찰하는 성품자리를 관하는 반문 문성(反聞 聞性)은 보살의 삶이라고 한다. 관찰자를 관찰하라! 소리를 듣는 성품을 듣는다. 본다. 관(觀)한다. 훤하게 비추어 본다.

다문제일 아난존자도 부처님의 불성(佛聲)만 들을 줄 알았지 나의 성품(性品)자리는 볼 줄도 들을 줄도 몰랐다. 들을 줄 아는 자신의 근본 성품자리를 돌이켜 듣는 것을 이근원통이라 한다. 삼라만상 두두물물 온 우주를 포함하는 자리가 '성품자리, 여래장'이다. 듣는 성품을 돌이켜 듣는 방법, 즉 이근 원통법이 최고의 깨달음에 이르는 방법이라고 관세음보살이 설하고 계신다.

금강경 사구게송

일체유위법 여몽환포영
여로역여전 응작여시관
一切有爲法, 如夢幻泡影
如露亦如電, 應作如是觀

모든 존재(몸 과 마음)는 꿈 아바타 물거품 그림자 이슬 번갯불로 관찰하라! 6가지로 관하는 공통점은 찰나생멸하는 것이다.

제법공상(諸法空相)!

과거 7불의 공통된 깨달음의 노래는 몸도 아바타, 마음도 아바타, 이 세상은 가상현실, 사바예토 세계는 천생만생 윤회하는 가상현실, 서방극락 정토세계는 해탈 열반하는 가상현실, 이와같이 관찰하면 윤회에서 벗어나고 해탈세계 성취한다.

관세음보살의 회향

이근원통을 관하여 깨달음을 성취한 관세음보살은 지혜제일 부처님 상수제자 사리불에게 반야심경에서 진여불성, 성품자리, 관찰자 자리, 비로자나 법신자리가 본래면목, 한물건으로 실체는 없지만 묘한 작용을 하는 진공묘유 중도법문으로 공의 이치를 설하셨다.

행심반야바라밀다시(行深般若波羅密多時) 조견오온개공(見五蘊皆空 도일체고액(度一切苦厄)
관세음보살이 깊은 반야바라밀다를 실천할 때, 존재의 실상인 몸과 마음이 다 공함을 비추어 보고 모든 괴로움에서 벗어났느니라.

부처님 일생의 가르침, 사성제 '제일의 성스러운 가르침'은 일체고에서 벗어나서 중생은 행복한 삶을 살고, 수행자는 해탈 열반을 얻어 상락아정의 기쁨을 얻으라는 것이다. 부처님은 인간과 신들의 스승이셨다.
성품자리를 보는 가장 쉽고도 쉬운 방법은 '시간이 불성'이란 것이다. 시간 공간 존재는 오직 하나일 뿐! 분별하면 안 되는 성품자리다. 바로 지금 여기에서 이것 뿐!
앉아 있을 땐 앉아 있을 뿐!
일할 땐 일할 뿐! 아플 땐 아플 뿐!
공부할 땐 공부할 뿐! 죽을 땐 죽을 뿐!

불성이란?

세존께서 열반경에서 설하신 일체중생은 모두 불성을 갖추고 있다는 말의 참뜻은 무엇입니까?
일체중생 실유불성 一切衆生 悉有佛性

그것은 이름 지을 수 없는 그 무엇이 분명하게 현전하고 있다는 것이다. 다시 말해서 온갖 존재가 불성이다.

선의 가르침은 본래 무수무증(無修無證)이다. 마조도일 선사 어록에서 보는 것처럼 '평상심(平常心)이 도(道)'다. 닦을 것도 없고 깨칠 것도 없다는 것이 기본적인 가르침이다. 그렇다고 또 닦지 않으면 범부 중생이다. 그러면 어떻게 하면 좋을까? 닦기는 닦아야 된다.

마음 닦는 비결, 수심결에서 지눌선사는 무수지수(無修之修), 닦음 없는 닦음이라 했다. 닦기는 닦지만 내가 닦으면 안 된다는 의미다. 아바타가 닦아야 한다. 내가 닦고 내가 깨치는 것이 아니다.

그럼 무엇을 깨쳐야 하는가? 아바타가 닦고 아바타가 스스로 몸과 마음이 아바타라는 것을 깨쳐야 한다는 의미다. 깨친 사람들은 자신이 아바타인 줄 아는 사람이다.

중생들은 자신이 아바타인 줄 모르고 있다. 머리로만 알고, 입만 살아서 알고 있다고 생각하는 것이다. 온몸으로 체득하지 못했기 때문이다.

일체 중생은 불성을 갖추고 있다. 이렇게 해석하지만 도겐 선사는 '일체는 중생이고, 실유는 불성이다. 즉 일체는 불성이다'라고 해석한다.

모든 사람들이 불성을 갖추고 있다. 이렇게 생각한다면 내 몸 안에, 내 마음 안 어디엔가 불성이 있겠구나! 생각하기 때문에 몸과 마음에서 찾고자 한다. 그러기에 내가 수행하면 이것이 발현된다. 또한 마음 속에 불성이 있다고 생각해도 마음은 몸보다 더 작고 불성은 마음보다 더 작게 된다. 하지만 불성은 이렇게 작고 옹졸한 것이 아니다.

거꾸로 생각해야 한다. 불성 안에 마음이 있고, 마음 안에 몸이 있다. 그래야 큰 마음으로 살 수 있다. 적어도 함께 인연 맺고 사회 생활하는 사람들을 다 품을 수 있을 정도의 마음은 돼야 좋은 인간관계 속에 살 수 있다.

참나, 본각, 우리 본래 성품인 불성은 우주를 품을 수 있는 무한의 마음이다. 바깥 경계가 없는 넓고도 넓은 우주의 마음이다.

불성이란 인간의 본래성품이다. 자각하고 알아차리는 것, 텅 비어 적멸하지만 신령스런 작용으로 모든 것을 알아차리는 성품이다. 진공 묘유 그 자리이다. 고요하면서도 항상 비추고(적이상조寂而常照) 비추면서도 항상 고요하다(조이상적照而常寂). 이것을 보조국사 지눌선사는 공적영지, 원효대사는 성자신해라고 하셨다. 주

자학에서 말하는 허령지각 허령불매(虛靈知覺 虛靈不昧)라고 하는 그 자리이다.

마곡 보철선사의 바람의 성품, 진공묘유 법문을 들어 보자.
선사가 어느 날 부채질하고 있는데 어떤 스님이 물었다.
"바람의 성품이 항상 있어서 두루 하지 않는 곳이 없거늘 선사는 어째서 부채를 흔드십니까?"
선사가 답하였다.
"그대는 바람의 성품이 있는 줄만 알았고 두루 하지 않은 곳이 없는 줄은 몰랐구나."
"무엇이 두루 하지 않은 곳이 없는 도리입니까?"
선사가 다시 부채를 살랑살랑 흔들었다.
이에 스님이 절을 하니, 선사가 말하였다.
"쓸모없는 중을 천 명을 붙여둔들 무슨 이익이 있으랴."
개암붕 선사가 송하였다.
시퍼런 칼날이 머리에 닿아도 피하긴 쉬우나
해당되는 근기가 따져 묻는 데는 대꾸하기 어렵다
보배 도장은 진공 묘유임을 알아야 하나니
손닿는 대로 들어 올리니 두루 하지 않은 곳이 없네.
 - '선문염송 염송설화' 제4권에서

항상 그런 것처럼 마음 공부는 몸으로 하는 것이고, 몸 공부는 마음으로 하는 것이다. 중생들은 마음 공부를 마음으로만 하려고 한다. 절대 못한다. 왜냐하면 몸과 마음은 둘이 아닌 하나이기 때문이다.

물론 심층마음에는 불성이 있기에 가능하다. 마음 공부하는 것은 마음이 없어지는 무심 공부이다. 마음이 없어지면 작용만 남는다. 이것이 진공묘유(眞空妙有)다. 텅 빈 공한 가운데 신령스런 작용이 있는 것이 우리 본마음 성품이다.

무명은 절대적 첫항인가?

우주 법계, 법, 세계(우리가 살고 있는 시방삼세 3차원의 세계)에 대해서 안다는 것은 어떤 객관적 지식이지 지혜는 아니다. 알음알이는 있어도 지혜가 없는 것을 무명(無明)이라 한다. 근본 무명을 탐진치 삼독 중 치(어리석음)에서 비롯된다고 본다.

명(明)이란? 인간은? 어디에서 와서 어디로 가는가?, 내가 죽으면 어떻게 될까?, 우주는 어떻게 해서 존재하게 되는 것일까?, 우주 너머의 세계는 없을까? 등등의 형이상학적 명제에 대한 통찰을 지혜라고 말 할 수 있다.

불교의 세계관 우주관 인생관은 모든 존재 사물은 '너와 내가 둘이 아니고 모든 것은 하나'라고 본다.(不二 無我)

모든 존재법칙을 관계성에 두고 '이것이 있음으로 저것이 있다'는 중중무진 연기법으로 설명한다. '나는 나다'라는 아상을 갖고 그 집착에 근거해서 행위를 하니까 업을 짓게 되고, 그 업에 따라 윤회를 하게 된다. 만일 인간의 무명이 절대적 첫 항이라면 인간은 본래 무명의 존재인가? 아니면 무명 또한 인연이 있어서 생겨난 것일까?

불교에서는 우주법계의 존재를 무시무종으로 보니 절대적 첫 항이 없다. 능엄경에 우주탄생을 자세히 설하고 있다. 홀연히 풍력에서 수력이 생기는 연기로 인한 지수화풍 4대 가함으로 허공이 생겨나고, 허공속에서 삼라만상 두두물물의 우주가 탄생한 것으로 설한다.

무명 또한 무엇인가를 인연으로 생겨난 것이다. 무명은 생로사를 인연해서 12연기의 순환 고리에서 생겨난 것이다. 무명이 있어서 윤회하는 삶이 있고 윤회하는 삶이 있기에 무명이 있는 일종의 순환 구조로 본다.

석가모니 부처님께서는 우주 창조자가 존재하지 않음을 깊게 통찰하고 무명은 절대적 출발이 아니라고 천명하고 무명을 끊는 방법을 설하셨다.

12연기의 순환 구조 중 그 순환의 고리를 끊을 수 있는 지점은 어디인가? 즉 환멸문의 출발점은 어디인가? 윤회를 벗어나는 두 가지의 길을 설하셨다.

무명, 행, 식, 명색, 육입, 촉, 수, 애, 취, 유, 생, 노사의 12연기의 순환구조. 무명으로 인해 행업이 있고, 그 업으로 인해 식이 윤회하고 그 식으로 인해 명색이 있고, 명색으로 인해 육입처가 있고, 촉 수 애 취 업으로 인해 유가 있고, 유로 인해 생이 있고, 생으로 인해 노사가 있는 돌고 도는 끝없는 순환구조다.

천생만생 돌고 도는 윤회의 순환과정에 우리가 흘린 눈물의 양은 갠지스강물의 백천억 배보다도 더 많다고 말씀하셨다.

잡아함경에서는 유업보 무작자(有業報而無作者), 업 행위(원인)로 인한 보(결과)는 있지만 업보를 짓는 사람은 없다고 설하셨다.

첫번째 길, 유전문에서 환멸문으로

알아차림(사띠)의 수행을 통해서 느낌(受)에서 애착(愛)으로의 이행 멈추기. 6근과 6경의 부딪침을 인연하여 촉이 일어나고, 촉의 인연으로 인해 느낌이 일어난다. 느낌의 3종류 고락사(苦樂捨)에 초연하는 수행자는 느낌에서 애착으로 이행하지 않을 수 있다고 설하셨다. (유명한 2번째 화살의 비유경에서 설하심)
　잡아함경 470경에는 신수(身受)와 심수(心受)를 구분하여 지혜로운 수행자는 신수의 한가지 느낌만 생기고 심수를 일으키지 않는다고 설하셨다.
　수행자는 탐진치 삼독 중 탐진의 단계를 끊을 수 있다고 말씀하셨다. 탐심과 진심에 자동적으로 이끌리지 않고 마음수행으로 극복 가능하다는 것이다.
　불교 수행에는 알아차림의 방법으로 사띠, 위빠사나, 사념처관법 등등 많은 수행 방법이 있다. 12연기에서는 애착부터 마음의 작용으로 보았다.

두 번째 길, 생멸문 너머 진여문으로

인간의 본래성품 자리(참나, 진여) 불성을 자각하고 깨우치면, 즉 삼독 중 치심(어리석음)을 깨우쳐 진여문으로 나아가면 무명에서 벗어나 명의 자리, 본향으로 돌아가게 된다고 설하셨다. 치심을 극복하고 12연기 순환구조 너머의 본래 마음 자리를 자각하면, 생멸문에서 진여문으로 곧바로 직행하여 명(明)의 지혜로운 아뇩다라삼먁삼보리의 무상정등각 자리가 훤하게 드러나 참나의 청정세계를 깨칠 수 있다.

시간 공간 인간 생각 감정 오감이 한 덩어리가 되어 '삼라만상 우주법계가 나'와 구분이 없는 범아일여 한 덩어리의 경지를 알게 된다. 삼세시방 존재하는 구류중생 모두가 나와 구분이 없는 한 덩어리임을 깨치게 된다. 시간 공간 인간 주객의 이원성 분별의 세계는 독자적 실체가 있는 것이 아니라 오직 참나의 작용이란 것을 깨우치게 된다.

생각 감정 오감이 작동하는 이원적 분별세계는 참나가 관리하고 경영하는 세계다. 부처님께서 설하신 진공묘유(眞空妙有)의 중도를 깨치게 된다.

부처님께서 설하신 12연기는 트릴레마 중의 하나가 아니라, 극복가능한 그 이상의 것을 말하고 있다. 업력으로 그림을 그려 나가는 유전문에서 업력으로 그림을 지워 나가는 환멸문의 길로 나아가면서 탐심 진심을 수행으로 극복하면 12연기를 단박에 끊어 낼 수 있다. (보조지눌의 解悟의 가르침)

그려지고 지워지는, 즉 인연 따라 생멸하는 연생연멸의 자리 너머에는 그림과 아무런 상관없는 빈 종이는 바탕에 항상 그대로 있기에 홀기일념, 홀연히, 단박에 볼 수 있는 것이다.(혜능선사의 頓悟의 가르침)

부처의 마음, 진여, 참나, 본래 성품, 법신, 불성의 자리는 수행을 통해서 비로소 만들어지는 것이 아니라 본래 그 자리 그대로 있기에 수행을 통해서 확인하는 것이다.

　우리가 캄캄한 곳에서 불을 켜거나, 글을 배워서 글을 읽게 되면 이전과는 전혀 다른 세계가 열리는 것을 보듯이 수행을 통해 연기의 순환고리를 탈출하면 새로운 세계가 열리는 오묘한 빛과 맛을 보게 된다.

일즉일체다즉일

일즉일체다즉일 一卽一切多卽一
일중일체다중일 一中一切多中一

하나 안에 일체 있고 일체 안에 하나 있어
하나가 곧 일체요 일체가 곧 하나 상즉상입이다
일즉다 다즉일 一卽多 多卽一

중생지견과 불지견

　중생의 분별심, 실체론적 사고로 볼 때 색과 공, 음과 양, 삶과 죽음, 즐거움과 고통, 생화와 조화, 밝음과 어둠, 빛과 어둠, 천사와 악마 등등 대대법으로 나누어진 이분법적 사고는 '하나가 있기에 다른 하나'가 존재한다. 하나만으로는 인식할 수 없다. 그러나, 불지견으로 볼 때는 삼라만상 두두물물이 중중 무진연기법의 관계로 존재한다. 연기하는 모든 우주법계는 상즉의 관계속에 있다. 저것에 의해 이것이 있고, 이것을 통해 저것이 있다. '이것'과 '이것 아닌 것'은 상즉의 관계다. 상생 공존한다고 볼 수 있다. 같은 세계를 중생, 부처의 인식체계 안목에 따라 다르게 본다는 뜻이다.

표층의식과 심층의식

현대심리학은 분별적 표층의식과 심층마음으로 구분해서 설명한다. 장자가 꿈에 나비가 되었던 호접몽 이야기로 설명하자면, 장자가 나비꿈을 꾸었는지, 나비가 장자꿈을 꾸었는지 혼동속에서, 표층의식으로는 장자이거나 나비이거나 둘 중에 하나로만 인식된다. 심층차원에서는 장자일 수도 있고, 나비일 수도 있는 가능성을 모두 포함하고 있다. 의식으로는 분별하지만, 실재의 세계는 모든 가능성을 다 포함하고 있다. 장자가 본 세계는 분별 이전의 공의 세계, 나비이기도 하고 장자 자신이기도 한 물화(物化)가 일어날 수 있는 자유자재한 세계였다. '있다', '없다'를 넘어선 공의 세계, 진공묘유의세계였다.

현대물리학 양자역학에서 빛이 입자 파동 모두를 다 갖추고 있는 것으로 설명하는 것과 같다. 입자는 관찰하면 보이는 현실 실체의 세계(현상계)이고 파동은 보이지 않는 공의 세계(절대계)다. 빛은 입자인 동시에 파동이다. 같이 존재 공존한다는 것이다. 입자의 세계는 여기 있거나 저기 있거나 둘 중 하나로만 있어야 한다. 파동의 세계는 여기도 있고 저기에도 있다. 입자와 파동이 서로 반대되는 성질로만 존재하는 것으로 규정되던 것이 아닌 동시에 존재할 수 있는 것으로 증명되었다. 유명한 이중슬릿 실험으로 입증된 물리학 이론이다.

색즉시공 공즉시색 공空의 안목, 연기 무자성 공의 안목에서 사물을 보면 색이 공이요, 공이 색이다. 색이란 지수화풍 사대가 가합으로 존재하는 동시에 실체가 없는 공이다. 이것을 불지견으로 진공묘유라고 한다. 실체는 없고 작용만 있는 것. 실재의 세계는 사실상 공(空)의 세계이고 우리가 인식하는 현실세계는 가상세계다. 표층에서 보면 다른 것과 구분되는 개별자로 존재하지만, 심층에서 보면 다른 것을 포함한 전체로 존재한다. 표층에서는 다 구분되지만 심층에서는 불이(不二), 즉 일(一)이다. 색을 보면서 동시에 공하다는 것을 보는 안목이 부처님 중도 안목이다.

불이(不二)의 심층마음은 상즉상입이다

가) 실체의 세계, 색과 공은 별개의 실체로 본다.
나) 상즉의 세계, 색과 공은 서로 즉하고 있다. 그래서 색즉시공이다.
다) 상입의 세계, 색 안에 공이 포함된다. 연기법에 의한 중도 입장이다.

실체론적 사고는 음과 양은 별개의 것이다. 상즉의 사고로는 음이 없으면 양이 없고, 양이 없으면 음이 없다. 상입의 사고로는 음 안에 양이 들어있고, 양 안에 음이 들어있다.
상즉은 연기적 관계를 강조하고, 상입은 전체를 강조한다.

나의 몸 마음 (색수상행식)은 연기의 산물이다

색(色) 내가 사과를 먹고 나면 내 몸의 피와 살이 된다.
수(受) 상대방의 느낌에 공감하면 내 느낌이 된다.
상(想) 상대방의 생각에 공감하면 내 생각이 된다.
행(行) 상대방의 의지에 공감하면 내 의지가 된다.
식(識) 상대방의 인식에 공감하면 내 인식이 된다.

상대방의 수상행식과 나의 수상행식은 다르지만, 만약 수용한다면 나의 수상행식이 된다. 고정된 실체는 아무것도 없기에 '현재의 나' 안에는 '나 아닌 것'들이 들어와 있다. '개별적으로 나'가 존재한다는 것은 허상이다. 아트만은 없고 무아(無我)다.

금강경에서 모든 존재는 꿈, 아바타요, 물거품이요, 그림자며, 아침이슬이요, 번갯불 같은 존재로 이 세상 자체가 실체가 없는 가상현실이다.

현대과학 심리학으로 설명

체세포 복제기술로 신체 일부분 세포안에 신체 전체의 정보가 들어있기에 개, 돼지, 염소, 양 등등 복제가 완벽하게 가능하다. '일즉다 다즉일'의 예문으로 많이 설명하고 있다.

홀로그램 필름의 일부분으로 전체를 다 볼 수 있다. 각 부분이 전체를 반복하는 프랙텔 곡선을 보아도 알 수 있다.

칼 쿠스타프 융(현대분석심리학자)도 남성성 안에 여성성이 있는 남자를 '아니마'로, 여성성 안에 남성성이 있는 여자를 '아니무스'로 구분하였다.

결론

'일즉다 다즉일의 세계'는 분별적 의식차원이 아니라 '인 것'과 '아닌 것'을 다 포함하고 있는 중중무진연기의 화엄사상을 표현한 '사사무애'의 세계다. 전체는 하나와 중중무진(重重無盡)으로 연결된 세계라는 것을 의상조사께서 통찰하시고 지은 깨달음의 노래가 법성게다.

삼국유사를 편찬한 일연(一然, 1206~1289) 스님은 '솥의 국맛은 한 숟가락만으로도 충분히 알 수 있다'는 비유로, '법성게'가 화엄경의 전 세계를 다 보이고 있음을 극찬하고 있다.

3종 인과법에 대한 공부

불교는 인과와 깨달음이다. 인과는 신행이라 몸으로 행하는 것이다. 또 깨달음은 심원이라 마음으로 원하는 것이다. 그래서 몸으로는 인과를 행하고, 마음으로는 깨달음을 원하는 것이 불자다. 〈신행, 심원, 인과, 성불〉 이러한 마음공부를 하는 사람이 불자이다.

인과는 세 가지로 분류한다.
첫째는 육도선악인과(六道善惡因果). 육도는 중생 세계다. 예토란 더러운 땅이다. 여기는 선 인과가 있고, 악 인과가 있는데, 그것이 육도 세계라고 하며 괴로움의 세계라고 한다. 괴로움이 성스러운 진리이다. (사성제 중 제 1성제, 고성제)
둘째는 깨달음의 인과인데, 삼승단교인과(三乘單教因果), 삼승은 보살승, 연각승, 성문승이다. 깨달음을 위해서 정진하는 분들이 삼승이다. 삼승은 단교라고 해서 따로따로 닦는다는 의미다. 성문이 닦는 길이 따로 있고, 연각이 닦는 길이 따로 있고, 보살이 닦는 길이 따로 있다. 이것을 삼승단교인과라 한다.
셋째는 삼승이 더 깊어지면 일승이 되는데, 일승은 불승이라 그래서 부처님의 세계를 말한다. 삼승은 불제자, 일승은 부처님 세계.

그래서 일승인데, 일승은 원교라고 한다. 일승원교는 법계인과를 가르친다.

　깨달음으로 얻는 성불이란 무엇인가? 다겁성불을 가르친다. 중생 근기에 따라서 오랫동안 다겁(多劫)을 통해서 닦아야 성불한다. 또 구경성불(究竟成佛), 불자는 끝에 가면 다 성불한다. 또 찰나성불을 가르친다. 찰나에 성불한다.
　화엄경에서는 구래성불(舊來成佛), 옛날부터 이미 성불했다고 한다. 구래는 본래라고도 한다. 본래 성불했다. 원래라는 말도 쓴다. 원래 성불했다. 그래서 구래성불, 원래성불, 본래성불 이렇게 가르치는 게 일승원교인데, 일승원교는 법계인과(法界因果)라 그렇다.

　요약하면 신행, 신원, 인과, 깨달음, 네 가지가 핵심 요체라고 볼 수 있다. 인과법은 3가지로 나누어 구분해서 봐야 한다.

　첫째, 육도 선악 인과법
　둘째, 삼승 단교 인과법
　셋째, 제불 일승 원교법

　육도 선악 인과법은 사바예토 세계에서 선업을 닦아야 선한 과업을 받는다. 악업을 행하면 반드시 과보를 받는다. 인과는 한치의 오차도 없다, 다만 시차만 있을 뿐이다.
　삼승 단교인과법은 성문 연각 보살 삼승들이 닦는 인과법이 각각 다르다. 그래서 닦는 길이 따로 있다. 지금 닦아서 나중에 이룬다. 하나하나 가르치는 것이 단교 인과다. 대수행인들(불제자)은 인과에 매이지 않는다.

불승 일승원교법은 부처님 세계의 인과법을 말하며, 법계 인과를 말한다. 사사무애법계의 도리를 깨치면 원래부터 깨달았다는 것을 알게 되며, 인과초월법을 말한다.

성불하는 3가지가 있다.

첫째, 근기에 따라 다겁에 걸쳐 성불하는 경우 '다겁성불'이라 한다.
둘째, 발심이 충만하여 초발심시변정각으로 화엄 52계위를 밟아서 점차적으로 끝에 가면 다 성불한다는 '구경성불'이라 한다.
셋째, 최상근기 수행자는 언하대오, 단박에, 홀연히 한소식한다는 '찰나성불'이 있다. 사사무애법계의 이치를 깨닫는 것이 가장 어렵지만 부처님 경지에 오른 많은 성인들이 출현한 역사가 증명하고 있다.

오직 일진법계화된 경지에 이르러야 알 수 있다는 일승원교인과법은 많이 어렵다고 탄허스님께서 설하셨다, 이 경지에 이르러야 진정 깨친 것으로 보며, 도무지 알 수 없는 세계를 말한다. 이런 경지를 사사무애법계라 칭한다.

앞집 말에 병이 들어서
옆집 개에게 침을 놓았더니
뒷집 소가 나왔다.
 - 경허선사 법문 중에서

part3
선사들의 가르침

도인들의 삶이란?
수심결을 읽고

색깔을 보고 들을 때도 단지 이러할 뿐이다.
옷을 입고 밥을 먹을 때도 단지 이러할 뿐이다.
똥을 누고 오줌을 눌 때도 단지 이러할 뿐이다.
사람을 상대하고 대화를 나눌 때도 단지 이러할 뿐이며
걷고 서고 앉고 누울 때나 혹은 말하고 침묵할 때나
혹은 기뻐하고 성낼 때나 언제 어디서나 항상 이러할 뿐
마침 빈 배가 파도를 타고서 올라갔다 내려갔다 하듯이
흐르는 물이 산을 휘돌 때
굽이쳐 흐르기도 하고 곧장 흐르기도 하듯이
마음 마음에 이리저리 따지는 알음알이가 없다.
그리하여 오늘도 아주 자유로워서
온갖 인연에 무심히 따르되 어떠한 대상 경계에도
막힘이 없어서 좋은 것이건 나쁜 것이건
버리려고 하지도 않고 받으려고 하지도 않는다.
또한 질박하고 정직하여 어떠한 거짓도 없으며
보고 들음에 마음이 항상 그러할 뿐이다.

따라서 단 하나의 티끌경계도 마음에
집착을 가져다주는 대상이 되지 않으니
어찌 털어 없애는 수고로움이 필요하겠으며
단 하나의 생각도 헛된 알음알이를 일으키지 않으니
마음에 경계가 반연되는 것을 잊으려는 노력도 필요없다.
 - '수심결' 중에서

마치 텅 빈 배와 같은 삶을 살아간다. 파도에 유유자적, 자유자재하며 안분지족(安分知足)의 극치를 누리는 삶을 산다.

깨달은 도인들의 성품

서산대사는 깨달은 도인들을 천진한 어린아이 같은 성품에 비유했다. 천진난만한 아이들은 몸이 아파도 그저 아플 뿐 아무런 걱정이나 근심을 하지 않는다. 마음속 깊숙이 있는 참나의 성품에서 나온 오감이 작동한 것일 뿐, 분별하는 육식(6식), 자기중심적 칠식 말라식(7식)을 작동하지 않는다.

사람 몸 받기 힘들다

보조 지눌선사는 사람 몸 받은 이런 좋은 행운은 100년에 한 번씩 바다 위로 머리를 내미는 눈먼 거북이가 마침 바다 위를 떠다니는 구멍 뚫린 널판지에 정확히 머리를 내밀 만한 기적이며, 그 높다는 수미산 꼭대기에서 떨어뜨린 바늘 한 개가 구르고 굴러서 산 밑에 놓여 있던 겨자씨 한 알에 꽂힐 만큼 기적적인 일이라고 하셨다. 백천만겁난조우(百千萬劫難遭遇) 인생난득(人生難得) 불법난봉(佛法難逢)이다.

본각 공적영지의 마음을 알기 힘든 이유

우리 안에 원래부터 있는 본각 청정한 영롱한 빛을 발하는 만고휘유 신광불매의 공적 영지는 분명히 한 물건으로 우리 마음에 있지만, 볼 수 없는 이유는 중생이 분별하는 마음으로 대상화하여 보려고 하기에 때문이다. 참나는 우주의 마음이기에 바깥 경계가 없어 볼 수가 없다. 화가가 그리는 그림 밑에 분명히 존재하는 텅 빈 상태의 종이와 같다. 그림에 집착하는 중생심의 마음으로는 하얀 종이 자체를 볼 수가 없다. 부처님께서는 본각의 마음을 능엄경 연야달다 비유품에서 자세히 설하고 계신다.

거울에 비친 본래 얼굴이 거울이 없어지니까 갑자기 눈 귀 코 얼굴이 없어진 도깨비로 착각하고 미쳐버린 어리석은 연야달다에 비유하고 있다. 연야달다의 광기에도, 또 광기로부터 벗어남에도 특별한 이유는 없다. 얼굴은 항상 거기 그대로 있고, 잠시도 없었던 적이 없었기 때문이다.

우리의 참나 법신 불성자리는 바깥 경계가 없는 마음이기에 볼 수가 없다. 바깥이 없는 무외(無外)의 마음, 무한(無恨)의 마음이다.

빛을 알려면 어둠이 있어야 하는 이원성 분별적 사유를 넘어서 존재하는 마음이다. 따라서 본각의 마음 공적 영지가 있다는 것을 알아차리기는 쉽지 않다

지눌선사 수심결의 자상한 가르침 돈오 점수의 비결

가) 단박에 깨닫고 점진적으로 닦아가라. 돈오는 공적영지 참나를 알아차리는 것이고. 점수는 6근을 참나에 맞추는 삶이다
나) 밖에서 구하지 말고 내 마음에서 구하라.
다) '오직 모를 뿐!', '몰라'라고 선언하고 공적영지를 알아차려라.
라) 돈오(解悟) 후에야 참다운 수행이 시작된다.
마) 지금 이생에 공부 마쳐라.
바) 부처님 가르침에 대한 믿음(滿信)이 발심한 시점에 이미 돈오를 성취했다고 본다. 해오(解悟)라고 한다. 초발심 변정각이라 1주 보살의 성품을 구족한다고 보았다.
사) 오온에 갇힌 반연하는 범부의 마음이 아닌, 오온 6근의 장벽을 넘어선 열린 마음이 곧 진여심이라는 대승의 무애한 마음을 가질 것.
아) 6근을 불성의 명령에 맞추어 살며, 뼛속 깊이 습관화하는 것이 점수의 핵심이다.

지눌선사의 당부의 법문

공적영지라는 형체도 없고 모양도 없지만, 분명히 소소영영한 한 물건 불성, 참나, 법신, 본래 부처가 없다고 하면, 본래 부처임을 모른다면 왜 그토록 부처가 되려 할까? 모든 중생은 이미 부처이고 그 사실을 본각, 공적영지라고 알고는 있다. 마음 밖에서 구하는 어리석은 중생은 우리 안에 있는 보물을 보지 못하고, 빈손으로 허탕치고 돌아가 천생만생 육도를 윤회하며 삼계의 고통속에 살 것이다. 이미 보물이 있는 사바예토에 왔으니 빈손으로 돌아가는 일이 없도록 해야 한다. 한번 사람의 몸을 잃어버리면 백천만겁에 다시 오기 어려우니 제발 부탁하건데 조심할지어다. 지혜로운 사람이라면 어찌 보물이 있는 곳을 알고도 그것을 찾지 않으면서, 외롭고 가난함을 두고두고 원망할 수 있겠는가?

만약 보물을 얻고 싶다면 이 가죽 주머니 오온 육신이 허망함을 알고 놓아 버려라. 길어야 100년도 못 버티는 육신의 안락과 쾌락 때문에 한번 되찾기만 하면 두고두고 억만겁을 부유하고 풍요롭게 할 보물, 참나 알아차리기를 절대 포기하지 말라는 당부의 말씀을 하셨다.

결론

일체유심조, 유식무경, 만법유식, Only Mind(마음)의 조작이다. Original Mind(본각)의 마음, 참나가 온 우주를 관리 경영함은 우주법계 일체만법 삼라만상 두두물물의 모든 현상계는 6근의 작용에 의해 움직이고 있고, 모든 것은 절대계의 참나(공적영지)가 조작하는 가상현실임을 이번 수심결 공부하면서 알아차렸다. 절대계의 8식, 참나, 공적영지가 현상계의 5식, 6식, 7식(생각 감정 오감)을 관리하고 경영하기에 우주법계가 질서 정연하게 수화미제로 끝없이 돌고도는 성주괴공의 원칙을 지켜 나간다는 것을 알 수 있었다.

 절대계, 현상계는 상즉상입으로 연결된 중중무진, 사사무애의 관계다. 따라서 중생 본래의 마음인 중생심이 곧 진여, 참나임을 알아차려야 한다. 절대계의 참나, 공적영지를 알아차림, 돈오각성을 하면 자연스럽게 육바라밀, 삼학, 팔정도의 실천을 통해 자타 분별심에서 100% 이타적 인류애적 마음으로 부처님의 지혜, 자비의 실천으로 선업을 닦을 수밖에 없다는 큰 가르침을 깨우쳤다.
 돈오 후 점수 과정을 통해 큰마음의 보살도, 열반 해탈이 가능하다는 돈오점수 법문을 새기고 새겨서 육도윤회는 이번 생에 끝내야 한다는 결론이다.

혜능 선사의 도에 대한 가르침

스스로 만약 도(道)에 대한 발심이 없다면 어둠 속을 헤맬 뿐 도를 보지 못한다.
만약 참으로 도를 닦는 사람이라면 세상의 허물을 보지 말라!
남의 잘못을 본다는 것은 도리어 자기에게 잘못이 있다는 증거일 뿐이다.
남은 잘못하고 나는 잘못한 게 없다고 한다면 그것이 바로 나의 허물이다.
다만 스스로 잘못된 마음을 물리치면 번뇌는 제거되어 없어질 것이다
 - '육조단경' 중에서

허물은 항상 자신에게 있는 것이지 세간에 있는 게 아니다. 회광반조해서 자신의 마음을 돌이켜 보라는 경책의 말씀이다. 마음 공부하는 사람은 남 탓하기보다는 자기 탓으로 돌린다. 간절한 발심자는 선악, 옳고 그름을 분별하는 마음을 떠난 사람, 무사인(無事人)으로 구할 것도, 이룰 것도, 집착할 것도 없는 깨달은 자이다.
싫어하고 좋아하는 것에 관심이 없다면 두 다리 뻗고 편히 누울

수 있다. 인류 역사를 보면 문득 자기가 무엇인지(이뭣고?) 한소식 한 사람들이 무수히 많다. 자기 성품을 확신한 사람들이다.

  그저 인연 따라 평범하게 살아가는 생활 도인들, 다가오고 가는 인연을 다만 볼 뿐, 거기에 보는 자는 없다. 관찰자를 관찰할 뿐이다.

  세상을 그렇게 살아가는 생활 도인들이 참 많다. 이런 분들이 선지식이며, 인연에 순연하며 살아가는 생활 도인들이다.

  지리산에 들어온 지 5년 이 되었다. 이웃 주민들과 친하게 지내면서 일상사를 나누고 식사도 가끔 한다. 우리 앞집에는 공무원으로 은퇴 후 펜션을 운영하는 노부부가 사는데 결혼 생활 40년 동안 남편이 한 번도 화내는 것을 보지 못했단다.

  나의 선지식이다. 나보다는 2살 많은데 참 배울 게 많은 분이다. 나도 닮아 가는 마음 공부를 한다. 옆지기 왈, 당신도 닮아가는구려!

  무릇 마음 공부하는 사람은 탐진치 삼독 중 화를 다스리는 공부가 우선이 아닐까? 『육조단경과 마음 공부』라는 법상스님 법문을 듣고 아침에 많은 생각을 해봤다.

현장법사의 불법에 대한 구도심

　당 태종이 고구려 정복전쟁을 위해 계엄령을 선포한 시기에 현장법사는 지극한 불법에 대한 구도심으로 계엄령을 어기고 인도로 구법여행을 떠난다. 현장법사는 귀국 길에 실크로드 호탄에서 당 태종에게 편지를 보내 황명을 어기고 나간 반역죄를 용서해 달라고 빈다. 당 태종은 대중국의 세계 경영을 위해 오히려 그를 당나라의 가장 중요한 사람으로 단박에 인정하고는 "주작대로로 모셔라"면서 성군의 기질을 유감없이 발휘한다. 황제만이 다닐 수 있는 길을 내주면서 최고의 국빈 대접을 한다. 당 태종은 임종시 "내가 스님을 늦게 만나서 불법을 일으키지 못한 게 한이다"라고 했다. 이러한 유언 덕분에 고종, 측천무후, 현종까지 중국 불교는 최고 황금기를 누릴 수 있었다. 현장법사에서 혜능스님까지 중국 불교가 최대 황금기를 펼칠 수 있었던 이유다.
　영웅의 시대, 황금꽃이 피는 시대를 연 현장스님은 진정으로 중국 최고의 세계인이 분명하다.

　현장스님은 전문 산악인도 넘기 힘든 파미르고원을 누비옷을 입고 두 번이나 왔다갔다 하셨다. 천산남로로 갔다가 서역남로로 돌아오는 여정을 담은 사적인 기록은 『자은전』에 생생하게 전한다. 끝 간 데를 모르겠고 귀신의 울음소리만 들리는 타클라마칸 사막은 오아시스도 없는 지역이다. 『자은전』 기록을 보면 얼음 위에서 잠을 자는 목숨을 담보한 고도의 구도심을 보여준다.

현장스님은 형이 일찍 출가하셨기에 11살부터 절에 들락거리며 절 생활에 익숙했다. 출가한 형이 수행하고 있던 낙양 정토사에서 13세에 출가한다. 인물 좋고 머리 좋고, 특히 어학 능력이 월등했던 현장스님은 인물로는 부처님 비서실장 아난존자에 비교된다.

당 태종은 세계경영을 위해 16년간 현장스님이 보고 듣고 했던 서역지방 및 인도의 역사 문화, 그리고 불교에 대한 내용을 상세히 기록하게 한다. 110개국을 직접 방문하고, 전해 들은 28여 나라들을 기록한 12권 『대당서역기』라는 위대한 역사적 사료가 탄생하게 된 것이다.

1203년 인도에서 불교가 완전히 사라졌음에도 19세기 영국의 고교학자들이 부처님 유적지를 발견할 수 있었던 것은 모두 현장스님이 남긴 『대당서역기』, 그리고 스님의 일대기를 담은 사적 기록 『자은전』 덕분이었다.

인도로 구법여행 결심한 동기

현장스님은 총명함과 뛰어난 언어능력을 갖춰 13세에 출가하여 20대가 되었을 때 중국에서는 가르칠 만한 스승이 없었다. 그는 큰 발원을 세웠다.

첫째, 유가사지론(유식학)을 공부하겠다.

둘째, 천제 도수를 참배하겠다.
현장스님은 마침내 27세가 되는 당 태종 3년(629년)에 구법의 길에 오른다.

여행 준비 및 험난한 여정에 대한 두려움

촉나라 땅이며 사천짜장으로 유명한 사천에서 출발 준비를 한다. 사천지방은 좀 폐쇄적이며 중국에서 유행한 도교의 중심지이며 티벳으로 가는 험한 길인 차마고도로 가는 출발지로 잘 알려진 도시다. 주술성이 강하고 '시왕신앙'의 싹이 튼 지방이다. 기후가 온난하고 먹고 살기가 좋은 지방이었다.

한번도 안 가본 길로 출발하는 두려움이 있었기에 점을 보러 가서 용한 점쟁이를 만난 이야기를 『자은전』에 상세히 기록하고 있다. 점쟁이는 "붉은 비루먹은 말이 당신을 안전하게 모셔다 줄 것"이라 했다. 말을 구입하러 장터에 가보니 실제로 붉은 늙은 말이 있었서 구입했다. 참 불안했던 당시의 심정을 방증하는 이야기다.

부처님도 보리수 아래 깨달음을 이루기 전 수자타가 주는 우유죽을 먹은 밥그릇(바루)을 강물에 띄우며 "내가 깨달음이 멀지 않으면 이 바루가 강물을 거슬러 올라갈 것이다"라며 일종의 점괘를 보셨다. 죽느냐 사느냐, 한치 앞을 내다볼 수 없는 불안한 심정을 점괘로 달래보는 인간 본연의 속성은 현장스님이나, 인간 붓다나 다 똑같아 보인다.

당 태종이 고구려 정복전쟁으로 계엄령을 선포한 시기라 일반인은 성문 밖을 나갈 수 없었지만 불교 신자인 문지기를 만나서 운 좋게 옥문관을 빠져나올 수 있었다. 문지기는 "내가 안 본 것으로 하겠소"라며 슬쩍 눈을 감아준 것으로 기록되어 있다.

옥문관을 출발하면 실크로드가 시작되는데, 길 안내자로 '반타'라는 사람을 고용했는데 첫날밤 갑자기 강도로 변신해서 몽땅 다 털리고 목숨만 구했다는 이야기가 나온다.

부처님 가피력을 입다

용한 점쟁이가 일러준 붉은 비루먹은 말이 신묘한 작용을 일으켜서 오아시스 국가로 데려다 준다. 이 늙은 말은 실크로드를 15번이나 횡단했던 말이다. 가는 도중에 어떤 허름한 절에 들러서 병들어 노쇠한 스님을 지극히 간호하여 병을 낫게 했는데, 그 스님이 알려준 신비한 주문이 반야심경의 '마하반야바라밀'이었다. 인도에 도착하기 3년의 여행 중 죽을 뻔한 상황이 여러 번 있었지만 어려운 상황마다 스님이 가르쳐준 주문을 외우며 위기 상황을 벗어났다고 전한다. 현장스님의 지극한 간호 덕분에 기력을 회복한 노쇠한 스님이 관세음보살로 화현한 부처님이었다고 한다.

반야심경은 관세음보살이 부처님의 지혜제일 상수제자 사리자에게 설하는 경전인데, 관세음보살이 외우는 주문이 "마하반야바라밀"이라는 것을 아는 불자들은 거의 없는 것 같다.

반야심경의 유포

 현장스님은 죽음의 길이라는 파미르공원 서역지방 사막을 오고 가는 과정에서 어려움을 겪을 때마다 노스님이 가르쳐준 '마하반야바라밀'이라는 주문을 암송해서 죽음으로부터 여러 번 벗어났다고 굳게 믿었다. 당나라로 돌아온 뒤에 『반야심경』을 널리 유포한다.
 현재까지 가장 많이 독송하는 경전이 반야심경이고, 동아시아에서 티벳, 중국, 한국, 일본에 이르는 모든 불교국가에서 독송되는 이유가 현장스님 덕분이다.

고창국 국문태 왕의 지원

 가는 도중 서역 오아시스 국가에 있던 고창국(623~640년)의 왕을 만나 구법여행 길의 경비 전체를 지원 받는다. 불교국가였던 고창국 왕 국문태는 부처님에 대한 신심이 두터워, 현장스님에게 푹 빠져 의형제를 맺고, 고창국에 남아 같이 살기를 원했지만 현장스님의 구법에 대한 열정은 꺾지 못한다. 대신에 돌아올 때 "인도에서 배운 부처님 법을 나에게 꼭 가르쳐 달라"는 약조를 받고 인도로 가는 주변국 비자문제 경비 등등 일체를 100% 지원한다. 고창국왕 국문태의 전폭적인 지원으로 서역 지방 여러 나라를 편하게 여행할 수 있었다.

 현장스님이 법문을 하러 법상에 오르면 국문태는 왕의 신분임에도 허리를 구부린 자세를 취해서, 그 허리를 밟고 법상에 올랐다는 기록이 전한다.

스승 계현스님을 만나다

3년 만에 인도 나란다 대학에 도착한다. 3년의 여행 중 발흐(아프카니스탄 북부에 있는 오아시스 도시)에 있는 제이팔 탑을 보았다는 이야기가 상세히 기록되어 있다. 이런 기록 때문에 불교국가 미얀마에서 '부처님 머리카락 탑'이라며 동남아 최초로 불교가 전해진 나라라고 정통성을 주장하며 세운 쉐다곤 파고다탑은 거짓말로 확인되었다. '제이팔 탑'은 양곤에 세운 98미터 거대한 탑으로 부처님이 깨달음을 얻은 후 불교 역사상 최초의 신자가 되는 '제위와 파리'라는 상인들에게 부처님께서 머리카락을 뽑아 주었던 것을 기념하여 세운 탑인데, '제위와 파리'는 서쪽 이슬람과 무역을 하던 상인들이었기에 동쪽에 있는 미얀마는 위치상으로 맞지 않기 때문이다..

당 태종 3년 627년 옥문관을 출발한 현장스님은 3년 만인 630년 나란다 대학에 도착하여 스승 계현스님을 만난다. 3년 전인 계현스님 103살에 입적하려고 해인삼매에 들 때 문수보살께서 화현해서 "너 제자가 지금 중국을 출발했다"며 입적을 못하게 꾸중했다는 이야기가 전한다. 계현스님과 현장스님이 텔레파시가 서로 통했던 것이다.

불교사를 보면 이런 비슷한 이야기가 많이 나온다. 중국 화엄종 2

대 종조 지엄스님과 의상스님 이야기도 비슷하다. 고승들의 불성 종자는 확실히 일반인과 다른 무엇이 있다.

계현스님을 보좌하던 조카 각현(불타발타라)스님에게 전했던 이야기가 현실화되는 순간에 "3년 전 출발했던 분이 당신이오!"라고 묻는 이야기가 『자은전』에 기록으로 전한다.

스승 계현스님에게 '유가사지론'을 다 배우고 현장스님은 계속 공부를 더 하려고 했지만, "돌아가라. 배운 것을 중생에게 회향해라. 중생과 나눌 수 있는 공부가 진정한 공부이다. 가서 너의 나라를 도와라!"는 권유로 귀국길에 오른다. 스승 계현스님은 현장스님이 당나라로 귀국한 3년 후인 112살에 입적하셨다.

나란다 대학에서의 활약

나란다 대학의 명예총장에 해당되는 스승 계현스님에게 최고의 예우를 받으며 인도 불교의 대승, 소승, 교학, 힌두교, 자이나교 같은 다른 종교의 학문까지도 두루 섭렵했다. 나란다 대학을 대표한 논사로 힌두교 논사와의 논쟁에서 승리하고 '파악견론', 즉 나쁜 소견을 깨트리는 논서를 저술한다.

계일왕(하르샤왕)이 주최한 무차대회에 참석하여 일등을 한다. 18개국의 작은 나라왕과 6천여 명의 승려, 타 종교 성직자들이 참석했다. 5일 동안 벌어진 논쟁에서 모든 경쟁자를 다 물리치고, 그 이후 18일간 아무도 현장스님에게 도전하지 못했기에 전 인도 최고의 논사로 등극하여 이름을 떨쳤다.

천제 도수 참배와 기원정사 및 보타낙가산 방문

인도 구법 여행하고 싶었던 이유 중 하나인 천제(하늘계단)와 도수(깨달음의 나무)를 방문한다. 하늘계단이라 불리는 천제 유적지는 부처님께서 어머니 마야부인을 위해 법문을 설하시러 도리천에 올라가 33천에 불법을 펼치신 후 다시 세상에 내려오실 때, 제석천왕과 범천왕의 호위를 받으며 계단을 밟고 내려오셨다는 신비한 유적이다.

1. 샹카시아 하늘계단 유적

부처님은 어머니를 교화하기 위해 도리천 선법당으로 올라가신다. 마야부인은 일찍 죽어 아들을 한 번도 본 적이 없었다. 부처님은 어머니를 위해 3개월 간 설법을 하신 후 어머니 마야부인이 수다원과를 증득하는 것을 인가하셨다. 부처님께서 하늘로 올라간 그 자리에 세운 탑이 천불화현탑(千佛化現塔)이다. 3개월 뒤 부처님은 하늘에서 펼쳐진 보석계단으로 제석천왕과 범천왕의 호위를 받으며 걸어 내려오셨다고 한다.

천신들의 호의를 받으며 지상에 도착했을 때 처음 영접하신 분이 최초의 비구니인 아라한 연화색이었다고 전해진다. 부처님께서 지상으로 내려오시는 것을 사리불존자가 천안통으로 알고 영접하려 했지만, 부처님께서는 연화색 비구니에게 기회를 주셨다. 화엄경에 의하면 52계위 중 묘각단계를 최초로 증득한 비구니 아라한이다.

탄허스님께서 화엄경이 법화경보다는 남녀 평등사상에서 한수 위라고 법문하실 때 인용하는 이야기다. 법화경에서는 용녀가 남자로 변신하여 성불한다고 하지만, 화엄경에는 많은 비구니 스님들이 묘각단계를 성취했다고 설하고 있다. 남녀의 차별이 없는 최고의 경전이 화엄경이다.

법현스님은 15년 동안 30개국을 다니며 내용을 정리한 불국기 『고승법현전』에 7개의 계단은 파괴되고 7개가 남았다고 기록했다. 그뒤 현장스님 역시 계단이 있었다는 내용을 쓴다. 현장스님은 불경연구를 위해 인도에 가셨다가 인도에서 계현스님을 만나 부처님 성지 중 꼭 보고 싶었던 곳이 하늘의 계단 상카시아라고 말했다. 현장스님은 상카시아와 부다가야를 핵심 유적이라 생각했다. 사실은 천불화현탑이 훨씬 더 중요한 유적이다. 법현의 『불국기』는 당시의 장엄한 광경을 이렇게 묘사하고 있다.

> 부처님께서 도리천에서 동쪽을 향해 내려오셨다. 부처님은 신족통으로 3도(道)의 보계(寶階)를 만들어 가운데 칠보의 계단으로 내려오시고, 범천왕은 백은(白銀)의 계단을 만들어 우측에서 흰 불자(拂子)를 손에 쥐고 내려왔으며, 제석천은 자금(紫金·지금의 수정)의 계단을 만들어 좌측에서 칠보의 일산(日傘)을 들고 내려오는데, 모든 천신들은 무수히 부처님을 따랐다.

현장스님은 『대당서역기』에서 '성의 동쪽 20여 리 되는 곳에 대가람이 있다. 규모가 광대한데, 조각은 정수를 다했고, 부처님의 존상은 장엄하기 이를 데 없다'고 상카시아를 설명하고 있다.

2. 부다가야 보리수사원 참배

보리수는 진리의 나무라는 뜻으로 도수라 표현했다. 현장스님 방문 당시 관세음보살이 남북으로 모셔져 있었던 탑원인데, 탑하고 사원이 결합되어 있는 탑절 형태로 있었다고 한다.

"남쪽 관세음보살은 가슴까지 흙으로 덮여 있었기에 완전히 덮이면 곧 불교가 사라진다"고 기록되어 있다. 전해지는 말에 의하면 관세음보살이 완전히 묻히면 불교가 완전히 사라진다는 전설이 그 당시에도 널리 퍼져 있었던 것을 알 수 있다. 전설이 현실화되듯 1203년에 인도에서 불교가 완전히 사라졌다.

3. 기원정사 방문

현장스님은 기원정사를 방문할 당시 다 망가져 있었다고 기록하고 있다. 기원정사가 어떤 절인가? 부처님 당시 가장 오래 머무시면서 설법하셨던 최초의 사원 아니던가? 인도의 슈라바스티에 있었던 승원으로, 기수급고독원정사(祇樹給孤獨園精舍)의 약칭, 기타 태자의 원림에 수다타(Sudatta) 장자가 석가모니 부처님과 그 교단을 위해서 세운 사원, 수다타 장자는 수도에 가장 적합한 곳을 얻기 위해 재력을 과시하며 사원 내에 금을 깔았다고 한다. 마가다국에서 빈비사라의 보호를 받은 죽림정사와 함께 2대 정사로 알려지며 부처님의 설법도 대부분 이 정사에서 행하여졌는데, 인도 여행 중에 기원정사를 방문한 현장스님은 이미 황폐해진 당시의 모습을 전하고 있다.

4. 보타낙가산 방문

관세음보살을 모시는 관음신앙의 성지로 알려진 보타낙가산에 대한 기록은 현장스님이 유일하다. 『화엄경』 '입법계품'의 선재동자(남순동자)가 관세음보살을 만나 가르침을 얻은 장소이며, 이러한 모습을 불화로 그린 것이 수월관음도이다. 보타낙가산의 연못가 바위 위에 앉아서 선재동자의 방문을 받는 관세음보살의 모습을 묘사한 불화다. 고려불화 160여종 가운데 제일 많은 것이 수월관음도다.

5. 샹카시아 방문

당시에 아쇼카 대왕이 세운 석주를 보았는데 석주를 잘 닦으면 전생이 보인다는 이야기, 바이샬리에 아쇼카 대왕 석주를 보면 업이 비친다는 이야기, 바미얀석불 이야기 등등 현장스님이 기록한 『대당서역기』는 당시의 역사를 잘 알 수 있는 문화의 보고라 할 수 있다.

현장스님의 귀국

스승 계현스님의 권유로 인도에 온 목적을 모두 달성한 현장스님은 643년 아쇼카 대왕처럼 호불왕으로 잘 알려진 계일왕(하르샤왕)의 후원으로 657종의 경전을 520상자에 담고, 150과의 불사리와 인도의 중요 불상을 모사한 7구의 작게 제작한 불상을 모시고 당나라로 귀국한다. 645년 1월 7일 황궁 남쪽에 있는 황제의 전용 도로인 폭 147미터의 주작대로를 통해 당나라 수도인 장안으로 돌아온다. 당 태종 이세민은 고구려와의 전쟁으로 낙양에 머물고 있었기에 직접 갈 수 없어 낙양시장을 대신 보내 현장스님을 대대적으로 맞이했다. 황명을 어기고 떠나 잘못했다고 용서를 구한 죄인에게 최고의 국빈대우를 해 주었다. 세계 경영을 하려고 한 당 태종의 성군 기질을 확인하는 장면이다. 그만큼 자기 조절 능력이 있다는 것을 보여 주는 일화다. 명석한 판단을 한 것이다.

그는 현장법사를 세계 경영을 하는데 가장 중요한 사람으로 인정했다. 현장법사가 가져온 자료만 있으면 당나라를 세계 일등국가로 만들 수 있다고 판단한 것이다. 창업보다는 수성이 어렵다는 유명한 말도 당 태종 이세민이 한 말이다. 백성은 물과 같고 위정자들은 배와 같다는 등등 당 태종의 뛰어난 통치자의 면모를 볼 수 있다. 당시 현장스님의 귀국을 보려고 10만 명의 인파가 모였다고 전한다. 당시 수도 장안은 인구가 200만 명이 넘었고, 외국인만 5천 명이 살고 있었던 세계 최고의 국제도시였다.

현장스님이 629년부터 645년까지 만 16년에 걸쳐 1만6천 킬로미터를 이동하며 110개국을 방문하고 28개국에 대한 내용을 전해들은 역사와 문화, 불교에 대한 내용을 담은 『대당서역기』는 이렇게 탄생한 것이다.

살아서 신격화된 현장스님

당나라로 돌아온 현장스님은 황제의 자문역활을 하면서 당 태종과 고종의 전폭적인 후원하에 19년간 74종 1335권의 경전을 번역한다. 649년 당 태종 임종시 현장스님에게 한 유언은 당나라 초기 위축되어 있던 불교의 우환을 완전히 걷어 내고 불교가 황금꽃을 피우는 계기가 되었다. 제자 도선스님에 의해『속고승전』의 살아서 신격화되는 유일한 스님이다. 체력 좋고 인물 좋고 어학능력이 출중했던 현장스님의 탁월함과 신이함을 부각함으로써 불교의 우월성을 강조했다. 현장스님 이후 당나라에서 일어난 불교의 발전은 한 사람의 위대한 승려가 어떤 역사를 만들어 낼 수 있는가를 상기시켜 준다.

당 태종 이후 즉위한 고종은 어머니의 자애로운 은혜를 기리고자 '자은사'를 건립하는데 초대 주지를 맡은 현장스님은 53미터 대안탑을 건립하고 인도에서 모셔온 모든 경전을 봉안했다. 벽돌탑으로 건립된 대안탑은 현장스님이 직접 벽돌을 날랐다고 한다.
현장스님은 자은사에 주석하시며 미륵부처님을 신봉하였고 유식학을 기본으로 하는 종파의 종주가 되었는데, 자은종 유식종 법상종으로 불린다. 미륵부처님을 신봉하였기에 열반하실 때 미륵보살이 계시는 도솔촌에 왕생하기를 원하셨다고 한다. 율장 경장 논장에 통달하셨기에 삼장법사라 칭했다. 대자은사 삼장법사. 현장스님의 전기를『자은전』이라 부르는 이유다.

육조 혜능 선사의 무상송

설법은 통하는 마음으로 들어야 한다.

설법에 통하고 마음에 통하면
마치 해가 허공에 떠 있는 것과 같다.
오직 견성하는 법을 전하며
세간의 삿된 가르침을 부순다.

법에는 돈과 점이 없지만
어리석은 이가 깨닫는 데는 늦고 빠름이 있다.

다만 이 견성의 문을
어리석은 이는 알지 못한다.

말을 하면 수만 가지로 벌어지지만
이치에 계합하면 하나로 돌아간다.

번뇌의 어두운 집 속에서

항상 지혜의 태양을 밝혀야 한다.

삿된 것이 오면 번뇌가 오고
바른 것이 오면 번뇌는 사라진다.

삿된 것과 바른 것을 모두 쓰지 않으면
청정한 무여열반에 이르게 된다.

깨달음이 본래 자신의 본성인데
마음을 일으키면 곧바로 허망해진다.

청정한 본마음이 허망함 속에 있으니
바르기만 하면 세 가지 장애가 없다.

세상 사람이 바르게 도를 닦으면
일체가 다 텅 비어 방해될 것이 없다.

항상 자기의 허물을 돌아본다면
도와 서로 만나게 된다.

중생들 스스로에게 본래 도가 있으니
각자는 서로 방해하거나 괴롭히지 말라.

눈앞의 도를 떠나서 따로 도를 찾는다면
죽을 때까지 도를 만나지 못한다.

파도치듯 흔들리며 부질없이 한 생을 보내다가
생의 끝에 이르렀을 때 비로소 스스로 한탄한다.

참된 도를 보고자 하는가?
행함이 바르면 그것이 곧 도다.

스스로 만약 도에 대한 발심이 없다면
어둠 속을 헤맬 뿐 도를 보지 못한다.

만약 참으로 도를 닦는 사람이라면
세간의 허물을 보지 말라.

남의 잘못을 본다는 것은
도리어 자기에게 잘못이 있다는 증거일 뿐이다.

남은 잘못하고 나는 잘못한 것이 없다고 하면
남이 잘못되었다고 하는 그것이 바로 나의 허물이다.

다만 스스로의 잘못된 마음을 물리치면
번뇌는 제거되어 없어질 것이다.

싫어하고 좋아하는 것에 관심이 없으면
두 다리 뻗고 편히 누울 수 있다.

다른 사람을 교화하고자 한다면

자기에게 모름지기 방편이 있어야 한다.

그의 의심을 없애주게 되면
곧바로 스스로의 본성이 드러난다.

불법은 세간에 있으니
세간을 떠나지 않아야 깨달을 수 있다.

세간을 떠나서 깨달음을 찾는다면
마치 토끼의 뿔을 찾는 것과 같다.

정견을 이름하여 출세간이라 하고,
사견을 이름하여 세간이라 한다.

삿됨과 바름을 다 물리친다면
깨달음의 본성이 또렷이 드러난다.

이 게송은 곧 돈교(頓敎)이며
큰 진리의 배라고 부른다.

어리석게 들으면 몇 겁이 걸리겠지만
깨닫는다면 찰나 사이에 곧장 드러난다.

혜능 대사께서 다시 말씀하셨다.
"이제 대범사에서 이 돈교 법문을 설하였으니, 바라옵건대 법계의 중생들이 이 말끝에 견성성불하여지이다."

수행을 방해하는 세 가지 장애
첫째 : 번뇌장, 탐진치 삼독에 따른 집착 애착심.
둘째 : 업장, 과거에 지은 업
셋째 : 보장, 과거에 지은 업으로 받는 과보.

분별에 속으면 중생이지만, 분별에 따라가지 않으면 부처다.
법문은 깜깜하고 답답한 심정으로 그냥 들이면 된다
간절함에서 한소식한 도인들은 그냥 인연 따라 살아간다.
  - '육조단경과 마음공부'라는 법상스님의 법문을 듣고

2조 혜가에게 3조 승찬이 말하였다

"제자는 몸에 문둥병이 걸렸으니, 회상께서 참회해 주십시오."
"죄를 가져오너라! 참회해 주리라."
"죄를 찾아도 끝내 찾을 수 없습니다."
"그대의 죄는 다 참회되었으니, 불법승에 의지해 살라."
 3조 승찬이 물었다.
"제가 지금 회상을 뵈오니 이미 승(僧)인 줄은 알았으나 부처와 법은 무엇입니까?"
 2조 혜가가 답하였다.
"이 마음이 부처요(是心是佛) 이 마음이 법이라(是心是法)
 부처와 법도 둘이 아니니(佛法無二) 승보도 또한 그러하니라(僧寶赤然)"
  - '선문염송 염송설화 제3권' 중에서

3조 승찬이 송하였다.
 지극한 도는 어렵지 않으니(至道無難)
 오직 간택함을 꺼릴 뿐이다(唯嫌揀擇)
 다만 미워하고 사랑하지 않으면(但莫憎愛)

툭 트여 명백해 지리라(洞然明白)
 - '신신명' 중에서

 지극한 도(道)는 좋다 싫다 미워하고 사랑하는 남과 나를 구분하는 이원성 분별심만 버리면 성취할 수 있다는 아주 평범한 말씀이다. 그러나 누구나 알지만 실천은 어려운 것이다. 그래서 공부가 필요한 것이다.

무엇이 윤회하는가?

윤회한다는데, 도대체 무엇이 윤회하는가?
'무아'인데 어떻게 윤회하는가?
악업을 행했는데 '무아'라면 도대체 누가 악업의 과보를 받는가?

이렇게 질문하는 중생들이 너무나 많다.
무아의 개념을 잘못 해석한 전도몽상이다.

무아와 해탈

무아라는 것이 윤회를 벗어난 해탈로 무아는 윤회를 논할 것이 없다는 것이다. 해탈 열반의 경지에 든 수행자는 윤회하지 않는다. 틀린 전제, 모순된 전제하에 질문은 틀린 대답 모순된 대답만 나올 수밖에 없다. 논리의 오류, 함정에 빠질 수밖에 없다.

제법무아

부처님께서는 무아를 단정적으로 말씀하신 것이 아니라 제법무아를 설하셨다. 일체 모든 존재가 다 실체가 없는 공(空)한 것이라고 설하셨다. 부처님의 중도적 안목으로 윤회하면서 생겨난 '나'라는 사람은 같은 사람이라고 볼 수도 없고 그렇다고 아니라고 말할 수도 없다고 설하셨다. 똑같은 사람은 아니더라도 업의 정보(업력, 업장)는 같을 수 있다는 것이다. 연기하는 자아 '나는 나다'(제7식 말라식)는 이미 달라졌지만 업의 과보는 남아있기에 지금의 내가 받는다는 뜻이다.

"오온(몸, 마음, 명색)은 나라고 할 것이 없고 오온은 내 소유가 아니다"라고 설하셨다. 실체가 없는 지수화풍 4대 요소들이 일시적으로 가합한 오온 덩어리를 '우리가 나'라고 전도몽상하고 있는 것이다.

오온은 5가지 큰 괴로움 덩어리다. 예를 들면 이것저것 부품들이 모여져서 라디오 소리가 났다가 부품들이 흩어지면 소리가 안 나는 이치와 같다.

죽음의 평등성

중생은 몸(유근신)이 있어 현상계를 사는 동안 부귀영화와 수명장수를 누리더라도 죽음으로 소멸하게 된다. 이러한 사실은 아주 단순하고 명쾌하고 변할 수 없는 진리다. 설사 석가모니같이 부처를 이룬 사람도 윤회하는 몸은 사라진다.

죽음은 부귀빈천을 떠나, 행복한 사람, 불행한 사람 모두에게 평등한 것이란 점에서 한편으로 위로가 되기도 한다. 죽음이 있다는 사실 때문에 백천만겁난조우(百千萬劫難遭遇) 인생난득 불법난봉(人生難得 佛法難逢)이니 인간 몸 받아 태어났다는 사실은 행운이다. 부처님 가르침을 만나서 다시는 윤회의 굴레에서 벗어나는 길(道)을 알 수 있다는 것은 천재일우의 행운이자, 기회다. 마음공부를 할 수 있는 행운이다.

백년탐물 일조진(百年食物 一朝塵) 삼일수심 천년보(三日修心 千年寶), 백년에 걸쳐서 아끼고 아껴 모은 재물보다 마음공부 3일만이라도 하는 것이 훨씬 더 값지다는 말이다.

무엇이 윤회하는가?

우리가 무시 이래로 지은 업력이 윤회하면서 몸을 바꾼 것뿐이다. 전생의 나와 현생의 나는 같을 수가 없다. 우리 몸과 마음(오온)으로 이루어진 이번 생은 한 생이 끝나면 완벽히 사라진다. 업의 정보에 따라서 또 다른 몸과 마음을 만들어내는 윤회를 거듭하게 된다. 우리 몸을 구성하고 있는 약 60조~100조의 세포들도 끊임없이 생멸을 거듭한다. 보통 3년~7년 주기로 생멸을 거듭한다고 알려져 있다. 7년 전의 나와 지금의 나는 분명히 다르다. 우리의 전도된 기억으로 같다는 망념을 일으킬 뿐이다.

요가 수행자들의 각찰 통찰

4~5세기 경에 요가 수행자들이 마음의 수행을 통해 우리가 마음이라고 여겼던 표층의식 아래에 심층마음이 있다는 것을 알아차리고 그 통찰을 이론화 시킨 것이 유식사상이다. 즉 화가가 그리는 그림 밑에 빈 종이가 있음을 알아차렸다. 세상 만법은 심층 마음 위에 각 중생들이 무시억겁을 윤회하면서 지은 업력에 따라 형성된 가상현실임을 알아차렸다.

우리가 경험하는 세계는 마음이 만든 가상현실이고 가상세계다. 유식무경, 마음밖에 따로 있는 세계는 없음을 알아차리고 모든 현상은 오직 마음이 조작함을 알아차렸다. 일체유심조, 만법유식 유식무경, 같은 의미다. 유식(唯識), 오직 마음뿐이다. 즉 일체유심조의 심층에 있는 마음, 제8식 아뢰야식이 표층의식에 의해 가려져 있음을 알아차렸는데, 아뢰야식은 각성의 식으로 인간의 본래 마음이다. 또한 종자식, 함장식으로 우리 중생이 세세생생 알고 모르고 지은 모든 경험이 종자(씨앗)의 형태로 우리 심층마음에 함장되어 시절인연이 도래하면 해탈할 때까지 끝없이 윤회함을 통찰한 것이다.

마음의 체계

우리 마음의 심층에는 절대계의 제8식 아뢰야식(참나, 불성)이 있고, 우리가 현상계에서 몸과 마음이 가아(假我)임에도 진짜라고 여기며 '나는 나다'라고 집착하는 자아의식, 제7식 말라식, 에고(Ego)

식이 있다. 안이비설신이 색성향미촉을 대상으로 갖게 되는 오감이라는 감각기관을 주관하는 전 5식이 있고, 감각기관을 통해서 들어온 내용을 정리해서 지각 판단 사유하는 인식활동을 일으키는 제6식 의식이 있다. 제6식 의식은 전5식뿐만 아니라 법경을 모두 인식한다. 제6식의 자기식, 제7식의 말라식, 에고(Ego)식(나는 나다)으로 구성되어 있다.

전5식, 제6식 의식, 제7식 말라식을 표층마음이라 칭하고, 표층의식 너머 그 아래에 있는 심층의식을 제8식 아뢰야식이라 칭한다. 가상세계를 만드는 식(識)이 중생의 심층마음 아뢰야식이다. 함장된 종자로부터 근과 경을 형성하는 식이다.

요약하면 감각기관을 주관하는 전5식. 대상의식인 제6식. 제6식의 자기식인 제7식 말라식, 모든 종자를 함장하는 제8식 아뢰야식, 함장식으로 구성되어 있다. 제8식 아뢰야식이 제7식 말라식, 제6식 의식, 전5식을 관리하고 경영한다고 보면 된다.

나무와 씨앗(종자)의 관계

나무에서 씨앗이 생겨나면, 씨앗은 나무가 가진 모든 정보를 가지고 있다. 씨앗 속의 정보가 시절인연을 만나 구체화되고 현실화되면 다시 나무가 된다.

중생들이 무시억겁 경험을 통해 얻은 정보가 업(카르마)이다. 중생들이 하는 모든 행위는 한치의 오차도 없이 업력으로 제8식 아뢰야식에 저장이 된다. 유루종자 무루종자를 포함해서 업이 가지는 힘을 업력이라고 한다.

현행식은 세계를 경험하는 식(마음)을 의미한다. 현행훈 종자는 기세간의 모든 경험, 현행식을 종자로 만드는 과정이다. 종자는 습기가 된 기운인데 현행훈 종자는 과보를 낳을 수 있는 힘, 이것을 업력이라고 하며, 훈은 훈습 된다는 것을 말한다.

종자생 종자는 심층마음(제8아뢰야식)에서 시절인연을 만나기까지 생멸을 거듭하여 변화하며 무르 익어가는 과정을 말한다. 생멸을 거듭하면서 현실화될 수 있는 종자로 성장해 가는 과정이다.

종자생 현행은 씨앗이 힘을 길러서 다시 나무가 되듯이 종자가 힘을 길러 다시 인연이 갖추어 지면(시절인연) 우주법계로 다시 드러나게 된다. 시절인연 따라 불꽃이 튀면 현생의 몸을 부여받고 마음을 만들어 낸다.

세상을 경험한 현행식은 종자훈 종자, 종자생 종자, 종자생 현행의 과정을 거치면서 우리의 본 마음, 참나를 알아차림으로 깨쳐 윤회의 굴레에서 벗어나 해탈하는 그 날까지 업력(업장, 카르마)이 윤회한다.

이것을 『잡아함경』에서 '업은 있는데 짓는 자는 없다'고 한다. 유업보 무작자(有業報而無作者)다.

점진적으로 닦음이란 무엇인가?

점진적으로 닦아감은 '돈오'를 하여 비록 본성이 부처와 다를 것이 없음을 깨달았으나, 시작없는 과거부터 익혀 온 습기를 단박에 제거할 수 없어서 깨달음에 의지해 닦으면서 점진적으로 변화하여 공부를 이르는 것이니, 성인의 태아를 잘 기르고 배양함이 오래된 뒤에야 진정한 성인(聖人)이 될 수 있는 것이다. 이를 '점수'라고 한다.

비유하자면 아기가 처음 태어났을 때 모든 감각기관을 이미 갖추고 있는 것이 어른과 다를 바가 없지만, 아직 그 힘이 충분하지 못하여 세월이 제법 지난 뒤에야 비로소 사람 구실을 하는 것과 같은 것이다.

 - '수심결' 중에서

숙세의 업력

세세생생 무시무종으로 윤회하면서 자신도 모르게 지어온 업력이 제8식 아뢰야식에 종자(씨앗)라는 습기로 함장되어 있기 때문이다. 습기라는 것은 습관화된 에너지를 말한다. 이것을 업력이라고 말하며, 현대 과학에서 DNA라고 한다. 이것이 시절인연을 만나 윤회를 하는 것이다.(종자생 현행, 종자의 현행화)

현행훈 종자로 제8식에 함장되어 있다가 종자생 종자를 거듭하면서 시절인연을 만나면 종자생 현행하는 것이 윤회의 과정이다. 씨앗 속의 정보가 구체화 돼서 나무로 드러나듯이 종자 속의 업력이 보를 낳은 결과 우리 중생이 태어나는 것이다. 이것을 윤회한다고 한다.

우리가 성내고, 기뻐하고, 보고, 듣고, 맛보고, 냄새 맡고, 만져 보고, 생각하고, 울고, 웃고, 따지는 모든 오감 감정 생각들이 잠재의식 속에 습기로 녹아 있기에 어떤 대상 경계를 접하면 거의 무의식적으로 발현되는 것이다. 이런 습기 중에는 좋은 것도 있고, 나쁜 것들도 있을 것이다. 나와 남에게 해로운 습관은 점진적으로 제거해 정화시키고, 나와 남 모두에게 이로운 습관들로 채우는 것이다. 탐진치를 제압하고, 보시 자비 지혜의 습관으로 채우는 것이다. 자리이타 정신은 나도 좋고 타인도 좋은 불교의 근본사상이라 할 수 있다.

돈후점

보조 지눌선사께서 강조하시는 '돈후점' 수행의 요체는 돈오를 통하여 텅 빈 적멸의 공간속에 신령스런 빛을 발하는 공적 영지의 참나, 무아, 불성을 한번이라도 알아차린 해오를 한 수행자들은 참나의 본성이 지혜 자비라는 것을 알기에 점진적 수행을 함에 악업을 지을 수가 없고, 참나의 본성에 뿌리를 둔 '삼학 육바라밀 팔정도의 실행'을 통한 선업 실천으로 부처님의 '대자비 대지혜'로 중생구제 본연의 보살도(대승수행자)를 행할 수 있음을 강조하셨다. 열반 해탈을 추구하는 소승 수행자와 대승 수행자를 이렇게 구분한다.

보조 지눌선사는 화엄경을 읽고 두 번째 깨달음을 얻으셨기에 화엄경 가르침을 인용하여, 초기 보살단계를 돈오한 것으로 보셨다. 이 자리가 돈오이긴 하나 아직 개념적 이해가 앞서는 단계이기에 대승기신론에서 말하는 구경각 단계를 증득한 것은 아니지만 참나, 무아 각성 단계를 증오(證悟)와 구분하여 해오라고 하신 것이다. 돈오(頓悟)의 첫 경험, 체험을 아주 귀중하게 보신 것이다.

화엄경 보살 증득 과정 52계위 중(십신 십주 십행 십회향 십지 등각 묘각) 믿음이 꽉 찬 만심의 단계를 지나 십주의 초발심 단계를 이미 정각을 이룬 것으로 보았기에 '초발심시변정각'이라며 수행자들에게 최고의 덕목을 일깨워주신 자상한 격려의 가르침으로 보인다.

돈오의 첫 체험, 즉 해오를 했으면 삼학, 육바라밀, 팔정도를 두루 닦아서 늘 깨어있는 마음에 안주할 수 있도록 꾸준히 닦아 나가야 한다는 것이 점수의 핵심이다. 비록 짧은 순간이라도 참나의 근본 정신인 선정 지혜를 체험했다면, 이 귀중한 체험을 잘 배양하여 단계적으로 심화시켜 결국 구경각에 이르면 된다는 것이다. 지눌선사의 대승적 열린 마음의 가르침이라고 하겠다.

점수 법문 요약(지눌선사)

　점수(漸修)의 연기문을 요약하면, 십신 단계 초심에서 먼저 깨달은 뒤에(解悟), 능히 지관(止觀)을 닦아서 몸과 마음의 번뇌가 다하여 십주 초에 이르게 된다. 선정의 힘이 이미 이루어지고 '이해의 장애'가 모두 없어짐에, 증오(證悟)를 얻은 경지에 들어가게 되니, 십주 십행 십회향 십지를 단계적으로 닦아서 등각(等覺) 묘각(妙覺)인 부처의 경지에 들게 된다.

결론

　참나는 스스로의 성품이 본래 신령스러움을 갖춘 성자신해(性自神解, 원효대사), 텅 빈 적멸 속에서 신령스런 빛을 내는 작용을 가진 오묘한 공적영지(空寂靈智, 지눌선사)라는 것임을 확고하게 깨닫게 되면, 혼침 산란의 업장을 극복하고 자비 지혜의 육바라밀이 자동으로 굴러가는 경지가 점수 후 구경각, 증오의 확고한 돈오의 자리다.

　6근을 부리는 자가 누구냐? 그 자리를 알아차리면 돈오. 돈오의 대상은 '공적영지, 성자신해, 참나'라는 한 물건, 그 시기를 알아차리는 것이다. 그 시기라는 자리는 언어도단(言語道斷) 심행처멸(心行處滅)의 자리이다.

　6근이 허망한 것임을 깨치기 위해 나옹선사께서는 6도적이라 말씀하셨다. 그러나 공적영지의 본성인 지혜, 자비에 바탕을 두고 6근을 부릴 때, 그때는 신통 묘용으로 작용한다.

돈오(頓悟) 후 점수(漸修)는 한마디로 깨달음에 기반하여, 의지하여 그 깨달음을 보호하고, 삼학 육바라밀 팔정도를 통해 유지된다. 신통 묘용은 우리가 물을 긷고 나무를 나르는 것이다. 인연 따라 불수자성 수연성하는 마음으로 살아가는 것이다.

단박에 깨닫는 것은 무엇인가?

 일반인이 미혹할 때는 '지수화풍(地水火風)'의 4대가 모인 것을 자신의 몸이라 여기고, 망령된 생각을 자신의 마음이라 여겨서 자신의 본성이 바로 참법신임을 모르고, 자신의 '신령스러운 알아차림'이 바로 '참부처'인 줄을 알지 못하여, 마음 바깥에서 부처를 찾아 이리저리 헤맨다.
 그러다가 문득 선지식의 가르침으로 올바른 길에 들어서서, '한 생각'이 일어남에 그 생각이 나온 자리로 '의식의 빛을 돌이켜 자신의 본성(공적영지)'을 똑똑히 보고서, 이 본성 자리는 원래부터 번뇌가 붙을 수 없는 자리이며, 이 번뇌가 없는 알아차림의 성품은 본래부터 자신에게 이미 넉넉히 갖추어져 있어서, 모든 부처님과 더불어 털끝만큼도 다르지 않았음을 알게 된다. 이를 '돈오(敦悟)'라고 한다.
 신심명에 '지도무난 유혐간택(至道無難 唯嫌揀擇)'이라고 3조 승찬대사가 노래했다. 지극한 도는 분별심만 방하착하면, 6근의 작용을 알아차리는 바로 그 자리다. 텅 빈 적멸 가운데 신령스런 알아차림이 참나, 본각, 불성, 법신, 원각 자리다. 그 자리는 영원하고 근심 걱정없이 편안하고 결핍감 없는 순수한 존재감으로 청정한 상락아정의 열반 자리로 나는(I am~) 나한테서 찾아야 한다.

보조국사 지눌선사께서는 회광반조(回光返照)하라고 하셨다. 나 100%인 자리, 나로 존재한다는 것을 알아차린 것이 견성이다.
대승 열반경에서는 '자신이 여래장 불성'이다. 중생은 이를 모르기에 부처가 되지 못한다. 홀연히, 단박에, 나를 알면 부처가 된다.

보는 성품은 늙지 않는다

부처님이 설하셨다.
"내가 지금 그대의 불생불멸한 성품을 보여 드리리다.
왕이시여! 왕의 나이 몇 살 때에 갠지스 강물을 보았습니까?"
왕이 말하였다.
"저의 나이 세 살 되던 해 어머니께서 잔수천신에게 참배하러 갈 때 그 강을 건넜습니다. 그때 곧 갠지스 강물임을 알았습니다."
부처님이 설하셨다.
"왕이시여! 왕의 말과 같이 스무살 때에는 열살 때보다 늙었고, 더 나아가서 예순이 되기까지 해마다 달마다 시간마다 생각마다 변천한다고 하였습니다. 그렇다면 왕께서 세살 때에 이 갠지스 강물을 보는 것과 나이 열세 살에 그 강물을 보는 것이 어떻습니까?"
왕이 말하였다.
"세 살 때와 완전히 같아서 다름이 없으며 지금 나이 예순두 살이 되었으나 보는 것은 전혀 다름이 없습니다."
부처님이 설하였다.

"왕께서는 지금 머리털이 희어지고 얼굴이 쭈그러짐을 안타까워하고 있습니다. 그 얼굴은 반드시 어렸을 적보다 늙어졌지만 왕이 지금 갠지스 강물을 보는 것과 지난 날 어렸을 때 갠지스 강물을 보는 견(見)에도 어리고 늙음이 있습니까?"
왕이 말하였다.
"그렇지 않습니다. 세존이시여."
부처님이 설하셨다.
"왕이시여! 그대의 얼굴은 비록 쭈그러졌으나 보는 성품은 일찍이 쭈그러진 적이 없습니다. 쭈그러진 것은 변하는 것이요, 쭈그러지지 않는 것은 변하는 것이 아닙니다. 변하는 것은 없어지겠지만, 변하지 않는 것은 원래 생멸이 없는 것입니다.
 - '수능엄경 견도분' 중에서

부처님 설법처럼 몸은 늙어도 유유히 흐르는 갠지스 강물을 보는 우리의 성품자리, 본각, 참나는 불생불멸 부증불감 부정불구(不生不滅 不垢不淨 不增不減)하다. 왕은 부처님 법문을 듣고 확연대오 했다.

서산대사께서는 머리털이 희어도 마음은 늙지 않는다(髮白非心白)는 옛 사람들의 한마디 말씀에 대낮의 닭 울음소리를 듣고 단박에 깨달으셨다. 2600년 전 왕이나 서산대사나 몸과 마음은 항상 변하(無常)지만 보는 자리 듣는 자리의 본래성품자리, 참나는 변하지 않는다는 이치다.

인도 우파니샤드 철학에서 말하는 아트만을 보는 자, 보는 성품, 보는 정기, 견정은 늙지 않는다는 말과 같다. 우리가 보고 듣고 냄새 맡고 맛보고 몸뚱이로 살아가고 생각하는 6근이라는 놈이 6경의 대상을 만나 생겨나는 18계(우주법계, 만법일체)는 사실은 아무런 실체가 없고 공하다는 것을 알아차리면 변하지 않는 영원한 성품자리를 알아차릴 수 있다. 우리가 6근 6경 6식의 조합으로 생겨나는 일체 만법 우주 법계는 우리의 마음이 조작해 내는 가상현실이고 가상세계다.(一切唯心造)

우리가 귀로 듣는 냉장고 윙윙하는 소리를 예로 들어 보자. 일에 집중할 때는 냉장고가 윙윙하는 소리도 모르고 집중하다가 그 소리가 그칠 때 비로소 냉장고 소리가 시끄러웠다는 사실을 안다. 비로소 윙윙하는 소리가 있었다는 사실을 안다. 그러면 그 소리가 그치기 전에도 사실은 그 소리를 듣고 있는 그 무엇이 있었다는 것이다. 냉장고 소리를 듣기는 듣는데 듣는다는 사실을 단지 모르고 있었을 뿐이다.

마찬가지로 항상 영원히 있는 불생불멸의 본각 성품자리도 있기는 있는데, 단지 본래성품 자리, 참나를 알아차리지 못하고 있다는 것뿐이다.

윙윙거리는 냉장고 소리와 같이, 앎이 있는데 그 앎이 있다는 것을 모르는 앎이 있다. 천 길 바다속은 알아도 한 길 사람속은 모른다는 그 마음이다. 성품에는 본래 아는 성품자리가 있다는 것이다. 이것을 마음의 자각지(子閣知), 자증지(自證知)라고 한다.

빛을 알려면 어둠이 있어야 하듯이 이원성 분별적 사유를 넘어서지 않으면 사실 그 자리 표층마음 너머 깊숙이 자리잡고 있는 심층

마음을 알아차리기가 힘들다. 심층마음(참나 본래성품)은 경계가 없는 마음이기에, 무한 무외의 마음이기에 이원적 분별적 마음과는 달리 비교할 대상이 없고, 시시각각 작용하고 있기에 알기가 힘들다. 본각으로 분명히 있는데 단지 모르고 있는 불각(不覺) 상태로 있다. 그러기에 마음공부, 수행이 필요한 것이다.

  알아차림의 그 자리를 단박에 알아차리는 최상근기 수행자는 세수하다 코 만지기보다 깨닫는 게 더 쉽다고 한다. 부처님께서 정업난면(定業難免), 정해진 업보는 피할 수 없다고 했다. 부처님 정법시대 수많은 수행자들이 부처님 게송만을 듣고 수다원 사다함 아나함 아라한 경지에 들어 안심을 얻었다고 한다. 하지만 세세생생 묵은 습기, 업력이 무거운 범부 중생은 쉽지 않다. 밤하늘 별따기보다 더 어렵게 다가온다.

  그렇다고 어려운 일도 아닌 것 같다. 주변을 보면 탐진치를 끊은 많은 생활도인들을 볼 수 있다. 묵묵히 부처님 가르침 삼학, 육바라밀, 팔정도를 실천하시는 보살들이다. 이분들의 삶을 가만히 관찰해보면 불수자성수연성(不守自性隨緣成)의 삶을 살고 있다. 인연이 오면 인연대로 자연스럽게 순응하는 삶이다.

견도 수도 견성

 우주 중생의 본래성품, 본각자리를 알아가는 여러 가지 길 중에서 옳은 길을 발견해서 열심히 걷다 보면 목적지에 도달할 수 있다. 요가 수행자들이 삼매에 들어 통찰, 각찰한 유식사상에 기반하여 8만 4천 방편 중 일상에서 늘상 꾸는 꿈을 비유로 들어본다.

무명으로 인한 윤회

 마치 꿈꾸는 마음이 꿈의 세계를 그려내는 데도 꿈속 의식은 그것이 꿈인 줄 모르고 꿈속의 나를 나로 알고 꿈의 세계를 객관적 실제 세계로 여기듯이 꿈속에 자신이 실제 나인 것으로 착각하는 이상, 꿈이 계속되듯이 본래 나의 성품이 늘 우리의 의식과 함께 활동함에도 알아차리지 못하는 무명이 지속되는 한 우리가 사는 삼라만상 우주(기세간)세계가 가상세계임을 모르고 헤매는 육도 윤회가 계속된다. 무명으로 인한 업력이 쌓여서 윤회하게 된다.
 잡아함경에 유업보 무작자(有業報無作者)라는 의미는 우리가 세세생생 알게 모르게 지은 업(카르마)에 의한 업력의 원인과 결과로 윤회하는 삶을 계속해서 살고 있다고 한다. 단순히 과거의 자신이 현재의 나로 환생했다는 뜻이 아니다. 내가 옮겨온 것이 아닌, 업력에 의해 재생했다는 의미가 정확하다.

이렇게 육도윤회하는 것이 우리 본래 마음의 심층에 종자로 저장되어 있던 종자가 시절인연을 만나 현상세계로 현행하여 나온 것이다. 업의 과보다. 씨앗이 시절인연을 만나서 꽃이 피고 열매를 맺는다는 뜻이다. 여기에 '나라는 자아'를 가진 존재는 없다는 뜻이다. 무아(無我)다.

무아의 깨달음 해탈

꿈속에 등장하는 내가 내가 아니라는 것을 깨닫는 것이 가상세계에서 깨어나는 것이다. '자타 분별, 주객 분별'이 없는 경지, 해탈하는 마음을 참나, 진여심이라고 한다.

제6식 의식, 제7식 말라식의 속성인 분별하는 마음을 제8식 아뢰야식의 심층마음 참나, 진여의 속성, 무분별지로 삼라만상 모든 세계를 바라보는 것을 대각, 큰 깨달음이라 한다. 무분별지의 마음이 공적영지(空寂靈智) 성자신해(性自神解) 허령불매(虛靈不昧) 허령지각(虛靈知覺)의 본래성품 자리다.

불교의 수행과정 신해행증

신(信)은 믿음의 뿌리를 닦는 것이다. 초발심시변정각이듯이 발심이 꽉 찬 만심(滿心)을 화엄경 계위로 일주보살단계를 이루었다고 한다. 부처님께서는 잡아함경 181 신력경(信力經)에서 "머리나 옷이 타는 것은 오히려 잠깐 잊을 수 있다 하더라도 무상함의 왕성한 불은 다 끊어야 하나니, 무상의 불을 끊기 위해서는 마땅히 믿음의 힘(信力)을 닦아야 하느리라" 하셨다. 그만큼 믿음의 힘을 강조하셨다.

해(解)는 믿음이 합리적으로 타당한가? 논리적으로 머리로 이해하는 단계다.

행(行)은 믿고 이해한 진리의 말씀, 본래 마음을 알고자 연습 수행하는 단계다.

증(證)은 본래 마음, 본각자리를 무명으로 인해 생긴 불각을 다시 시작하는 마음으로 증득하여 구경각에 이르면 원래 자리 본각으로 돌아온 것을 알아차리는 단계다.

대승기신론에서는 5단계의 수행단계를 제시하고 있다. 본각, 불각, 시각, 상사각, 수분각, 구경각의 단계를 거쳐 고향땅으로 돌아가는 것, 본래자리를 잊어버린 것이 불각이라 하고, 불각임을 알고 본래자리를 찾아 나서는 길을 시각이라 하고, 시각을 함에 따라 비슷한 길들이 나타나는 것을 유사한 길이라는 의미의 상사각, 길을 가다 보면 자기의 분수에 맞는 길을 가는 수분각, 계속 가다 보면 구경의 길에 이른다 하여 구경각에 도달해서 본래자리 본각에 드는 깨달음의 여정을 신해행증(信解行證)이라 한다.

중생심과 진여심 불이의 관계

　꿈꾸는 마음을 중생심이라 하며, 꿈에서 깨어난 마음을 진여심이라 한다. 꿈의 세계를 만들어 내면서도 스스로 그 마음을 알지 못하는 마음을 불각이라 하며, 스스로 그 사실을 아는 마음을 본각이라 한다. 불각은 생멸하는 마음이며, 본각은 불생불멸하는 마음이다.
　꿈꾸는 마음과 꿈 깨는 마음이 두 마음이 아니듯이, 불각은 본각을 전제로 하고, 무명은 명을 전제로 한다. 중생심이 곧 진여심이다. 일체가 변한다는 것을 알아차리기 위해서는 변하지 않는 한 지점이 있어야 하고, 일체가 상대적이라는 것을 말하기 위해서는 상대적이지 않은 절대의 한 지점이 있어야 한다. 불변의 지점은 변화 속에 있고, 절대의 기준은 상대속에 있다. 불생불멸의 진여심은 생멸하는 중생심 자체이다. 단지 모르고 있을 뿐이다. 결론적으로 중생심과 진여심은 둘이 아니다(불이不二의 관계다)

분별기 번뇌와 구생기 번뇌

　공의 깨달음을 아는 것을 세상에서 제일 가는 법(世制一法)이라고 한다. 그런데 우리 중생들이 수없이 반야심경 독송을 통해 알기는 알 것 같은데 실제로는 모른다는 것이다. 삼라만상 두두물물 우리 살고 있는 기세간과 우리 몸, 6가지 근으로 구성된 유근신인 몸 자체가 일체개공(一切皆空)이라는 사실을 좀처럼 알기가 쉽지 않다. 왜냐하면 공의 깨달음을 가로막는 아집과 법집이라는 자아의식, 에고(Ego)식이 있기 때문이다. 이러한 아집, 법집은 우리의 제6

의식 차원에서 잘못 사유하고 분별하여 생길 수도 있고, 의식적 분별작용을 거치지 않고 본능적으로 생길 수도 있다. 제6식인 의식 차원에서 일어나는 번뇌를 분별기 번뇌, 사려분별 이전에 습관과 본능에 따라 일어나는 번뇌를 타고난 번뇌라는 뜻의 구생기 번뇌라 한다.

견도 수도

  제6식인 의식 차원의 분별기 번뇌는 바른 견해를 통해 극복될 수 있는 과정이 견도다. 번뇌를 완전히 끊어 내는 것을 견도소단이라 한다. 제7식인 말라식 차원의 구생기 번뇌는 말라식의 본능, 변계소집성을 끊어내는 방법과 몸에 밴 습관까지도 닦아내는 수행을 통해 극복될 수 있는 과정을 수도라고 하며 수도소단이라고 한다. 유식론에서는 견도 수도를 포함하여 전체수행 과정을 크게 5단계로 나누는데 이를 유식 5위라고 한다. 지량위, 가행위, 통달위, 수습위, 구경위, 5단계를 말한다.
  자량위란 본격적으로 수행에 들어가기전에 심신을 닦는 것을 말한다. 육바라밀을 닦아 믿음에 대한 확신을 가지고, 십주 십행 십회향을 닦는 현인의 단계다.
  가행위란 점차적으로 수행을 한층 더 강화해 나가는 단계. 수행하다 보면 '아하! 이런 것이구나! 아, 이거다!' 하면서 우주만물 모두가 '지수화풍 4대 요소로, 가짜로, 일시적으로 결합된 것이구나!' 하는 공의 이치를 통찰하는 단계. 여기까지를 견도라 한다.
  제6식인 의식, 제7식인 말라식으로 인한 생각 감정 오감의 분별의식이 묘관찰지(妙觀察智) 평등성지(平等性智) 성소작지(成所作智) 대원경지(大圓鏡智)의 무분별지로 전식득지(轉識得智)되는 단계가 수습위 단계이며, 무상등정 보리를 얻어 붓다 불보살이 되는 것이 구경위 단계다. 수습위 구경위 단계를 수도라고 한다.

견성

물고기가 물을 알고자 밖으로 나가 보아도 결국 물고기가 알게 되는 것은 물이다. 물속에서 이미 내가 알고 있던 물 이상은 아니다. 본래 물속에서 살면서도 물 밖의 것을 한 번도 본 적이 없기에 물을 알 수가 없다. 다만 내가 물을 모른다고 생각했던 것은, 무명의 근본번뇌 때문임을 알게 된다. 처음부터 누가 가르친 바 없이도 이미 내가 물을 알고 있다는 자증지, 자각지가 물고기 본래성품 안에 있었던 것이다. 마치 부모님의 사랑은 부모님이 돌아가신 후에야 알게 되듯이.

우리 중생들 본래성품 자리, 본각은 본래 가지고 있던 본각을 확인하는 것이지 없던 본각을 어디서 따로 구하는 것이 아니다. 그러기에 대각을 노래한 모든 아라한 보살 조사들의 한결같이 춤추며 환희용약한 노래는 우리의 본 성품자리가 텅 빈 적멸 가운데 신령스런 빛을 발하고 있는 공적영지, 성자신해, 허령불매의 자리라는 것이다. 이것이 성품을 바로 본 견성의 자리다.

중생과 부처의 차이점은 부처는 자기가 부처라는 사실을 아는 것이고, 중생은 자기가 부처라는 사실을 모르고 있다는 것이다. 견성하여 궁극적인 것을 다 안다고 하여도, 본래 가지고 있던 그 이상은 아니다. 돌고 돌아와서 고향땅 밟은 자리는 본래 고향땅 그 자리라는 것 외에 다른 어떤 것도 없다. 자신의 본래성품 자리를 본 견성이다.

결론, 불교 공부하는 이유

캄캄한 곳(無明)에서 불을 켜면 밝아지듯이(明) 글을 배워서 글을 읽게 되면 이전과는 전혀 다른 세상이 열리듯이 수행을 통해서 마음의 평수, 마음의 그릇을 넓히고 크게 하면 새로운 세계가 열린다. 우주의 마음, 우주심이 열린다.

세상 제일의 가치, 공의 이치, 적멸 열반을 단순히 추구해 가는 것이기보다는 적멸 열반 공의 가치를 마음의 경지로 삼아 자신의 인품과 인격을 한 차원 높여 자신의 인품에서 향기가 넘쳐 흘러 만리까지 퍼져 나가는 원만하고 둥근 마음자리를 갖게 되면 남을 위해 사는 자리이타행이 곧 자신의 지고한 행복임을 알아차리는 것이 진정한 불교 공부다.

전식득지(轉識得智)

마음(Mind) 식의 3가지 성정

1. 성품(性品)

본질적 마음으로 본래성품은 불성 진여 본각 법신 참나 본래면목 여래장 진여묘성 등등 언어적 표현은 달라도 같은 뜻으로 본다. 일반적으로 마음(Mind)이라는 표현은 참나, 참마음(Origina lMind)과 구분하여 이해해야 한다. 대상의식 반연심을 보통 마음(Mind)이라고 한다.

2. 의타기성, 변계소집성, 원성실성 3가지 성정을 가짐

의타기성(依他起性)이란 우리 마음은 대상을 의지해서 연기적으로 생하고 멸한다는 것. 제6식인 의식, 대상의식, 반연심, 분별심의 성정이다. 의타기를 연기라고 한다.

변계소집성(遍計所執性)은 이것저것 두루 살펴 자신에 이익되는 것에 딱 집착한다는 것이며. 에고(Ego)식, 자아의식, 이기심, 내가 내다, 나 잘났다 등 생존본능식의 성정이다.

원성실성(圓成實性)은 우리 중생들 마음은 본래 두루 원만하고 둥근 우주심, 일심으로 하나의 마음이다. 일체 만물의 중중무진 연기성 내지 의타기성을 자각하여 일체를 각각의 개별적 실체로 입자화하는 변계소집성을 수행을 통해 극복하고 모두 하나로 공명하는 연기적 원성실성을 회복하는 것이 불교 수행의 목표 내지 지향점이다. 대상의식 분별심 반연심의 의타기에서 변계소집을 제거하면 남겨지는 식의 실상이 본래성품의 원성실한 성품자리다.

일체유심 만법유식 체계(표층의식과 심층의식) 마음의 전부

1. 전5식

전5식은 '색성향미촉' 5경에 대한 '안이비설신' 5근의 감각작용으로, 감각과 감각세계를 의미하며, 나와 세계가 관계를 맺는 기본 식의 감각이다. 감각세계는 일체가 파동으로 움직이면서 하나로 공명하는 세계다. 우주만물은 특정한 한 지점의 존재로 입자화되고 고정화되기 이전 에너지 파동으로 전체가 함께 공명하면서 출렁이고 있다고 본다. 그런데 중생들은 우주만물이 분리되지 않은 채 하나로 공명하는 파동적 존재라는 것으로 알아 중생이 감각으로 우주와 공명하고 소통한다는 것을 알아차리지 못한다. 중생의 전5식이 분별적 제6식에 의해 제한되고 통제받기에 알아차리지 못하고 그냥 살고 있을 뿐이다. 제6식에 의해 통제받기 이전에는 촉감, 육감, 텔레파시로 우주만물과 소통하는 방식, 이것이 공명의 방식이다. 마음 수행을 통해서 어떤 경지 이상이 되면 눈이 보기도 하지만 듣기도 한다는 뜻으로 이해하면 된다. 관세음보살이 세상의 소리를 듣는다고 할 때 문세음보살이라고 하지 않고 관세음보살이라 함은 세상 중생들의 소리를 단순히 듣는다는 의미를 넘어서 간절한 마음을 꿰뚫어 보고 있다는 의미다. 감각이라 함은 주와 객, 나와 너의 분별이 일어나기 이전의 상태다. 소통방식은 어떤 충격, 자극이 아니라 공명으로 소통한다.

2. 제6식인 의식

제6식인 의식은 '5경과 법'을 인식하는 대상의식. 반연심으로 세계와 공명하는 감각활동 넘어 주어진 감각자료들을 알아차리고 비교하며 생각하고 분별하는 사량분별식으로 의식과 사유의 세계를 말한다. 이러한 분별을 일으키는 근이 제6근인 '의근'이다. 사유능력을 가진 제6근이 사유대상인 5감과 법경으로 구성된 6경을 대상으로 일으키는 제6식인 의식. 사유세계를 말한다.

3. 제7식인 말라식

제7식인 말라식은 제6식인 의식의 근저에서 작동하는 '나는 나다', '나 잘났다' 하는 자아식, 에고식을 말한다. 일체 존재를 나와 나 아닌 것으로 분별하고자 자아를 우선 세우는 식을 말한다. 말라식에 의해 세워진 '나, 에고(Ego)'는 이 세계 속에서 나 아닌 것들과 부딪치며 그 부딪침 속에서 내가 나를 잃어버리지 않고 나를 유지하며 '내가 나다' 하며 살아가게 하는 생존본능의 식이다. 이런 개별 자아에 집착하는 자아식의 번뇌를 아견, 아상, 아만, 아집, 또는 유신견(몸과 마음이 있다)이라 한다. 무명이라는 근본 번뇌를 일으킨다. 제7식인 말라식의 아견은 무아를 모르고 아(我)를 세운 망견 망념이다. 의식의 주체라고 할 만한 자아가 없는데, 무아의 이치를 알지 못하고 스스로를 자아로 여겨서 '나는 나다!'라는 상(相)을 내는 것으로 아치 아견 아만 아애의 4가지 근본번뇌, 무명을 동반하는 망식으로 본다.

4. 제8식인 아뢰야식

제6의식 제7말라식은 우주 만물을 자기동일성을 가진 개별적 실체로 여기지만, 제8식인 아뢰야식은 그런 입자화 실체화가 일어나기 이전 우주 만물은 모두 하나로 공명하는 파동적 존재로 존재하는 심층마음을 말한다. 이러한 파동적 에너지는 주객, 자타, 이것저것, 분별 이전의 에너지로 순수의식이다. 주객 분별 이전의 우주 실상은 우리의 표층의식인 제6식, 제7말라식 차원에서는 밝힐 수 없다. 제6의식, 제7말라식보다 더 심층의 식을 제8아뢰야식이라 한다. 심층마음의 제8아뢰야식이 시절인연을 만나 현상계(유근신과 기세간)로 현현하여 나온 제7말라식 제6의식, 전5식을 관리하고 감독 경영한다고 이해하면 좋을 듯하다. 이러한 심층식, 심층마음의 활동으로 인해 우리는 망식(망분별과 망집) 한계 너머로 나아갈 수 있다. 중생들이 개체적 아집과 법집 너머로 나아가 우주의 실상을 자각할 수 있는 것은 우리가 이것저것을 분별만 하는 분별의 표층의식에만 갇힌 존재가 아니라 일체가 하나로 소통하는 심층 마음의 활동을 스스로 자각하여 알 수 있기 때문이다. 이것을 자각지,

자증지라고 한다. 찰나간((無等間緣)에 일어났다 즉시 사라지기에 인식할 수 없는 마음이다. 오직 통찰지(불보살 4대 지혜)로만 알 수 있는 심층 마음이다.

전식득지 알음알이(전5식 제6의식 제7말라식)를 지혜로 바꿈

1. 성소작지(成所作智)

성소작지는 내가 이루고자 하는 모든 소원을 다 이룰 수 있는 지혜. 부처의 경지가 되어야 가질 수 있는 전지전능한 지혜다. 능엄경에는 응소지량이라 한다. 인연있는 중생들 모두에게 응하는 불보살님들의 지혜. 본래성품자리는 파동으로 존재하는 에너지라 간절함이 있으면 텔레파시로 공명하며 소통한다. 안이비설신 다섯 감각기관을 평정하면 열리는 지혜로 견문각지를 자유자재로 하는 능력을 말한다. 간절한 기도 성취는 불보살님들의 가피력, 응소지량(應所知量) 때문이다. 인연있는 모든 중생들의 간절한 기도에 응하는 지혜다.

2. 묘관찰지(妙觀察智)

묘관찰지는 일지보살 단계에서 얻는 지혜다. 일체를 육바라밀 관점에서 꿰뚫어 보는 통찰지혜, 진리의 관점에서 선과악을 바르게 판단하는 지혜다. 어떤 계율에도 얽매이지 않고 자유자재하다. 오감과 의식을 평정하면 얻는 지혜로 사랑하고 미워하는 마음이 자연스럽게 옅어지고 자비와 지혜가 자연스럽게 점차 밝아지는 단계다.

3. 평등성지(平等性智)

평등성지는 '내가 내다', '나 잘났다'라는 에고(Ego)식이 사라지고 자타일여(自他一如), 범아일여(梵我一如)의 마음이 생기는 지혜로, 우주적 관점에서 모든 판단을 한다. '내가 내다'라는 아상 아집을 극복하고 아공법공(我空法空)을 이룬 경지를 말한다. '나 잘났다' 하는 마음이 사라지고 '나와 남'이 똑같은 불성, 여래장을 가진 존재임을 아는 7지, 8지 보살단계를 말한다.
  - '화엄경 십지보살론' 중에서

4. 대원경지(大圓鏡智)

대원경지에서는 제8아뢰야식에 저장된 염정화합식이 완전한 청정식으로 바뀐다. 유루종자의 번뇌가 완전히 사라지고 무루종자만 남게 되는 청정식이다. 대원경은 크고 원만한 둥근 거울이란 뜻으로, 큰 거울처럼 우주 만물을 있는 그대로 비추는 지혜를 뜻한다. 마치 거울에 때가 사라지면 광명이 스스로 드러나는 것처럼 제8아뢰야식에 오염된 씨앗(종자)으로 저장되어 있던 유루종자의 미세한 번뇌의 흐름을 모두 정화하여 완벽한 해탈의 경지에 드는 청정무구식이다. 전지전능한 불보살님들의 마음, 견성을 이루신 불보살님들은 온 우주만물을 자신과 둘로 보지 않으며, 온 우주 삼계의 일체중생들을 해탈시키기 위해서 언제 어느 곳에나 직접 찾아가시고 몸과 음성으로 나투사 기도에 응해주시는 불보살님이다. 응소지량력을 갖추신 대지혜를 뜻한다. 참나, 본각, 우리 본래 성품인 불성은 우주를 품을 수 있는 무한의 마음, 무외의 마음이다. 바깥 경계가 없는 넓은 우주의 마음이다.

불성이란 인간의 본래 성품이다. 자각하고 알아차리는 것. 텅 비어 적멸하지만 신령스런 작용으로 모든 것을 알아차리는 성품이다. 진공묘유 그 자리다. 고요하면서도 항상 비추고(적이상조寂而常照) 비추면서도 항상 고요하다(조이상적照而常寂).

이것을 보조국사 지눌선사는 공적영지, 원효대사는 성자신해라고 하셨다. 유교의 주자가 말하는 허령지각, 허령불매라고 하는 그 자리다.

결론

전식득지는 중생을 괴롭히는 제6식, 제7말라식을 수행을 통해 잘 살려서 중생을 구제하는 전지전능한 지혜의 마음으로 전환할 수 있다. 중생들도 쉼 없이 마음공부를 수행하면 여기까지 갈 수 있다는 목표를 제시해서 궁극적으로는 중생과 부처는 하나로 연결되어 있다는 일체중생 실유불성의 가르침, 모든 생명 가진 중생은 모두 부처가 될 수 있다는 일불승 사상, 생명존중 사상으로 법화경과 열반경의 핵심 사상이라고 할 수 있다.

깨달은 자의 안목

만 길 봉우리에 외발로 서니
사방팔방이 아득히 깜깜하구나.
흰 구름 담담히 떠가고
물은 푸른 바다로 흐른다
만법은 본래 한가하건만
인간이 스스로 시끄럽구나.

벽암록을 편집한 원오극근선사(1063~1125년)의 '유마의 침묵'을 노래한 게송이다. 안목이 없는 사람은 이 세상 그대로가 진리인 유마의 침묵을 보지 못한다.
　일수사견(一水四見)이란 말이 있다.

1. 초기 불교에서 색즉시공(色即是空)의 안목으로 보면 산도 없고 물도 없다.
2. 대승 불교에서 공즉시색(空即是色)의 안목으로 보면 산이 물이고 물이 산이다.
3, 선불교에서 색즉시색(色即是色)의 안목으로 보면 산은 산

이요 물은 물이다.

4. 정토 불교에서 진공묘유(眞空妙有)의 안목으로 보면 산도 있고 물도 있다.

초기 불교의 참나는 무아(non atman)로 고정된 실체로서의 나는 없지만 변화하는 나는 있다는 가르침에서 대승불교의 대아(大我), 선불교의 시아(是我), 정토불교의 초아(超我)개념으로 발전해 간다. 아는 만큼 보인다는 안목은 마음의 평수, 시야의 창 넓히기 등등 여러 언어적 표현으로 사용되지만 같은 뜻이다. 마음 공부를 하는 목적은 '공 속에 모든 존재가 있다는 유'를 동시에 볼 수 있는 중도적 안목을 깨닫는 것이라는 게 부처님께서 설하신 중도법문이다. 중생은 애착하는 가운데 유를 보지만(着有), 깨달은 자는 공 속에 유를 본다(妙有).

모든 존재는 지수화풍 4대 원소가 모인 일시적 인연(가합)으로 존재하지만 항상 작용하는 그 무엇은 엄연히 존재한다는 진공묘유의 중도를 깨치면 고향 땅 밟는 한소식을 얻는다는 가르침은 대승기신론의 가르침과 똑같다. 시각 본각 구경각 3각이 고향 땅 밟는 소식이 같기 때문이다. 언어문자로 표현할 수 없는 언어도단, 심행처멸의 청정한 마음자리 청정법신 비로자나 부처님의 자리다.

금강경에도 육안 천안 혜안 법안 불안으로 마음 공부를 하면 마음 평수에 따라 안목이 변한다는 가르침을 주신다. 안목이 변화한다는 것은 세상을 바꾸는 일이다. 세상은 '그대로의 진리 그 자체'인데 안목에 따라 달리 보인다. 결국 마음 공부는 안목을 넓히는 공부라는 조사스님들이 가르침은 한결같다. 참나는 무아다. 무아에서 대아로, 대아에서 시아로, 시아에서 초아로!

 일수사견(一水四見)이란 같은 물을 아귀는 피고름으로 보고, 인간은 물로 보고, 물고기는 집으로 보고, 천신들은 옥쟁반으로 본다는 비유에서 나온 말이다.

정토삼부경에 대하여

　한국 불자들 신앙의 차원에서 불자들의 삶과 연결되는 정토삼부경에 대한 고찰 형식으로 정토종의 소위 경전인 정토삼부경에 대한 공부를 해보고사 한다.
　한국 불자들에게 가장 널리 알려진 관음신앙, 가장 많이 믿는 지장신앙, 오대산 문수신앙, 아미산 보현신앙 모두를 아우르고 추구하는 목적지는 극락세계로 가는 아미타불신앙(미타신앙)으로 귀결될 수 있겠다.
　극락정토에 대해서는 『무량수경』, 『아미타경』, 『관무량수경』이라는 정토삼부경을 통하여 그 정보를 접할 수 있다. 신통이 있는 사람이 갈 수 있고, 강력한 서원을 세워 복닦기 도닦기를 하면 즉득왕생할 수 있는 곳이 극락정토다. 즉득왕생은 다른 말로 대업왕생 횡초삼계라고도 한다. 즉 업을 지니고도 왕생할 수 있고, 삼계를 초월해서도 왕생할 수 있다는 것이다.

　극락에 가는 방법에는 크게 세 가지가 있다고 한다. 먼저 상품극락에 직행하는 최상근기 성현들이 실제로 죽을 때 아미타 부처님께서 직접 마중을 나온 접인래영이 있다. 둘째 중품극락에 가는 길은 꿈속에서, 선정에서, 삼매에서 화신불을 보거나 음성으로 안내 받아 범인 성현(범성동거) 등이 왕생하는 방법이 있다. 셋째 하품 극락은 사바예토에서 업장을 녹이고, 복닦기 도닦기로 스스로 발원하여야 즉득왕생할 수 있다고 한다.

서쪽으로 10만 억의 또 다른 부처님 세계를 건너가면 극락이라는 가장 좋은 세계가 존재한다. 가르침이 있고 깨달음으로 나아가는 점진적인 세계를 부처님께서 신통으로 보고 설법하신 세계다. 옛날 옛적에 53부처님이 계셨고 54번째 세자재왕부처님(世自在王佛)의 설법을 들었던 어떤 국왕이 왕위를 버리고 출가하여 이름을 법장비구라 하고 48대원을 발원하여 만들어진 세계를 말한다. 아미타 부처님을 염불하게 되는 배경이 되는 서원이다. 극락정토는 법장비구의 발원으로 5겁이라는 무진장 긴 세월을 수행 발원을 통해 만들어 간 가상 세계다(METAVERSE). 상상속에서 만들어가고, 현실속에서 구체화시켜 가장 이상적으로 만든 세계가 극락정토세계다.

불교에서 말하는 욕계 천상이란 세계는 노병사가 동반하지만(복진타락), 극락이란 세계는 불퇴전으로 해탈할 때까지 전진한다는 세계다. 천상과 극락은 구별되는 개념으로 이해해야 한다. 서방극락정토에 가면 해탈할 때까지 영생하는 구조다.
법장비구의 48대원을 디자인하여 그 세계가 완성되었을 때 아미타불이 된다는 구조이기에 결국 끊임없이 노력하여 아미타 부처님이 되었다는 것은 극락세계가 만들어졌다는 것을 의미한다.

『법화경』 관세음보살 보문품의 귀결 지점도 극락세계이고, 『화엄경』 보현행원품에도 "무량광불 극락정토 어서 가소서"라며 극락세계를 찬탄하고, 『유마경』에서도 직심보살정토(直心是菩薩淨土)라며 바른 마음이 보살 정토임을 알라고 설하고 있다. 지장보살도 지옥 문전에서 하루도 눈물 마를 날이 없다고 하시면서 제도한 중생을 극락세계로 보내고 계신다.

부처님 팔만사천 법문이 극락정토로 가는 입문서라 보면 된다. 모든 경전이 귀결점은 극락정토다. 선문에서 '만법귀일 일귀하처'라는 화두를 들고 공부하시던 수좌 스님들도 결국은 정토종으로 귀의하시곤 한다. 모든 법이 오직 극락정토로 귀결된다는 것을 깨달아 한소식한 것은 아닐까?

관무량수경의 유래에 대하여

왕사성의 비극으로 전해오는 이야기로 마가다국의 수도 왕사성에서 아세사왕이 부왕 빔비사라왕을 유폐시키는 사건이 벌어진다. 아들이 남편을 유폐시키는 사이에서 위제이 왕비는 '어떻게 해야 되느냐?'며 부처님께 간절히 기도한다. 부처님께서 위제이 왕비를 위로하기 위해 사리불, 목건련, 아난 등등 제자들을 보내서 극락정토가 있으니 아미타부처님을 간절히 생각하면 마음의 행복과 평화를 얻을 수 있다고 했다.

관무량수경은 이렇게 시작한다. 관상 염불을 통해 부처님을 상상하면 극락정토 아미타부처님을 친견할 수 있다. 그에 대한 그림 '관경서분변상도'라는 고려불화 2점이 전래되고 있다.

극락세계의 구조

극락세계는 상품, 중품, 하품의 세 단계의 세계로 이루어졌고, 각 세계마다 상중하 3단계로, 총 9단계의 세계로 이뤄져 있다.

상품세계는 성현들이 가는 세계로 아미타부처님께서 관세음보살 대세지보살 등 여러보살을 데리고 화신불로 나투샤 직접 마중을 나온다. 이를 접인래영(임종래영)이라고 한다. 고려불화에 '접인래영도'가 남아 있다.
중품세계는 아미타부처님이 인연 따라 화신불로 나타나 음성으로 인도하여 따라가는 극락세계를 말한다. 보통 꿈속에서 또는 선정 삼매에 들면 친견할 수 있다.
하품세계는 즉득왕생으로 나무아미타불을 일념으로 발원하면 갈 수 있다.

일생을 지은 업에 따른 업생(業生)으로 윤회하는 세계가 아니라 반드시 발원으로 원생(願生)하는 세계가 극락세계다. 극락세계는 죽음을 통해 가지만 절대 사후세계는 아니고 영생을 통해 해탈할 때까지 수행한다고 한다. 삼악도가 없는 깨끗한 세계라는 의미에서 정토(淨土)라고 한다. 반드시 발원해야만 천생만생 윤회하는 윤회의 굴레에서 벗어날 수 있다.
사바예토는 이분법으로 만들어진 업생으로 윤회게임을 하지만,

극락정토세계는 법장비구의 48대원을 세워 장엄된 세계이기에 끊임없이 정진하여 성불하는 해탈게임의 세계다.

인도에서 중국으로 전래된 정토종에 대하여

종토종은 중국 위진남북조 시대에 천자보살이라 칭하는 양무제 때 등장한다. 중국에서는 붓다열반을 BC949년으로 보기에 양나라 522년은 부처님 열반 후 말법시대(말법 1년차)에 해당되고, 북주 무제시절 폐불사건으로 어수선한 사회적 분위기 때문에 타력신앙으로 불보살님들께서 이끌어줘야 한다는 염불수행이 유행하게 되었다. 염불의 장점으로 부처님께 쉽게 접근할 수 있는 보편성이 있다. 염불수행을 널리 펼친 세 분의 정토종 스님은 다음과 같다.

1. 담란스님(476~542년)

인도 불승 보리유지로부터 관무량수경을 받아 정토종에 귀의했다. 정토종의 선구자로 알려져 있다.

2. 도작스님(561~645년)

48세에 현중사에서 담란스님 비문을 보고 정토종으로 전향하게 된다. 열반경 강의로 유명하셨던 스님으로 알려져 있다. 중국 역사상 가장 암울했던 춘추전국시대를 능가하는 남북조 말부터 당나라 초기까지 살았던 스님이다.

『속고승전(續高僧傳)』 기록에 따르면 도작스님은 14세에 출가해 『열반경』을 널리 전하면서 강의했다. 정토종으로 전향 후 하루에 70,000번을 염불했고, 관무량수경을 200회 이상 강설했다고 전한다. 염불하면서 콩을 던져 염불 횟수를 헤아리라고 독려하는 소두 염불운동을 주창하였기에, 칭명 염불의 선구자로 알려져 있다.

공(空)의 보편적인 진리를 닦으며 정진했고 도력이 북방까지 알려졌다. 실천불교를 행하여 민중부터 당 태종까지 감화 시키는 사상을 실천했다. 담란스님의 정토신앙을 계승하고, 중생을 교화하는데 전력을 다했다. 항상 온화한 미소로 사람을 맞이하고, 부처님을 공경했으며 도작스님은 645년 세수 84세로 원적에 들었다.

3. 선도스님(613~681년)

도작스님에게 관무량수경을 배우고 16관법도 배우셨다. 나무아미타불 6자를 염송함으로써 "나무아미타불"이란 칭송염불로 크게 불법을 대중화시키고 중국 정토종을 크게 확산시켰다.

종남산에 주석하면서 아미타경을 10만 번 필사하셨고, 정토변상도 그림을 300장 그렸다는 기록이 전해진다.

기록으로 보는 역사적 사실들

1. 위진 남북조시대

여산 동림사에 혜원스님께서 출재가자 123명, 후원자 3,000명으로 최초의 수행결사 백련결사를 만들어 극락정토에 태어나기를 발원하였다. 열반경 강의 중 산신이 감동하여 재목과 집터를 마련해 주었고, 소문을 들은 강주자사 환이의 도움으로 창건하게 되었다. 혜원선사의 법문에 감동하여 불사했다는 이야기가 전해 내려오는 여산은 무릉도원 같은 곳이라고 전한다.

  선사께서 83세 되던 날 아미타부처님께서 관세음보살 대세지보살을 대동하고 나투어서 7일 후 극락세계 왕생을 예언하고는 실제로 7일 후에 서쪽에 앉아 아미타부처님의 접인래영으로 극락에 임하셨다는 기록이 남아있다. 수행 기간 3번의 아미타부처님을 친견했다고 전한다. 그리하여 여산 동림사가 중국 아미타신앙의 총본산으로 전래되고 있다. 여산 동림사에는 신꼭대기에 48미터의 자색광 빛이 나는 아미타불이 조성되어 보기만 해도 신심을 저절로 일으킨다.

  혜원스님은 신통력이 대단했다. 호계 삼소굴(三笑窟)이야기는 전설처럼 내려오고 있다. 근대 고승인 경봉스님의 통도사 극락암 삼소굴은 이런 연유에서 따온 이름으로 전한다. 경봉스님이 출가한 이후 줄곧 통도사 극락암의 선방에서 50여년 한결같이 머물며 수행하다가 좌탈입망한 곳이 바로 삼소굴이다.

  혜원선사는 사문불경왕자론(沙門不敬王者論)으로 유명한 분이다, 왕에게 절하지 않는다는 논리는 올곧은 성품의 발현으로 30년간 동구불출한 삼소굴 이야기와 함께 전래되고 있다. 세속과 구별되는 출세간 승려들 본연의 모습을 유지하겠다는 자부심이 대단하여 당시 제왕 군주들도 혜원선사를 존경하였다고 전해진다.

2. 신라시대

747년 건봉사 발징화상이 주도한 만일법회(염불만일회)로 31명의 스님 및 향도 1,820명이 극락을 발원하며 10,000일 염불법회를 열고 수행한 후, 실제 기도 발재 29년 후 31명의 스님이 아미타부처님의 접인래영으로 육신이 허공으로 날라서 극락정토로 등공했다는 기록이 전한다. 나머지 신도들도 너무나 감격스러운 장면을 접하고 1,300번의 절을 하는 극락정토로 등공했다고 전한다.

건봉사 등공대에 가면 상세한 기록을 볼 수 있는데 만일염불회는 지금도 이어지고 있다. 만일염불의 입재날을 스스로 정하고 간절한 서원을 세워 발원하면 극락정토에 득락왕생할 수 있다고 한다.

극락정토에 태어나기 위한 3가지 조건

강력한 믿음의 서원을 세워 염불수행하면 극락정토에 왕생한다. 서원은 불보살님들과 계약서에 도장 찍은 것으로, 헌신적으로 계약을 이행하고 염불하면 염불삼매에 들게 되고 모든 업장이 녹아내리는 체험을 할 수 있다. 아주 논리적인 수행으로 염불삼매는 완전한 수행이라고 할 수 있다.

극락세계를 9단계로 나누어 최하근기부터 최상근기까지 모두 다 갈 수 있다. 극락세계를 상상하며, 왕생하는 것을 상상하는 구조다. 문턱이 낮아 일심불란으로 염불만 하면 누구나 갈 수 있는 세계다.

이 세상 모든 사상 철학적 관점의 핵심을 간명하게 요약한 마명보살이 저술하고 한국 최고 사상가 원효스님이 해석을 달아 극찬한 『대승기신론』에도 불성을 드러내기 위한 실천적 수행을 강조하면서 대승의 믿음으로 향하는 이론체계를 일심(一心), 이문(二門), 삼대(三大), 사신(四信), 오행(五行), 육자염불(六字念佛)회향으로 요약했다.

육자염불(六字念佛)은 6자로 된 "나무아미타불"을 염하는 염불을 말한다. 근기가 수승한 사람은 참선이나 다른 수행으로 대체할 수도 있지만, 능력이 부족한 하근기의 중생들에게 주신 부처님의 훌륭한 방편이라 할 수 있다.

아미타불에 대한 신앙은 우리나라에서 더욱 성행하여 6~7세기에는 집집마다 아미타불을 염하는 소리가 끊이질 않았다. 민중인 중생들과 같이하면서 자유자재한 삶을 사셨던 원효대사의 영향력이 절대적이었다. 원효는 선과 염불이 둘이 아니라는 선정불이(禪淨不二)를 주창하며, "오직 마음이 정토요, 성품은 아미타불과 같다"고 천명하고, 민중불교 대중화에 큰 영향을 끼쳤다. 원효대사는 전국 각처를 돌아다니며 정토신앙을 전하였다. 가난하고 무지몽매한 무리들까지 모두 부처님 명호를 알게 되었고, "나무아미타불"을 칭하게 된 것은 원효대사의 법화가 컸다고 삼국유사에 기록되어 있다.

관상염불과 칭념염불에 대하여

1. 관상염불(觀像念佛)

일심으로 단정히 앉아 한결같은 마음으로 한 부처의 상호와 공덕에 관하여 상상 명상하는 것이다. 그 가운데 삼매(三昧)에 들면 분명히 부처를 볼 수 있고, 한 부처를 보게 되면 모든 불보살들께서 강림하신 것(海會)을 볼 수 있게 되며, 이렇게 닦은 이는 업장(業障)이 소멸되어 그 불토(佛土)에 왕생한다고 한다.

부처님께서 '위제이 왕비와 중생들'을 위하여 관무량수경에 설하신 16관법을 보면, 마음으로 16가지를 상상하며 관찰하는 방법으로 설하신다.

1~3관은 극락세계에 장엄된 해, 물, 땅들을 상상한다. 서방정토에 해가 질 때의 아름다운 노을을 상상하고 맑은 팔공덕수가 쫙 깔려있고 땅은 금으로 이루어진 보배땅으로 장엄된 아름다운 세계를 상상 명상하며 관하는 식이다.

4~6관은 극락세계에 장엄된 보배나무 연못 누각들을 상상하며 명상하는 방법이다.

7~13관은 연화대와 불보살 자신의 왕생을 상상한다.

14~16관은 9품 극락을 각각 나누어서 상상하는 방법이다.

2. 칭념염불

나무아미타불 6자를 암송하며 지극한 정성으로 구념 심행하면 염불삼매에 드는 기쁨을 맛볼 수 있다. 부처님과의 약속을 지키기 위해 무념, 무상의 상태에서 나무아미타불을 10번만 칭한다면 극락정토에 누구나 태어날 수 있다(十念旺生願). 염불할 때 귀로 듣고 의식을 집중하면(耳根圓通이근원통) 삼매를 경험할 수 있다. 이것을 염불선, 염불삼매라고 한다.

나무아미타불 염불의 7가지 공덕

모든 부처님께서 호념하신다.
삼독이 자연히 소멸된다.
몸과 마음이 부드럽고 상냥해진다.
기쁨이 가슴에 넘친다.
진리를 구히는 마음이 솟아난다.
사후세계에 극락에 태어나 수명과 광명이 무량하다.(무량수 무량광)
현세에서 욕심이 줄어들고 내생이 기대되는 행복한 삶을 산다.

우리 인생을 어떻게 살 것인가? 금강경에서는 인생은 꿈이요, 환상이요, 물거품이요, 그림자요, 아침이슬 같고, 번갯불 같으니 응당 이같이 관하라고 말씀하신다.

우리는 무아(無我)요, 일체법은 공상 공성(空相 空性)인 것이다. 잠시 살다가는 가상세계(METAVERSE)다.

천생만생 돌고 도는 윤회의 굴레를 벗어나 해탈하려면 서방극락 정토에 가서 아미타부처님의 자상한 가르침 아래 해탈의 그날까지 공부하고 수행하는 길뿐이다. 인과에 어둡지 않는(不昧因果) 정토세계에서 법성신으로 태어나 수행하며 사는 길이다. 남녀 구분없이 법성신으로 왕생한다.

영명 연수선사 『선정사료관』이란 책에는 참선도 있고, 정토도 있으면 마치 뿔 달린 호랑이와 같아서 살아서는 중생들의 스승이 되고, 장래에는 불조(佛祖)가 된다며 참선과 정토를 같이 닦는 선정 쌍수야말로 적합한 수행이라며 권선하고 있다.

우리 삶이란 지금 여기뿐이다. 현실에서 즐거움을 느끼며 살기 위해 정토삼부경에 입문하여 각자 근기에 맞는 수행법으로 남을 돕는 회향의 보살도를 실행한다면, 그것이 바로 안심입명의 상락(常樂)을 느끼며 날마다 평화로운 삶을 사는 것이 부처님의 가르침을 따르는 길이다.

도의 성품

도를 본다면 닦는다고 하겠지만 보이지 않거늘 다시 무엇을 닦으랴?
도의 성품은 마치 허공과 같거늘 허공을 어떻게 닦겠는가?
수도하는 이를 두루 보건대 불을 헤치면서 거품을 찾는구나. 다만 꼭두각시 놀리는 것만을 볼지니 연결선이 끊어지면 일시에 쉬어버리리.
- '경덕전등록 제5권' 중에서

사공 본정선사(667~762)는 어린 시절 출가하여 육조 혜능선사에게 참학하여 인가를 받고 사공산 무상사에 머물며 법을 펼쳤다.

어느 수좌가 선사에게 물었다.
"도(道)란 무엇이고 어떻게 닦아야 합니까?"
선사가 대답했다.
"도의 성품은 허공과 같으니 어떻게 허공을 닦으려 하는가!"

불교는 흔히들 마음의 종교라고 한다. 그러기에 마음을 닦아야 한다. 마음은 몸으로 닦는 것이고, 몸은 마음으로 닦는 것이다. 우리는 몸뚱이로 명상하고 참선하는데 마음은 실체가 없다. 그래서 마음을 닦을 수도 없다. 마음의 성품을 그냥 관찰하는 것이다.

1초에 750번 생멸한다는 마음, 일어났다 사라졌다 오고 가는 마음을 알아차릴 뿐이다. 대면해서 관찰할 뿐이다. 이것을 마음 닦는다고 하지만 말 자체가 말이 안 맞고 어긋난다. 어려운 일이다. 수세미를 가지고 허공에다 대놓고 물을 뿌려가면서 닦을 수는 없는 노릇이다.

마음의 성품을 관찰한다는 것은 드론 한 대 띄어놓고 몸과 마음이 하는 아바타 놀음을 바라봐야 한다. 우리 중생들 몸과 마음은 실체가 없는 공(空)함을 알아차리고, 몸과 마음은 아바타임을 먼저 해오(解悟)를 하고, 아바타 놀이를 바라보고 바라보기만 하면 된다. 이것이 아바타 명상이다.

반야심경에서 강조하는 '조견오온개공 도일체고액(照見五蘊皆空 度一切苦厄)'이란 한 구절만이라도 깊이 사유하면 몸과 마음은 실체가 없는 아바타라는 공의 이치를 알고 이해한 것이라 하셨다. 지눌선사께서는 자상하게 이것을 해오(解悟)라고 하셨다.

개체적 자아는 없다. 내가 없다. 무아이고 공이고 연기적 존재임을 깨쳐야 한다. 몸과 마음을 아바타라 관찰하면 모든 고통에서 벗어날 수 있다. 이것이 반야심경의 핵심이다.

아바타가 화를 내는구나!
아바타가 탐심을 내는구나!
아바타가 애착심을 내는구나!

아바타가 우울하다고 생각하는구나!
아바타가 많이 아프구나!
아바타가 신이 났구나!

하늘에 드론을 띄워놓고 관찰자 입장에서 찬찬히 바라보면서 염(念)을 해줘야 한다. 지금 금(今), 마음 심(心)이다. 지금 마음으로 염하는 것, 그래서 마하반야바라밀을 구념심행하라고 한다.

입으로 염하고 마음으로 실천하라. 마하반야바라밀의 위신력은 널리 알려져 있다. 가히 이 진언의 위신력은 불가사의하다.
우리 마음 본래성품 자리는 허공과 같기에 무수무증 무수무수, 닦을 것도 증득할 것도 없다. 닦음 없는 닦음이다. 지극한 도라는 것은 옳고 그름의 분별하는 마음을 쉬게 하고, 증오하는 마음과 애착하는 마음을 내려놓으면 통연 명백하다.

아바타가 아바타를 증오하는구나!
아바타가 아바타를 애착하는구나!

이것을 꾸준히 연습하고 관찰해야 지극한 도를 깨칠 수 있다. 꼭두각시는 남의 뜻에 따라 움직이는 중생들을 지칭한다. 괴뢰의 순수한 우리말이다. 자기 뜻이 아닌 업력으로 살고 있기에, 꼭두각시를 조종하는 연결선을 끊어 버리고 자기가 원하는 바에 따른 원생을 살아야 한다는 것이 선사의 가르침이다. 거품은 파도 속에서 찾아야지 불 속에서 거품을 찾으면 안 된다.

명상

　명상(冥想, meditation)은 고요히 눈을 감고 차분하게 마음속으로 곰곰이 생각하는 것이다. 여러 종교에서 관찰되는 훈련법이다. 현대 심리학자와 뇌과학자들은 절대자(神)를 영접하는 체험의 단계로 명상을 많이 권유하고 있다.
　여러 방법들이 다양한 형태로 이름 지어져 불리고 있지만 불교에서의 곰곰이 생각하는, 즉 지관(止觀)쌍수. 선(禪)수행과 일맥상통한다. 남방불교의 사마타 위빠사나 수행법과도 일맥상통한다.
　엄격한 의미에서 몸과 마음과 호흡을 관찰하는 것이 명상이고, 성품자리를 관찰하는 것이 선(禪)수행법이다.
　여러 명상법 중에서 나에게 잘 되는, 딱 맞는 명상법으로 마음챙김을 하면 된다. "이게 최고다" 하는 명상법은 없다. 내가 삼매에 잘 들어가면 그게 최고다. 이 세상 최고의 명상법은 내가 최고로 빨리 삼매에 들어가는 방법이다.

　몸과 마음을 관찰하지 않고 100년을 사는 것보다, 몸과 마음을 관찰하면서 하루를 사는 것이 훨씬 더 값지다.

인생의 목적은 단순한 행복이 아니라, 몸과 마음을 관찰해서 해탈하기 위해 태어난 것이다. 인생의 목적은 해탈이다. 어렵게 생각할 필요가 없다. 담배를 끊으면 담배로부터 해탈, 술을 끊으면 술로부터 해탈, 마약을 끊으면 마약으로부터 해탈, 나쁜 습관을 끊으면 나쁜 습관으로부터 해탈 등등 이렇게 원력을 세우면 그 다음에 어떻게 해야 하는가? 몸 보기, 마음 보기, 관찰자 보기, 즉 몸 관찰, 마음 관찰, 관찰자 관찰을 해야 한다. 이것이 신수심법 대면관찰법이다.

부처님은 성도하신 3년 후, 아들 라훌라를 10살 때 처음 만났다. 그때 라훌라가 부처님께 "저에게 유산을 물려주십시오!" 하니까 "따라와라" 하시곤 바로 출가를 시켰다.

어느날 부처님은 라훌라에게 발을 닦게 하고는, 발 닦은 물이 있는 대야를 발로 걷어차버리곤 물었다.
"어떠냐? 저 대야가 아깝느냐?"
"아니요! 발 씻는 대야인데 뭐가 아깝겠어요?"
라훌라가 대답했다.
"그렇지, 너도 장난치고 다니면 저 찌그러진 대야나 똑같다. 사람들이 너를 보기를 저 찌그러진 대야처럼 볼 거야! 그러면 되겠느냐?"
그때부터 라훌라는 정신을 차리고, 다시는 거짓말도 안 하고 공부하기 시작했다. 그때 가장 기본적이면서, 가장 핵심적인 방법으로 호흡명상법을 가르쳤다.
"라훌라여, 들숨과 날숨에 대한 마음챙김을 닦아라. 라훌라여, 들숨과 날숨에 대한 마음챙김을 거듭 행하면 실로 큰 결실과 큰 이익이 있다. 라훌라여, 가부좌를 틀고, 상체를 곧추세우고, 정면에 마음챙김을 확립하여 앉아라. 마음을 챙기면서 숨을 들이쉬고 마음을 챙기면서 내쉬어야. 들이쉬면서는 들이쉰다고 꿰뚫어 알고, 내쉬면서는 내쉰다고 꿰뚫어 알아야 한다."

라훌라는 열심히 수행한 결과 부처님 10대 제자 중 밀행제일로 불리는 아라한이 되었다.

부처님께서 라훌라를 법의 아들로 만들기 위해서 가르쳐주신 명상법을 정리하면 다음과 같다.

첫째, 마음을 코 밑에 보내는 연습을 한다. 마음은 실체가 없지만, 변화하는 현상은 있기에 마음을 내가 집중하는 곳에 모이게 함을 자각하면 마음이 코 밑에 집중하게 된다.

둘째, 들이쉬면서 들이쉰다, 내쉬면서 내쉰다, 들이쉰다 내쉰다 들이쉰다 내쉰다를 반복하면서 마음을 집중시킨다. 숨에 집중하면 된다.

셋째, 목숨은 한 호흡간에 있다. 들이쉬면서 살았다, 내쉬면서 죽었구나를 반복해서 마음챙김을 하면 일심의 세계를 느끼게 된다.

앉는 자세는 결가부좌, 평가부좌, 평좌 중에서 자신에 맞는 것 중에 편한 것을 택하면 된다. 허리를 펴는 것이 중요하다. 온몸에서 힘을 빼주고 목도 편안히 흔들어 주었다가 풀어주고, 정면을 바라본 상태에서 시선만 떨구어 준다. 앞의 어느 부분에 초점을 맞추면 안 되고 마음의 초점을 항상 코 밑에 가 있도록 해야 한다. 코밑은 허공이다. 허공을 흰구름이 오든 먹구름이 오든 피하지도 않고 다만 바라볼 뿐이다. 좋은 생각이 일어나든 나쁜 생각이 일어나든 다만 '들이쉰다 내쉰다'에만 초점을 맞춘다.

손의 자세는 선정인, 또는 정토인 자세를 취한다. 선정인은 오른손을 아래에 왼손을 위에 놓고 양쪽 엄지손가락을 맞댄 상태를 말한다. 정토인은 왼손을 아래에 놓고, 오른손을 위에 놓고 양쪽 엄지손가락을 맞댄 상태를 말한다. 덜 사용하는 왼손은 정(靜), 많이 사용하는 오른손은 동(動)이다. 참선은 본체로 돌아가는 수행이고, 정토수행은 작용을 일으키는 수행이다. 참선할 때는 본체인 고요함(靜)을 받드는 의미에서 왼손이 위에 올라가고, 반대로 정토수행을 할 때는 작용인 움직임(動)을 숭상하는 의미에서 오른손이 위로 올라가는 자세를 취하는 이유다.

몸과 마음을 관찰하는 가장 기본적이면서도, 쉬운 방법이 부처님께서 아들 라훌라에게 가르치신 호흡명상법이다.

-'호흡에 대한 마음챙김' 중에서

스위치를 켜면 방이 훤히 밝아진다. 그 밝음을 유지하는 것은 스위치가 아니라 전기 에너지이다. 마음을 밝히는 것은 한번의 깨우침이 아니라, 쉬지 않는 수행에 있다. 매일 단 5분이라도 신선한 우주의 파동 에너지를 들숨으로 들이고, 몸안의 나쁜 기운을 날숨으로 내보내는 연습을 해보자. 매일매일 단 5분간이라도 마음챙김의 명상을 하면 운명이 바뀐다.

중도

　대승과 소승을 포함한 불교역사에서 석가모니 부처님 이후에 가장 위대한 인물이 누구냐고 물으면 단연코 용수보살이라고 답할 수 있다. 용수보살의 생존 연대는 불명확하지만 기원 후 150년에서 250년경 생존하셨던 것으로 추정한다.
　용수보살은 대승불교의 아버지라 불리기도 한다. 용수보살의 수제자 아라야 제바라와 더불어 티벳불교에서는 성스런 부자, 즉 아버지와 아들로 부르고 있다. 일본불교에서는 8개의 종파를 개창한 큰스승으로 불리고 있고, "나무아미타불"을 염하는 정토종에서도 으뜸의 스승으로 모시고 있다.
　용수보살의 저술 『중론』은 총 27장 450여 게송으로 이루어져 있는데, 반야부 경전에서 설하는 공(空)이 무엇인가를 논리적으로 해명하는 문헌이다.

중관학

　공의 논리학이며, 해탈의 논리학이며, 열반의 논리학이며, 연기의 논리학이며, 서양 논리학에 대한 반 논리학이며, 중도의 논리학이며, 해체의 논리학이며, 말로써 말을 버리는 우리의 생각은 실재와 무관하다는, 즉 우리의 생각과 우리 사는 현상세계는 다 가짜 허구, 가상현실임을 알려주는 이론이다. 엄밀히 말하면 중생들이 머리 굴려서 만들어낸 생각이 다 가짜라는 것이다. 중생들이 생각의 고통에서 벗어나게 해주는 것이 중도를 관찰하는 중관학이다.

중론과 회쟁론

『중론』은 공의 의미에 대하여 해명하는 논서고, 『회쟁론』은 공에 대한 오해를 시정하며 상대방 논객이 걸어오는 논쟁을 되받아 치는 논서다.

"모든 것이 다 실체가 없다. 모든 말과 생각이 다 틀렸다."

공(空) 사상이 널리 보급되니까 바로 이 말을 소재로 모든 것이 공하다는 말이 범하는 자가당착에 부딪힌다. 즉 "모든 것이 공하다"면, "모든 것이 공하다"는 그 말도 모든 것에 포함되기에 공한 것이 된다면서 공 사상을 패러독스로 빠뜨리는 이들이 생겼다.
『회쟁론』에서는 공 사상에 대한 상대방의 비판을 반박하는 용수보살의 논리가 담겨 있다. 총 71수의 게송으로 앞의 20수는 공 사상에 대한 논객의 비판이고, 뒤의 50수는 이에 대한 용수보살의 비판이고, 마지막 한 수는 '연기에 대한 공성과 중도는 같은 의미임'을 가르치셨던 부처님을 찬탄하는 내용으로 이뤄졌다.

귀경게 첫 게송과 마지막 게송

중론은 부처님께 존경을 바치는 '귀경게 게송'으로 시작하여, 마지막으로 "상서로운 연기를 가르쳐주신 정각자들 중 제일인 부처님께 예배한다"며 연기와 이를 설해주신 부처님에 대한 찬탄이 실려 있다.

"발생하지도 않고 소멸하지도 않으며, 이어진 것도 아니며 단절된 것도 아니며, 동일하지도 않고 다르지도 않으며, 어디선가 오는 것도 아니며 어디론가 가는 것도 아니다. 능히 이런 인연법을 말씀하시어 온갖 희론을 잘 진멸시키시도다. 상서로운 연기를 가르쳐 주신 정각자 중 제일이신 그분께 내가 이제 머리 조아려 예배하오니 모든 설법 가운데 제일이로다!"

8부 중도

귀경게에서 제일 중요한 것이 연기라는 용어로 10가지의 뜻을 담고 있다.

전반 게송 '불생 불멸 불상 부단 불일 불이 불래 불거'와 같이 아니 불(不)자가 붙은 여덟 단어는 후반 게송에 등장하는 연기를 꾸미는 수식어들이다. 이것을 8부 중도라고 부른다. '생멸 상단 일이 래거'와 같이 의미가 상반된 한 쌍의 개념을 모두 배격하기에 중도(中道)이다.

후반부 게송 '희론을 진멸하는', '상서로운'이라는 두 단어는 연기를 수식한다. 총 10가지 수식어로 연기라는 낱말의 의미와 공능을 나타내며 찬탄한다.

중도의 정확한 뜻

"흑도 아니고 백도 아닌 가운데의 길을 가라"는 의미가 아니고, "흑과 백의 양극단을 배격하라"는 의미다. 흑도 틀리고 백도 틀리다는 통찰이 중도의 통찰이다. 혜능선사의 '불사선 불사악(不思善 不思惡)하라'는 법문과 일맥상통한다.

  사상적으로 볼 때 연기가 공이고, 공이 곧 중도이다. 실체는 없고 작용만 있는 무자성, 무일물이다. 본래성품이 공함을 알고 통찰지 반야지혜가 열리면, 6근이 작동하는 12처, 18계에 자유자재하다. 일상사 견문각지하는 모든 일에 구속 속박 애착 집착이 사라지게 된다. 마음 평수가 우주의 크기로 된다. 화엄경의 '일즉일체 일중일체'의 가르침에서 보듯이 사사무애 법계연기의 법칙이 이 세상을 지배하고 있음을 알게 된다.

실천적 중도와 사상적 중도

1. 실천적 중도란

  종교적 철학적 의문을 곰곰이 생각하는 선수행은 우주법계 두두물물에 대해 있는 그대로 보는 것이다. 제행무상(諸行無常), 조건

지어져 연기한 모든 것은 변한다는 점을 발견하고, 제법무아(諸法無我), 그 모든 것에 실체가 없다는 점을 발견하게 되어, 그 어떤 것에 대해서도 마음을 두지 않고, 그 어떤 경지도 추구하지 않는다. 진정으로 마음이 편해진다. 열반적정(涅槃寂靜)이다.

2. 사상적 중도

실천적 중도인 선수행을 통해서 사상적 중도를 발견하게 된다. 지금까지 머리 굴려서 고민했던 것이 다 가짜라는, 가상현실속에 살고 있는 중생들 모두는 아바타라는 점에 대한 자각지가 열린다. 관념의 틀이 해체되어 버린다. 실천적 중도를 통해서만 꼭 발견할 수 있다. 다시 말해서 곰곰이 생각해야지만 발견할 수 있는 것이 사상적 중도이다.

대소중도(大小中道), 유무중도(有無中道), 일이중도(一異中道), 단상중도(斷常中道) 등등을 사상적 중도라고 한다. 경식구민의 경지, 주관 객관이 함께 사라진다. 일체유심조, 유식무경의 차원에서 한 차원 더 업그레이드 된 통찰지다.

대승불교의 두 기둥 중관학과 유식사상

1. 중관학의 핵심사상 공의 이치

중관학에서는 모든 것이 없다는 공의 이치를 가르친다. 그러나 지금 내 눈에 온 세상 우주 만법 두두물물이 다 보인다.

중관학에서 아무것도 없다는 말은 모든 것이 실재하는 것이 아니라 다 꿈과 같다는 뜻이다. 진공묘유, 실체는 없지만 묘한 작용, 견문각지하는 작용이 있다는 뜻이다. 그러기에 6근 12처 18계의 현상계를 살고 있는 것이다.

2. 유식사상의 핵심사상 여래장 사상

모든 것이 허깨비고 아바타라고 하는데 묘하게 존재하는 방식이 뭐냐고 물을 때 이에 대해 낱낱이 설명하고 해명하는 사상이 바로 유식사상이다. 여래장 사상을 체계적으로 설명하는 이론이 마명보살의 저술 『대승기신론』이다. 여기에서는 중생들 마음을 일심(一心)으로 표현한다.

일심은 바닷물과 파도, 두 가지로 비유한다. 진여문과 생멸문이다. 진여는 참된 진리의 측면이고, 생멸은 마구 출렁이는 측면이다. 진여문과 생멸문이 합쳐지면 일심이 된다. 생멸문은 12연기의 유전문이고, 진여문은 12연기의 환멸문이다. 환멸문으로 멸성제가 되면 일심과 본래성품은 고향 땅 밟는 소식을 알게 된다.
바다의 근본이 되는 잔잔한 바닷물은 중관학, 출렁거리는 파도는 유식학으로 비유하여 법문하시는 선사들이 많다. 일심이란 우주의 식이고, 전체의 마음이고 일즉다 다즉일의 화엄사상이다.

중도를 공부한 공덕

 부처님께서 인류 역사상 최초로 발견한 연기법을 올바르게 알게 되면 눈을 훤히 뜨고 있으면서 살아있는 생생한 이 순간에 종교적 철학적 의문이 끝장난다. 그래서 연기에 대해 상서롭다고 말할 수 있다. 형이상학적 의문에 대한 해답이 저절로 다 풀린다.
 모든 의문이 머리를 굴려서 만든 것이라는 것을 자각하면 통찰지를 얻어 반야지혜로 올바른 판단을 할 수 있기에 삶이 한결 편안하고 행복해진다. 있는 그대로를 있는 그대로 알아차리면 정확한 시시비비를 내릴 수 있는 훌륭한 솔로몬왕이 된다.
 흑백논리로 작동하는 중생지견이 불지견으로 전식득지하게 된다. 고정관념이 사라지고 생각이 활짝 열려서 내가 있는 모든 곳에서 어려움과 갈등을 해결하고 미래를 여는 이타행의 삼학 팔정도를 실천하는 삶. 보살행을 하며 사는 큰 공덕을 얻을 수 있다.
 세상 제일의 법, 공의 이치, 연기법에 통달한 사람만이 현실 삶에서 최고의 분별심을 낼 수 있다. 부처님께서 율장에서 시시비비를 분별하는 가르침을 펼치신 이유이기도 하다.

평상심

도는 닦을 것이 없으니 물들지만 말라.
무엇을 물들음이라 하는가?
생사심(生死心)의 작위와 지향이 있으면 모두가 물들음이다.
그 도를 당장 알려고 하는가?
평상심(平常心)이 도다.
무엇을 평상심이라고 하는가?
조작이 없고, 시비가 없고, 취사가 없고 단상이 없으며 범부와 성인이 없는 것이다.
- '마조어록' 중에서

선이라 하면 참선, 명상 등을 생각하면서 무조건 어렵게 생각한다. 명상센터를 다니면서 오랫동안 죽으라고 해도 뭔가 터득할까 말까? 이런 생각을 다 부수어 버린 선사가 당나라의 마조 도일선사(709~788년)다.

평상심이 도다. 밖에서 찾을 것이 없다.

본래 부처다. 더 이상 흔들리지만 않으면 된다.

이 법문 한마디로 기존의 틀을 확 부셔버렸다. 한 시대를 풍미했던 참선을 대중화시킨 분이 마조 도일선사다.
선은 특이한 사람들이 특이한 장소에서만 하는 것이 아니다. 행주좌와 어묵동정(行住坐臥語默動靜), 언제 어디서나 할 수 있다.
시비를 걸면 짜증이 나고, 분노를 일으킨다. 순간적으로 한마음을 일으켜 탐하고 분노하고 어리석은 행동을 하고 삼독심을 일으킨다. 마치 허공에 구름 한 점 없는데 홀연히 구름이 일어나 하늘을 가리는데 흰구름을 선이라 하고 먹구름을 악이라 하는 것처럼 중생들은 선한 생각을 일으키면 좋은 것이고, 나쁜 생각을 일으키면 나쁜 것이라 생각한다. 하지만 흰구름이든 먹구름이든 하늘을 가리는 것은 마찬가지인 것처럼 선한 생각이든 나쁜 생각이든 마음을 가리는 것도 마찬가지다..
그래서 6조 혜능선사는 "불사선 불사악하라" 하셨다. 좋고 악은 나쁜 것을 분별하는 것이 아니라, 선악을 분별하는 마음을 내지 말라는 뜻이다. 본래 우리 중생의 성품은 한 물건도 없기에 청정한 평상심이 본래성품이라는 것이다.
옳고 그름, 크고 작고, 잘난 것 못난 것, 애정 미움, 선 악, 좋고 나쁜 것 등등 분별심을 내어 서로 비교함으로 우월감, 교만, 열등감, 박탈감이 생겨나 여러 다툼이 일어난다. 원래 성실한 본래마음 성품이 변계소집성으로 변하여, 분별심, 이분법적 흑백논리로 이익, 손해를 따지고 계산함으로 탐욕, 성냄, 어리석음의 근본 무명이 시작되는 것이다.
달마대사, 혜가조사의 선법을 이어받은 제3조 승찬 대사는 '신심명(信心銘)'으로 지도무난 유혐간택 단막증애 통연명백(至道無難 唯嫌揀擇 但莫憎愛 洞然明白), 지극한 도는 어렵지 않다. 오직 간택함을 꺼릴 뿐이다. 다만 미워하고 사랑하지만 않으면 통연히 명백하다고 하셨다.

삼라만상 두두물물, 세상 이치는 이것이 있기에 저것이 있게 되는 상호 의존적 연기관계에 있음을 가만히 보고, 곰곰이 사유해서 연기적인 중도로 관찰해 보면, 있는 그대로 알아차리게 된다. 이것이 평상심이고, 더 이상 따로 구할 필요 또한 없게 된다.

연기와 공의 이치는 동전의 양면과 같다. 연기 무자성 공 무아 무상 중도 다 일맥상통하는 뜻을 갖고 있다. 하나를 깨치면 확연히 드러난다.

* 마조 도일선사

제6조 혜능의 제자 남악 회양선사는 마조 도일을 비롯 여러 명의 제자를 두었다. 스승 남악 회양이 마조 도일에게 "벽돌로 거울을 만들 수 없다면 좌선만으로 성불할 수 없다"고 했다. 다리 꼬고 앉아 있는 것만으로 수행이 되는 것이 아니다. 행주좌와어묵동정(行住坐臥語默動靜) 처처소소(處處所所) 모든 일상사에서 선수행으로 공부해야만 한다는 발상의 전환을 이루었다. 마전작경(磨塼作鏡), 벽돌을 갈아 거울을 만든다는 법문으로 마조 도일은 열심히 수행하여 마침내 대각을 이루었다. 대각을 이룬 깨달음의 노래가 평상심이다.

중국 선종은 제1대 달마조사, 제2대 혜가, 제3대 승찬, 제4대 도신, 제5대 홍인, 제6대 혜능. 제7대 남악 회양. 제8대 마조도일로 선법이 계승되었다.

찰나생멸 - 도겐 선사의 법문

생(生)도 일시의 모습이고 사(死)도 일시의 모습이다. 이를테면 겨울과 봄과 같은 것이다. 사람은 겨울 그 자체가 봄으로 변한다고는 생각지 않으며, 봄 그 자체가 여름으로 된다고 말하지 않는다.

생으로부터 사로 움직여 변한다고 생각하는 것은 잘못이다. 생이라고 하면 완전히 생이 되어있어 처음부터 끝까지 생이다. 멸(滅)도 한 때의 위치로서 또한 처음이고 끝이다. 생이라고 하는 때에는 생 이외의 어떠한 것도 아니며, 멸이라고 하는 때에는 멸 이외의 어떠한 것도 아니다. 그러므로 생이 오면 생과 마주 대하고, 멸이 오면 멸에 향할 따름이며, 생과 멸을 내 것으로 하려고 해서도 안 되며 원해서도 안 된다.

하루 밤낮을 나누어 보면 육십사억 구만구천구백팔십의 찰나가 있어서 몸과 마음이 모두 생멸(生滅)한다. 이와 같다고 해도 범부는 일찍이 알아차리지 못한다. 알지 못하기 때문에 보리심을 일으키지 못한다. 불법을 알지 못한다. 불법을 믿지 못하는 자는 찰나생멸(刹那生滅)의 도리를 믿지 않게 된다.

- 도겐선사 '정법안장' 중에서

우리가 살고 있는 사바예토는 꿈이요, 아바타요, 물거품이요, 그림자요, 이슬이요, 번갯불이다. 이와 같이 관(觀)하면 찰나생멸 그 자체다. 바로 지금 여기에서 이것뿐! 과거 현재 미래를 붙잡을 수도 없는 찰나생멸하는 시간이 불성 그 자체다.

불성을 알고자 한다면 우리에게 나타나 있는 시간이 무엇인가를 홀연히 깨달으면 된다. 시절인연이 오면 불성을 미래에서 찾을 것이 아니라 우리 둘레 도처에 나타난 데서 찾으면 된다.

불수자성수연성(不守自性隨緣成), 인연 따라 살면 된다.

산은 산이고 물은 물이다.

> 불도를 배운다는 것은 자기를 배운다는 것이다.
> 자기를 배운다는 것은 자기를 잊는다는 것이다.
> 자기를 잊는다는 것은 나와 남의 몸과 마음이 무아(無我)로 비워져 자기를 벗어나는 것이다. 자신의 몸을 벗어나고 자신의 마음을 잊는 것이다. 나로부터의 해방이다.
> - 도겐선사의 '정법안장' 중에서

설산동자

　설산동자는 지금의 히말라야 깊은 산 중에서 죽기를 각오하고 수행했지만 아무리 열심히 해도 깨달을 수가 없었다. 그때 어디 선가 홀연히 게송이 들려 왔다.

　모든 존재는 변화하기에 끊임없이 일어났다 사라진다네
　제행무상 시생멸법(諸行無常 是生滅法)

　설산동자는 게송을 듣는 순간 마음이 확 열렸다. 이것이다! 나 혼자는 아무리 죽어라 해도 법을 깨칠 수가 없었다. 선지식 법 게송 등등 시절인연이 있어야 한다. 아무리 인이 충실해도 연이 부실하면 과도 부실하다.
　다시 말해서 한소식 한 것이다. 그래서 주변을 둘러보니 나찰귀신이 게송을 읊은 것이다. 보통 사구게인데 나찰귀신은 두 게송만 읊었다. 설산동자는 간절한 구도심에서 나찰귀신에서 말했다.
　"나머지 두 게송을 읊어다오."
　나찰귀신은 매정하게 말했다.

"맨입에 되겠냐? 나는 생살과 피를 먹고 사는 귀신인데, 지금 너무 배가 고파 더 이상 게송 읊을 힘이 없구나!"
설산동자는 재차 애원했다.
"내가 당신에게 맛있는 음식을 구해다 드릴 테니 제발 나머지 게송을 읊어주세요."
나찰귀신이 말했다.
"나는 나찰이라 다른 맛있는 음식은 먹지 않고 살아있는 사람의 생살과 피만 먹는다."
그러자 설산동자는 진리를 얻고자 하는 간절한 마음으로 허벅지의 살을 잘라 주면서 말했다.
"이걸 먹고 나머지 게송을 들려주세요."
나찰귀신은 생살을 먹고 나머지 게송을 읊었다.

일어남 사라짐이 사라진다면 진정한 행복이 찾아온다네.
생멸멸이 적멸위락(生滅滅已 寂滅爲樂)

설산동자는 깨달음의 법희선열로 환희용약하여 게송을 바위 여기저기에 적어 놓고 절벽에서 뛰어내렸다. 그러자 나찰귀신이 제석천으로 변하여 허공에서 받아 주었다.

석가모니 부처님의 전생담이다. 진정한 행복은 일어남 사라짐이 사라진 경지, 거기에 있다. 경전에서 동자 이야기로 스토리텔링을 하는 이유는 어린이도 하는 것처럼 모든 중생도 다 할 수 있다는 상징적 의미를 내포하고 있다고 하겠다. 서산대사께서 "깨달은 사람들은 천진난만한 어린아이로 돌아간다"고 한 이유이기도 하다.

불교에서 게송은 매우 중요한 역할을 하고 있다. 부처님 가르침을 요점만 짚어서 확연히 깨달음을 얻을 수 있도록 하고 있다.
일반인들도 한번쯤 들어봤을 법한 게송들을 정리해 본다.

약인욕요지(若人慾了知) 삼세일체불(三世一切佛)
응관법계성(應觀法界性) 일체유심조(一切唯心造)
　- 화엄경 사구게송

만약 과거 현재 미래의 모든 부처님을 알고자 한다면 법계의 모든 존재가 곧 마음의 조작임을 통찰하라. 마음의 모습이 곧 부처이고 마음의 작용이 곧 부처라는 뜻이다. 우리가 아는 것은 사물 자체가 아니라 의식 속에 나타난 현상이라고 말한다. 그러니 '마음이 모든 것을 만든다'는 의미는 무엇인가? 늘 나를 점검해 보자. 지금 여기 나의 마음은 어떤 모습인가?

제행무상(諸行無常) 시생멸법(是生滅法)
생멸멸이(生滅滅已) 적멸위락(寂滅爲樂)
　- 열반경 사구게송

세상의 모든 것은 항상한 것이 없다. 마음 작용으로 드러난 이 세상은 항상함이 없는 것이니 이는 마음에 생겨났다 사라졌다 하며 나에게 드러난 세상이다.
이 생겨났다 사라졌다 하는 마음의 작용이 일어나지 않으면 고요함(열반)을 즐거움으로 삼게 되는 것이다.

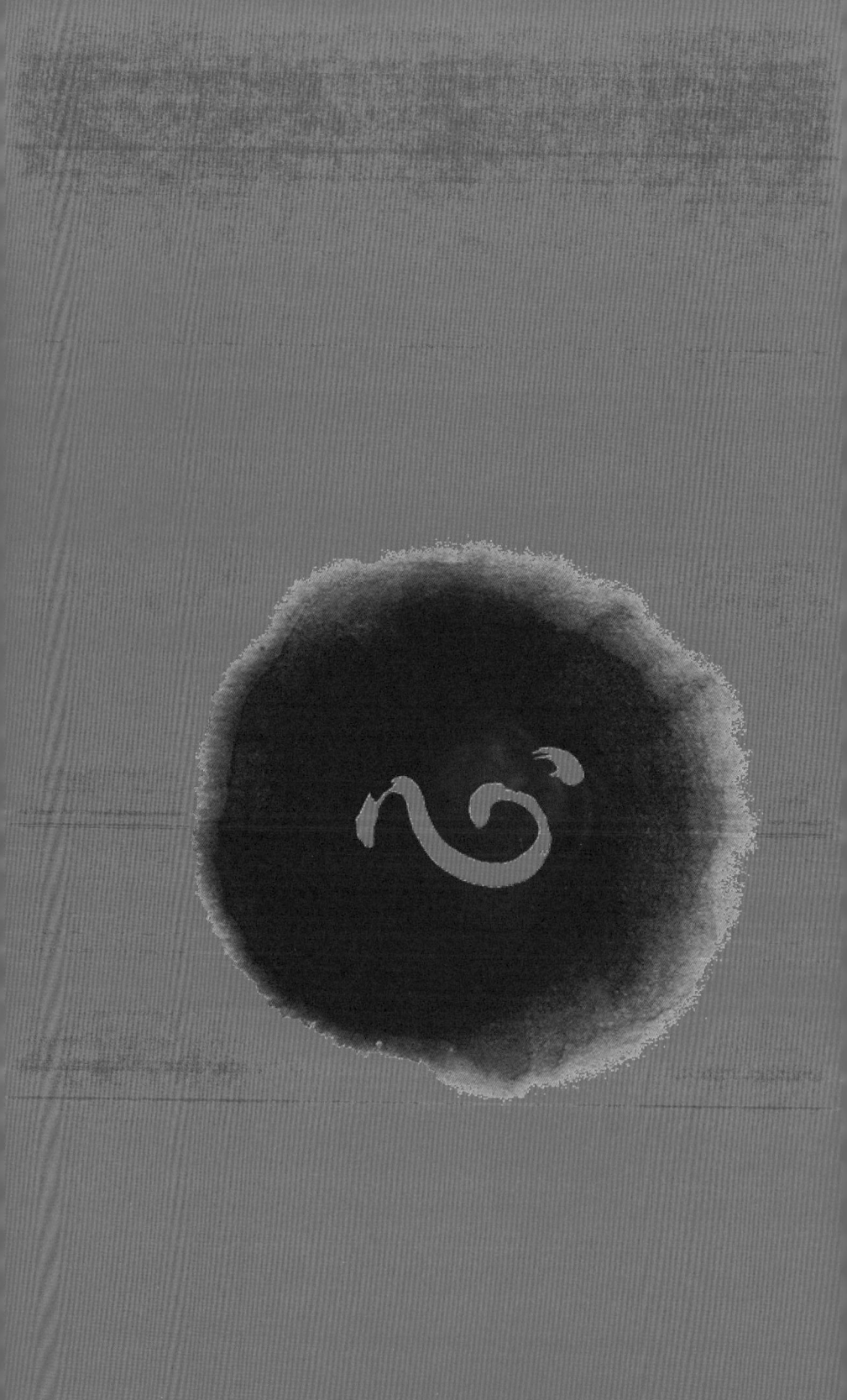

part. 4
마음은 어디에 있는가

주인과 손님

『능엄경』에서 부처님은 아난에게 마음이 어디에 있느냐고 묻는다. 아난은 일곱 법을 대답한다. 부처님께서 일곱 번까지 아니라고 대답하시자, 그때서야 아난은 비로소 마음이 어디에 있는지 모르겠으니 알려달라고 간청을 한다. 그러자 부처님이 게송으로 답한다.
이것이 칠처징심(七處徵心) 법문이다.

손가락은 쥐었다 폈다 해도
그대의 성품은 움직이지 않으며
티끌은 움직여도 허공은 움직이지 않는다.

이와같이 중생들은 요동하는 것으로 티끌을 삼고
머물지 않고 움직이는 것을 손님으로 삼아야 한다.

그대들은 아난의 머리가 스스로 움직였을지언정
보는 성품은 요동이 없음을 관찰해야 하며
또 나의 손이 스스로 펴졌다 쥐어졌다 했을지언정

보는 성품은 펴졌다 쥐어졌다함이 없음을 관찰해야 한다.
  - '수능엄경 견도분' 중에서

세상에 제일 가장 고약한 도둑은 바로 자기 몸 안에 있는 여섯
가지 도둑일세
눈 도둑은 보이는 것마다 가지려고 성화를 하지
귀 도둑은 그저 듣기 좋은 소리만 들으려 하네
콧구멍 도둑은 좋은 냄새는 제가 맡으려 하고
혓바닥 도둑은 온갖 거짓말에다 맛난 것만 먹으려 하지
제일 큰 도둑은 훔치고 못된 짓 골라 하는 몸뚱이 도둑
마지막 도둑은 생각 도둑
이놈은 싫다 저놈은 좋다 하며 분별심을 낸다.
혼자 화내고 떠들며 난리를 치지!

그대들 복 받기를 바라거든
우선 이 여섯 가지 도둑부터 잡으시게나
  - '고승열전 일연선사 법문' 중에서

안이비설신의, 6근을 도둑놈에 비유한 법문이다. 6근이 6경을 만나 생각하는 모든 것은 왔다 갔다 하는 손님이고, 일체가 실체가 없는 공한 것인데 중생은 손님을 주인이라 착각하며 살아가고 있다.
중생은 '내가 나다'라는 아상 아집 전도된 망상에 빠져 손님을 주인이라 착각하며 살고 있다.

수처작주 입처개진(隨處作主 立處皆眞)은 임제선사의 법문으로

"어느 곳에 있든 당당히 주인으로 살라"는 뜻이다. 머무르는 곳 어디에 있든 주인이 되면 그곳이 바로 진리의 자리다. 손님이 아닌 주인으로 사는 인생, 이것이 수행인의 삶이다.

현대 뇌과학으로 본 마음의 실체

현대 뇌과학 연구 성과에 기인하면 우리 마음의 거주처는 뇌다. 뇌 신경망 궤도를 타고 이동한다.

마음이 한군데에 있는 것이 아니라 뇌가 어디에 집중(Attention)하느냐에 따라서 내 마음의 위치가 달라진다고 본다. 시각적인 것에 관심을 가질 때는 후두엽 시각 중추쪽에 가 있고 소리를 들을 때는 청각중추에 가 있다. 한 곳에 머무는 것이 아니라 계속 이동하고 있다.

현대 의학의 발달로 F MRI(핵 자기 공명 동영상)라는 의학 장비를 이용해 동영상으로 단층촬영이 가능하다. 물분자 속에 있는 산소량의 진동이 영상에 잘 나타난다. 산소를 쓴다는 것은 활동이 많다는 뜻이다. 혈관속 어디에 산소가 많이 사용되는가? 이것을 보면 단박에 알 수 있다. 주의력에 수반하여 같이 움직이는 것을 볼 수 있다. 우리의 마음이 뇌 속에서 이동한다는 것을 알 수 있다.

뇌과학의 문제점

뇌과학은 우리 마음을 철저히 물질로 해석한다는 맹점이 있다. 철저한 유물론으로 어찌 보면 극단적 방식이다.

불교에서는 세상을 보는 방식을 두가지로 구분한다. 상견과 단견이다. 상견은 이어졌다는 견해고 단견은 끊어졌다는 견해다.

1. 단견의 안목

부처님의 중도(中道) 안목으로는 양극단을 배격한다. 이어진 것도 끊어졌다는 것도 극단적 사고 방식이라 옳지 않다는 것이다. 뇌과학은 철저한 단견의 사고 방식이다. 인도 전통 사상에서 말하는 인중무과론이다.

뇌과학이 말하는 마음의 창발성은 뇌의 신경세포가 발달하면서 없던 것이 생겨났다는 것으로 원인과 결과는 아무런 인과 관계가 없다고 본다.

2. 상견의 안목

상견은 인도 전통사상에서 말하는 인중유과론으로 설명한다. 브라만이란 절대자가 있는데 그분이 변해서 세상이 되었다고 본다. 일체 모든 사물 현상에는 브라만이 내재되어 있는 것으로 설명한다. 범아일여 사상이다.

그러나 지금은 상견적 사고방식은 다 배제되고 단견적 사고방식을 갖고 있는 자연과학 뇌과학의 물질론이 세상을 지배하는 형국이다.

부처님 안목

중도적 안목이다. 촛불의 불을 옮겨 붙이는 것으로 비유하자면 앞에 있던 초가 인(因)이 되고 두 번째 촛불은 과(果)가 된다. 앞에 있던 촛불과 뒤의 촛불은 엄밀한 의미에서 같은 불은 아니다. 뒤 촛불은 촛농을 새롭게 태워서 생긴 불이다. 불상(不常)이다. 그렇다고 뒤 촛불이 앞의 촛불과 전혀 무관하게 단절된 것도 아니다. 왜냐하면 앞 촛불이 있었기에 뒤 촛불이 가능한 것이다. 부단(不斷)이다. 있는 그대로 곰곰이 생각해 보면 불상부단(不常不斷)이다.

그런데 지금 뇌과학은 뒤 촛불은 새롭게 생겼다는 단견적 사고방식이다. 뇌의 신경세포에 마음이 생겼기에 "죽음은 끝이다"라는 허무주의에 빠져버린다. 올바른 정견 중도의 관점으로 보면 너무나 치우친 사고방식이다.

최근 뇌과학의 연구 성과가 엄청나긴 하지만 철저한 유물론에 입각한 사고방식이라는 것을 알 수 있다. 뇌에 호르몬 주사 한 대 놓고 환각제 같은 마약을 투여하여 뇌를 조작하면 환각의 즐거움에 빠져서 니르바나 지경의 상태로 갈 수 있다는 주장과 같다.

그런 이유로 뇌과학자들은 "살아 있을 때 많이 즐기고 행복하게 사세요"라고 일종의 무아설을 주장하기도 한다. 실제로 자아를 인정하지 않기에 맞는 주장 같지만 죽음으로 뇌가 사라지면 다 사라진다는 단멸론적 무아설이다. 모든 윤리도덕 개념이 무너져 내릴 수 있다.

부처님은 지금 생에 지은 모든 행위는 업력이라는 씨앗으로 남아서 내생에 윤회한다는 윤회론적 무아설을 설하셨다. 유업보 무작자(有業報 無作者)다. 뇌과학의 무아론과 불교의 무아론은 확연히 다른 것이다.

　움직이는 마음은 손님이다. 당당하게 주인으로 내 삶의 운전대를 잡고 남의 시선 의식하지 말고 내 자유 의지대로 자신이 주인되는 삶을 살아야겠다.

내 마음을 어떻게 알 수 있을까?

유식사상의 근본 경전으로 『해심밀경』이 있다. 해심밀이란 '마음의 긴밀하고 깊게 얽힌 것을 푼다'는 뜻이다. 마음의 실체를 밝히는 경전이다. 법상종(유가종, 유식종)의 종주로 살아 생전에 제자들에게 중국 불교의 맹주로 신격화된 삼장법사 현장스님의 번역본이 가장 많이 유통되고 있다. 현장스님은 오로지 유식학을 공부하고 싶어 죽음의 길이라는 천산북로를 넘어 인도로 구법여행을 떠나셨고, 16년간의 인도 유학 후 중국 불교를 찬란하게 꽃을 피우셨다.

우리나라 주석서로는 신라 출신 원측스님의 『해심밀경 소』가 유명하다. 원효대사의 『소』도 있는데 서문만 전해지고 있다. 현장스님의 수제자인 신라의 원측(612~696)이 측천무후의 전폭적 지원으로 100여 권의 저서를 남겼다고 전하지만, 현재 전하는 것은 돈황에서 발견된 『해심밀경 소』 한 권뿐이다. 그래서 원측스님의 주석서가 현존하는 책으로 가장 널리 읽히고 있다.

세상은 꿈이란 가상현실이지만 꿈에서 깨기 전에는 꿈이라고 알아차리기는 쉽지 않다. 가상이 가상임을 알아차리는 큰 사건이 있어야 한다. 대각(大覺)이라고 한다. 불교의 수행에서 강조하는 "꿈에서 깨어나라"는 것을 성취한 것이 대각이다.

유식사상은 요가 수행자들이 수행을 통해서 얻은 깨달음의 내용을 이론화하고, 개념화하고, 체계화해서 설명해 낸 대승경전 중기의 사상이다. 유식은 대상을 분별해서 거기에 언어와 의미를 부여한 이론이 아니라, 의식차원의 이론으로 마음의 실체를 밝히는 마음의 본래 자리를 연구하는 사상이다.

미륵보살과 부처님 문답 마음이란 과연 무엇인가?

미륵보살이 부처님께 질문한다.
"삼매수행 중 무엇인가 영상을 보았는데, 그것이 우리의 마음과 같습니까? 다릅니까?"
수행 중 어떤 영상을 보았는데 그것이 우리 마음이 만든 것이냐, 아니면 마음밖에 존재하는 객관적 실재냐고 묻는 것이다. 예를 들면 자장율사가 중국 오대산에서 열심히 기도하는 중 문수보살을 친견하고, 의상대사께서 낙산사 홍련암에서 열심히 기도 중 관세음보살을 친견했는데, 과연 "그것이 마음이 만든 것입니까? 실재로 있는 것입니까?"라고 질문한 것이다.
부처님이 답한다.
"다르지 않다. 오직 식(唯識)일 뿐이기 때문이다."
식의 대상(所緣)은 곧 식이 변한 것이다(所變). 오직 마음이 만든 것이라는 뜻이다.
미륵보살이 또 묻는다.

"중생들이 색(물질, 대상)을 마음의 영상으로 반연하면 그 영상들도 마음과 다르지 않습니까, 다릅니까?"

부처님이 답한다.

"다르지 않다. 어리석은 범부중생이 전도되어서 모든 영상이 '오직 식일 뿐'임을 알지 못하고 전도된 견해를 일으킨다. 마음 밖에 실재한다는 전도된 견해를 일으킨다."

『해심밀경』'분별유가품'에 등장하는 유식의 개념이다. 일상에서 경험하는, 즉 실생활에서 나타나는 사회현상 물리세계도 오직 마음이 만들어내는 식(識)일 뿐이지 마음밖에 실재한다는 것은 전도된 망념이다는 뜻이다. 어리석은 중생들이 꿈에서 깨어나지 못한 것처럼 전도된 망상을 가지고 살고 있다는 뜻이다.

일체유심조의 일체란 무엇인가?

심리세계뿐만 아니라 우리가 일상에서 경험하는 물리세계까지도 다 포함되어 있다. 6근이 6경을 만나 느끼는 생각, 감정, 오감이 각자의 모든 우주자체, 삼천대천세계이고, 각자는 모두 타인과 중중무진으로 연결되어 하나이면서 전체(일즉다 다즉일, 사사무애의 세계)를 이루고 있다. 제8식 아뢰야식은 7식 말라식을 통해 세계 우주법계를 인식하고 있으며 동시에 인연법(인과법칙)에 따라 우주 법계를 관리 경영하고 있다.

우리가 사는 현상계의 절대 법칙은 인과법이다. 내가 인식하는 모든 것은 오로지 식이다. 어떤 경계를 마음 밖에서는 볼 수 없다. 유식무경(唯識無境)이다.

무시 이래 "근(根)은 경(境)을 반드시 동반하고 근에 상응하여 존재한다"고 하여 "경(대상)이 없는 근은 없다"는 사상체계가 유식무경 사상이다. 왜냐하면 보는 눈이 없다면 보이는 색도 보이지 않고, 듣는 귀가 없다면 들리는 소리도 없듯이 중생의 근이 만들어질 때 경이 함께 만들어졌다는 사상은 초기불교 이래 유식학에서 요가수행자들이 각찰 통찰로 입증했다.

따라서 기세간은 근을 가진 자에게만 나타나는 현상이기에 지옥 중생은 있지만 지옥 중생을 괴롭히는 옥졸 등등 따로 지옥세계가 없다는 것이다. 고통이란 것은 자기의 업보로 자기가 받는 것이지 괴롭히는 자 또는 괴롭히는 세계가 따로 존재하지는 않는다는 것이다.

이것이 '오직 마음이 조작한다는 일체유심조(一切唯心造)'다. 오직 중생의 마음이 만들 대로 나타난다는 것이다. 우리가 죄를 지으면 찜찜해지는 것은 본연의 양심이 선량 청정하기 때문이다. 이를 본래 마음 본각이라 한다. 죄를 지으면 마음부터 괴로운 것은 Only Mind, 오직 마음의 조작일 뿐이다.

서양철학에서 칸트의 인식론은 '마음에 들어와 있는 모두는 내 마음이 가공한 것이다. 오로지 마음뿐이고, 바깥경계가 따로 있지 않다'고 하며, 물 자체(진리의 실상)는 알 수 없다고 한다. 유식사상과 같은 인식체계를 펼치고 있다.

그럼 일체를 만든다는 식은 어떤 것일까?

　제8식 아뢰야식을 말한다. 우주 전체의 정보를 모두 관리 경영하는 자리다. 아뢰야식 자체가 시간 공간 이원성을 초월한 '나와 남이 없는 자리'이다. 5근(안이비설신)이 만드는 물리적 내 몸을 유근신이라 하고, 이런 몸들이 의지하는 5경(색성향미촉)을 기세간이라 하여 '유근신과 기세간'을 우리 마음이 만든다고 한다. 유근신과 기세간을 물리세계라고 하며, 6근이 5경과 법을 대상으로 하여 일으키는 제6식, 대상의식과 대상의식의 자아식(의지, Ego)인 제7식 말라식의 심리세계를 모두 포함하여 우주 만법 일체라고 한다.

　일상의 사유 의지 생각 감정 오감과 구분되며, 그 너머 심층마음에서 활동하는 식을 제8식 아뢰야식이라고 한다. '아뢰야'는 '드러눕는다. 일체종자를 함장한다'는 의미로 일체종자식, 일체 함장식이라고 한다. '식'은 깨어있음, 알아차림이다.

　5근이 5경을 대상으로 만들어지는 5식과 5경과 법경을 포함하여, 그것을 종합적으로 사유 판단 인식하는 제6식과 제6식의 자아식(나는 나다)이라는 의지적 차원의 제7식 말라식을 관리 경영하는 심층의 청정무구한 식을 제8식 아뢰야식이라고 한다.

　청정무구한 심층마음 제8식에 뿌리를 두고, 밖으로 드러난 표층의식인 제7식, 제6식, 전5식 이런 식으로 펼쳐져 있는 것이 만법유식 체계다. 표층의식(제5식, 6식, 7식)인 전5식을 평정하면 우주의 모든 에너지를 내 마음대로 끌어당겨 사용할 수 있는 전지전능한 성소작지(成所作智), 제6식을 평정하면 묘하게 관찰하여 올바른 판단을 할 수 있는 묘관찰지(妙觀察智), 제7식 에고(Ego)식을 평정하면 모든 중생을 똑같이 보는 대자대비한 평등성지, 제8식의 대원경지는 청정무구한 참나 법신불 자성본용 무량광명의 공적성지 성자신해의 본각자리다. 불성, 여래장, 우주심, 우주의식이다. 정토 삼부경에서 설하신 바에 따르면, 부처님께서 각자의 업력, 근기에 따라 나투시는 응소지량(應所知量)의 자리라고 한다.

본각 자리 제8식 아뢰야식은 참나의 나툼이면서 제7식, 제6식, 전5식과 함께 굴러가는 것이 우주의 실상이다. 불생불멸하며 동시에 성주괴공하면서, 일체 만법이 마음의 조작으로 나타나는 물리세계와 심리세계가 각자의 우주이면서 타인들의 우주와 연기되어 굴러가는 세계가 삼천대천 우주 만법 일체라는 것이다.

"만법귀일 일귀하처(萬法歸一 一歸何處)!"

그 하나로 돌아가는 본고향, 본래 얼굴, 본래 면목자리가 제8식 아뢰야식이다. 참나의 은혜로, 또 작용으로 움직이는 '나'가 제7식 에고(Ego)식 자아식 말라식이다. '에고(Ego)라는 나'는 참나가 아바타로 나타나 현상계의 모든 작용을 일으키는 현상을 바다와 파도에 비유하여 참나라는 바다와 '생각 감정 오감'으로 구현되는 파도는 둘이 아닌 하나라는 것이다. 바다와 파도 법문의 '불이법' 사상이다.

불교의 업보 사상
 - 인과응보 사상 연기법

업이 남긴 종자, 경험이 남긴 정보라는 세력을 업력이라고 하는데, 업(원인)이 있으면 반드시 보(결과)가 있다. 업이 종자로 보존되어야 보로 나타날 수 있다. 종자를 나무의 씨앗으로 비유하여 설명한다.

하지만 개과천선이 있듯이 꼭 악업이 악업의 보를 받는다는 것은 아니다. 선업이 선업의 보를 받는다는 것은 아니고, 제8식 아뢰야식에서 종자가 종자생 종자의 생멸을 거듭하면서 돌연변이로 우리의 생명체가 진화되듯이 정해진 것은 아니다. 백천만겁 천생만생 거듭된 윤회속에 정해진 법은 없지만, 좋은 종자는 좋은 열매를 맺는다.

다윈의 진화론에 의하면 다양한 생명체 종(種)들은 경험이 반복 축적되면서 돌연변이 등을 통하여 새로운 종(種)으로 진화한다고 한다. 꽃이 피고 지고 열매를 맺고 가을이 되어 떨어지는 씨앗에 모든 나무의 정보가 다 들어가 있듯이, 우리가 천생 만생 지은 업력이라는 종자도 훈습되어 현행훈 종자로 제8식 아뢰야식에 저장되었다가 종자생 종자로 생멸을 거듭하면서 시절인연을 만나면 종자생 현행한다는 것이다.

6근의 경험 체험을 통하여 축적된 종자가 종자생 현행으로 시절인연을 만나 현실화된 것이 개인적인 몸(유근신)이고, 여러 중생들이 함께 사는 공통의 세계인 기세간이 합한 물리세계와 6근의 작용으로 인식되는 생각 감정 오감의 심리세계를 포함하는 것이 일체만법의 우리 현상세계를 뜻한다. 즉 중생의 몸(유근신)은 지난 생의 업력의 보로써 만들어진다고 보는 것이 유식만법, 일체유심, 유식무경의 유식학 사상이다.

유식의 놀라운 통찰력은 천생만생 윤회하면서 취득한 모든 정보, 경험의 저장소가 각자의 아뢰야식이란 것이다.

종자의 저장소가 두뇌일 수 있는가?

인간의 마음은 정보처리 기능과는 확연히 다르다. 중생의 두뇌는 다섯 감각기관을 통해서 들어온 정보들을 모아서 처리하는 중앙정보처리 시스템(System)의 역할뿐이다. 제7식을 통해서 알아차린 정보가 수많은 시냅스로 연결되어 수억 개의 두뇌 신경망을 이룬다. 그래서 두뇌에 모든 정보가 축적된다고 생각할 수 있다. 현상세계는 그 신경망에 상응하여 대상세계로 드러나니까 일체 정보 저장소가 아뢰야식이라 할 것 없이 두뇌저장소라고 생각할 수 있다.

그러나 두뇌는 이미 아뢰야식 종자가 종자생 현행화한 물리적 색법의 근, 6근의 일부일 뿐이다. 유근신의 일부이자 종자가 현행화한 결과물인 것이지, 아뢰야식처럼 6근과 6경을 만드는 종자를 함장한 것은 아니라는 점이 다르다.

몸이 사라지면 두뇌의 신경망도 사라져서 종자를 보존할 수 없기에 업보를 성립시킬 수 없다. 아뢰야식은 몸이 사라진 후라도 중음으로 종자를 보존하다가 다시 몸(유근신)과 현상계(기세간)을 형성한다. 반면에 두뇌는 아뢰야식의 종자가 구체적인 현실로 드러난 결과물일 뿐 업력의 저장소가 될 수도 없고, 그렇게 볼 수도 없다.

그러면 DNA가 종자의 저장소 아닐까?

DNA정보가 자손에서 자손으로 전해지기에 또한 각 생명체의 DNA안에 인류의 역사 내지 전 우주의 역사가 기록으로 유전정보로 남겨져 있고, 그 유전정보에 따라서 각 개체의 몸(유근신)이 만들어지고, 또 각자의 몸에 상응해서 대상세계가 나타나니까, 모든 정보를 함장하고 있는 DNA가 종자 저장소 아니겠냐고 생각할 수 있다.

대답은 아니다. 유전정보의 저장소라고 할 수 있는 DNA는 신체 세포 핵안에 있는 염기로 된 고분자 물질일 뿐이다. 유근신(몸)이 사라지면 몸을 이루는 세포가 부패해서 염기서열인 DNA도 함께 사라진다. 즉 유전정보도 함께 사라지고 만다. 생식세포에 의해서 2세에게 전달되지 않으면 유전정보도 말끔히 사라진다. 종자의 저장소가 될 수 없다.

소결

불교 유식학에서 논하는 업보의 관계는 자식의 유무와는 관계없고, 아뢰야식의 종자는 2세와 상관없이 보를 낳는다고 본다. 부모와 자식 간의 유사성은 각 식의 종자 기운의 유사성이다. 개체적 몸의 소멸인 죽음을 넘어서 성립한다. 유식은 우리의 경험이라는 업력이 남기는 종자를 함장하고 있는 것은 각 개인의 표층의식(전5식 6식 7식)도 아니고, 몸(유근신)에 속하는 두뇌 또는 DNA도 아닌 바로 심층마음인 것이다. 아뢰야식인데, 무슨 종자를 함장한다는 '아뢰야'와 깨어있다, 깨어있음, 알아차림을 뜻하는 '식'의 결합으로 '각성을 뜻하는 식'이라고 한다.

두뇌와 DNA는 무수한 정보가 있지만 무자각성 물질이기 때문에 각을 뜻하는 식이 아니다. 식은 없다. 예를 들면 USB가 많은 정보를 함장하고 있지만 정보를 의식하지 못하는 것과 같다. 반면에 아뢰야식은 무수한 정보를 함장하고 있으면서 깨어있는 각성의 식을 뜻한다.

　제6식 의식, 제7식 말라식은 깨어는 있지만 제한된 정보를 갖기에 무수한 종자를 함장하고 있는 깨어있는 '각성의 식'인 아뢰야식과는 구분된다.

마음은 이미 마음을 알고 있다

우리가 수행을 통해 알아차리고자 하는 '알아차림'은, 마음은 이미 마음을 알고 있다는 것을 전제로 한다. 우리가 있다고 생각하는 아(我)라는 것이 사실은 실체가 없는 무아(無我)라는 것인데. 이것을 '알아차림' 하는 것이 은산철벽 너머의 머나먼 수행정진의 길이다. 최상근기 수행자는 단박에 알아차려 대각을 이루기도 한다.

마음 스스로 번뇌에 물들지 않는 청정 무구식을 자각하는 '마음의 자기지'가 있다. 스스로 과거 업력에 의해 규정되고 결정된 자가 아닌 자유로운 존재라고 아는 마음의 본래적 각성을 뜻한다. 본심, 진심, 양심, 참나, 법신, 진여, 본각, 원각, 공적영지, 성자신해, 무일물, 본래면목, 본지풍광 등등 언어적 표현은 다르지만 같은 뜻이다.

마음의 자기지(자증지)는 어떤 것일까?

1. 오감으로 느낀다

우리가 살면서 흔히 '단박에 알아차리는 공통된 점' 하나가 있다.

내가 남에게 불편한 감정, 미워하는 마음을 내면 즉각적으로 남이 알아차린다. 누가 알아차리라고 가르쳐 준 것도 아닌데 바로 남도 단박에 알아 버린다. 족이라는 텔레파시, 미물도 알아차리는 오감의 작용, 성소작지의 전능한 힘이다.

소위 양심이라고도 할 수 있다. 양심에 어긋나면 찜찜해지는 이유라고도 볼 수 있다. 교육을 통해 배움을 통해 학습을 통해 되는 것이 아닌 타고난 성품자리다. 그래서 남에게 분노하고, 화를 내고, 미운 감정을 드러내면, 결국 피해자는 누구도 아닌 본인 자신이 됨을 누구나 한번쯤 경험하게 된다. 이런 게 '마음이 스스로 마음을 안다'는 자증지이다.

2. 소리에서 느낀다

일상에 늘 경험하는 냉장고가 웽웽하는 소리, 에어콘 돌아가는 웅웅하는 소리는 우리가 평소에는 신경 쓰지 않다가 딱 끊어질 때 알아차린다. 그 소리들이 그치기 전에도 들었는가? 안 들었는가? 만약 안 들었다면 그 소리들이 그치는 것을 어떻게 알았겠느냐? 분명히 들었으니까 그치는 소리를 아는 것이다.

우리도 모르게 '듣고 있는 마음'이 있다는 것은 분명하다. 자각하기는 하는데 의식되지 않는 자각이 있는 것이다. 마음의 활동이 있다는 증거다. 미세자각이라는 것은 자각이 의식의 문턱을 넘지 못하지만, 대상의식보다 더 멀고 더 깊은 마음, 우주 전체를 포괄하는, 소위 양자역학자들이 말하는 우주심이 있다는 명백한 증거다. 바깥이 없는 마음, 한계가 없는 마음, 무외의 마음, 무한대의 마음, 상대가 없는 절대의 마음이 있다. 이것이 자각지, 자증지라고 하는 심층마음이다.

3. 지눌선사의 법문

눈이 세상 만법을 보는데, 눈 자신을 보지 못한다고 자기 눈을 빼어서 보려고 하면 어리석지 않겠는가? 눈은 그런 식으로 볼 수 없다는 것을 아는 것이 곧 자기 눈을 보는 자각이다. 마음을 대상화하여 보려고 하는 오류를 지적한 것이다

4. 능엄경 연야달다의 비유

자기 얼굴이 없다고 미쳐 버린 연야달다의 비유품을 통해 본래부터 얼굴이 없었음이 없었기에 얼굴은 항시 그대로 있고, 잠시도 없었던 적이 없기에 본래부터 알고 있다는 것이 자기지다. 연야달다의 광기에도, 또한 광기를 벗어남에도 특별한 이유는 없다. 본디 얼굴이 있다는 것을 스스로 알고 있다. 얼굴이 있다(본각이 있다)는 것은 알기는 알지만, 그것을 대상화하여 보려고 하기에 안 보일 뿐이다.

5. 앎이 있는데 그 앎을 모르는 경우

부모님의 절대 사랑은 그 부모님이 돌아가셔야 아는 것과 이치가 같다. 평소 늘 부모님 사랑을 받아서 알지만, 사랑받고 있다는 사실을 모르고 지낸다. 부모님 돌아가시기 전에 그 사랑을 알고 있었기에 돌아가신 후 그것이 끝났음을 아는 것과 같은 이치이다. 알기는

아는데 안다는 것을 모르고 있을 뿐이다.

6. 마음의 자기 동일적 자각지의 근거(의식단절 5가지의 예)

불교에서는 꿈 없는 잠(무몽면), 민절, 무상정, 멸진정, 무상이숙 5가지 경우의 예를 들어 설명하고 있다. 꿈도 없는 잠에 들었다 하더라도, 대상의식은 끊어진 것 같아도 꿈에서 깨어나면 '동일한 나'를 즉각 알아차린다.

표층의식(5식, 6식, 7식) 너머의 심층마음(8식)에서는 마음의 활동이 계속 이어지고 있음을 알 수 있는데, 이런한 마음활동이 자기지, 자증지다.

마음의 대상지(반연심)은 어떤 것일까?

그런데 왜 쉽게 본래부터 있는 '마음의 자기지'를 간과해 버릴까? 자기지를 대상화하여 생각하려고 하면 모르게 된다. 마음에 대하여 생각하는 순간 마음을 대상화하고 그러면 즉각적으로 '자기지'는 가려져 버리고, 마음은 대상 경계에 반연하는 반연심으로 변해 버린다. 마음안에서 내적으로 자각하지 못하고 주객을 분리하여 마음 바깥에서 바라보기 때문이다.

이것이 대상지이다. 분별의식이다. 신수대사가 5조 홍인스님에게 법을 잇지 못한 이유다.

표층의식(5식 6식 7식)과 심층마음(8식)

인식된 세계는 표층의식으로 존재한다(現象界).

개인이 각자 개념틀에 따라 다르게 인식하기에 생겨나는 개념적 분별의 이원성, 인과성이 존재하는 개념적 실체의 입자세계다.

개념적 분별 너머의 세계로 분별 이전의 물자체. 파동 연기 공의 세계이다(絶對界).

마음속 깊은 심연의 세계. 심층마음의 세계로 상즉 상입의 일즉다 다즉일의 전체가 하나로 인식되는 오묘한 시간 공간 이원성이 없는 세계가 심층마음이다.

성자신해 공적영지란 무엇일까?

원효대사는 『대승기신론 소 별기』에서 일심(一心)을 설명하면서 중생의 성품은 자신을 스스로 신묘하게 알기에 성자신해(性自神解)라 했다. 목우자 지눌선사는 『수심결』에서 텅 빈 적멸 가운데 신령스런 빛을 발하고 있다 하여 공적영지(空寂靈智)라 했다. 우리 안에 분명히 명(明)으로 있는데 무명(無明)으로 가려져 못 볼 뿐이란 것이다.

스스로 자각하는 자기지를 본각이라 하고, 무명에 가려 못 보는 것을 불각이라 한다. 중생은 누구나 본각이 있지만, 중생은 본각이 있다는 사실을 알지 못할 뿐인다. 불각에서 시각으로 구경각을 찾아가는 기나긴 점수행을 통해 증득해서 본각자리로 돌아가면 일대사 인연을 해결할 수 있다는 것이 『법화경』의 일불승 가르침이다.

표층의식(대상의식 반연심) 인식 방법은 어떻게 되는 것일까?

　표층의식, 대상의식, 분별의식은 '안이비설신의'라는 6근이 '색성향미촉법'이라는 6경계를 만나면 일어나는 '생각, 감정, 오감의 의식활동'을 말한다. 전5식의 감각기관을 통해서 들어온 오감의 내용을 정리해서 지각 판단 사유하는 인식활동을 일으키는 6근을 통해, '전5식과 법'이라는 의식 대상을 만나서 의식활동 하는 것을 생각한다.
　사유는 제6식의 마음활동이다. 의식대상이 있어야 의식활동을 하는 것이지, 의식대상이 없는 의식은 없다. 이를 '의식의 지향성'이라 한다. 현상계에서 6근 작용으로 6경(6진)을 만나서 6식이 생겨나게 되는 것이 우리가 우주 법계라고 생각하게 되는 절대법칙, 공식 원리. 우주 만법은 6근 6경 6식으로 생겨난 18계가 전부다. 일체유심조라고 하는 일체가 6근의 작용으로 생겨난 모든 현상계가 각자의 우주를 형성하고 있다.

　내가 살아가는 우주는 내가 스스로를 주인공으로 만드는 것이고, 남의 우주가 존재하기에 각각의 우주가 다르지만, 서로 연관되어 중중무진 연기로 전체 속의 하나, 일미진중함시방(一微塵中含十方)의 일즉다 다즉일(一卽多 多卽一)로 이루어진 것이다. 그래서 일체는 현상계에 나타난 6근의 작용으로 각자가 인식하는 세계를 만법이라 한다. 만법귀일 일귀하처, 절대계 하나로 돌아가는 그 성품자리를 알아차리기 위해 참구하는 게 화두다.

심층마음(청정무구식 참나)이란 무엇일까?

중생들은 대상의식(반연심)이 마음 활동의 전부라고 생각하지만, 과연 대상의식이 마음활동의 전부일까? 대상이 없으면 의식은 없게 되는가? 한마디로 아니다. 마음을 아는 자는 남도 아니고, 나도 아니고, 정신분석학자도 아니고, 뇌과학자도 아니다. 바로 마음(Only Mind)이다. 우리 성품자리다. '본각'이다. 일체유심조, 유식무경, 만법유식할 때의 식(識), 심(心)이다.

'내 마음 나도 모르게'라는 유행가 가사처럼 나도 잘 모르고 또한 내 마음이라고 해서 내가 주제(主宰)적일 수도 없는 노릇이다. 흔히 내 마음이라고 하는 마음에 기만당하고 내 뜻대로 되지도 않는다. 즉 상일적이고, 주제적이고, 주체적이지 않은 것을 내 마음이라고 할 수 없다.

어두운 암실에서 눈을 감는 것이나 눈을 뜨고 있는 것이나 전혀 다르지 않다. 깜깜한 것만 보인다. 보이는 것이 없으면 안 본다고 생각하지만 보이는 것이 없음에도 보이는 것이 없다는 것을 알아차리는 '알아차림의 마음'이 있다.

보이는 것이 없어도, 즉 대상이 없어도 분명히 보는 마음의 활동작용이 지켜보고 있다.

마음의 성품 본성자리가 있기에 안 보인다는 것을 알 수가 있다. 제6식 의식보다 더 멀고 더 깊은 심층의식이 있다. 안 보인다는 것은 보인다는 것을 전제로 한 개념 너머의 깊은 심연 속에 있는 마음은 '보인다 안 보인다'가 아닌 있는 실체 그대로의 앎이다.

성품이란 본래 마음의 활동작용이 있기에 눈으로는 안 보이는 것

같지만 안 보이는 것을 알아차리는 성품이 있다.

『능엄경』에서 관세음보살이 이근원통을 말씀하시는 '문성 반문성(問性 反問聲), 듣는 소리를 되돌려 그 성품자리를 보라는 뜻 그대로다. 회광반조하라는 뜻 그대로다.
보이는 것이 없음, 텅 빈 허공(虛空)에 들리는 것도 없는 고요함(寂滅), 즉 텅 빈 공적의 마음이 스스로를 신령하게 아는 것이 공적영지, 성자신해, 참나, 본각이라 한다.

혜능과 신수 깨달음의 차이

마음을 흔히 거울에 비유한다. 수행을 통해 제8식의 미세한 번뇌마저 사라진 멸진정 단계에서 얻는 지혜를 '대원경지', 즉 '큰 거울의 경지'라 한다. 마음의 자기지를 거울에 비유할 때, 거울의 활동은 두 가지로 볼 수 있다.
대상을 비출 때(수연응용)와 자신을 비출 때(자성본용)의 작용은 달리 나타난다. 대상을 비출 때는 마음의 대상지로, 자신을 비출 때는 마음의 자기지로 드러난다.

1. 신수가 본 대상지

신수는 마음을 바깥에서 대상을 보듯, 마음을 거울에 낀 먼지를 통과한 대상지로 보았다. 참나를 보기 위해 열심히 먼지를 닦아야 볼 수 있다는 마음의 자기지를 보지 못한 게송을 읊은 것이다. 마음의 자기지(자증지)를 간과한 것이다. 신수가 본 마음은 때가 있음의 대비로 때 없는 마음을 보려한 것이다. 병 대신에 약에 집착한 것이다. 대승기신론에서 설하는 생멸문을 본 것이다. 마음을 대상이 있는 그대로 비추는 거울로, 즉 대상지로 바라본 것이다.

2. 혜능이 본 자기지

혜능은 마음은 본래부터 무일물(無一物), 즉 공(空)한 것으로 보아 마음에 쌓인 먼지와는 상관없이 마음을 직접 자각하였다. 마음이 마음을 내적으로 자각했다. 혜능이 본 마음은 '때 있음과 때 없음 너머'의 근본 바탕의 텅 빈 마음을 본 것이다. 마음은 때와는 아무런 관련이 없는 병도 약도 떠난, 그림 이전의 텅 빈 바탕 자리라는 종이 자체를 본 것이다. 마명보살이 대승기신론에서 설하는 진여문을 본 것이다. 마음을 '본래 부처의 마음, 청정심, 진여심, 참나'로 단박에 자각한 것이다. 마음을 대상이 있거나, 없거나 항상 여여하게 자신을 비추고 있음을 본 것이다.

신수와 혜능은 차원, 증위를 달리 본 것이다. 혜능선사는 마음은 거울에 낀 때와는 아무런 상관없는 다른 차원에서 봄으로써 5조 홍인대사의 심법을 이어받을 수 있었다.

자증지(본각)가 있음을 왜 알지 못하는가?

 마음이란 바깥이 없는 무외의 마음, 무한의 마음, 상대가 없는 절대의 마음, 우주 만물을 품에 안은 보이는 것이 없는 텅 빈 가운데, 들리는 것이 없는 고요 적막 속에서 스스로를 신령하게 아는 마음. 그 마음의 앎을 공적영지(空寂靈智)라고 하는데, 중생은 그 마음 바깥으로 나가본 적이 없기에 그 마음으로 살면서도 그 사실을 알아차리지 못한다. 따라서 공적영지의 마음은 전체로서의 마음, 우주심이라고 하기에 볼 수는 없지만 분명 소소영영(昭昭靈靈)으로 오묘한 빛을 발하고 있음은 선지식, 조사, 선사들의 깨달음의 노래로 보여주고 있다.

불교 수행의 목표

 마음이 마음을 아는 '알아차림'을 통해 얻을 수 있는 텅 빈 가운데 적멸한 신령스런 알아차림, '참나를 마음의 경지'로 갖는 부처가 되는 것이다. 참나, 공적영지, 성자신해, 본래성품자리, 청정심이다.
 『능엄경』에서 설하신 '관 관자 회광반조 문성 반문성(觀 觀者 廻光返照 聞性 反聞聲)의 수행법'을 통한 그 자리가 본래성품 자리임을 '알아차림'의 수행을 통해 열반 해탈의 경지를 얻어 영원히 편안한 안심의 경지에서 내 마음이 청정한 상락아정에 이르는 길이다.

오늘은 오늘로써 절대다

**오늘은 내일을 위하여 존재하는 것이 아니라
오늘은 오늘로써 절대다.**

묵조선을 강조하는 일본 조동종의 종조 도겐선사의 정법안장에 나오는 법문이다. 지관타좌(오직 앉아 있을 뿐) 법문으로 알려진 유명한 법문이다. 굉장히 일반적인 이야기 같지만 참 실행하기 어려운 일이다.

사람들은 자신들이 미래의 무엇을 위하여 존재하는 것처럼 생각한다. 미래 성공을 위해 지금의 시간을 희생해도 좋다고 생각한다. 하지만 미래보다는 지금 이 순간 깨어있음이 더 확실하다는 의미다. 물론 미래를 계획하고 대비할 필요는 있지만 현재를 희생하면서까지 그럴 필요는 없다. 불확실성에 투자하는 것은 어리석은 짓이다. 바로 지금 여기가 가장 확실하고 분명한 시간 공간이다. 한마디로 "Now and Here, 이것뿐!"이다.

일체의 다른 생각 번뇌 망념 동작이 없는 것, 응무소주 이생기심으로 마음을 쓰는 것을 무위법이라 한다. 함이 없는 함(無爲之爲)

을 말한다. 지금 이 자리에서 즐거운 마음으로 즐겨야 한다. 내가 주인이고 나는 항상 행복하다는 마음을 가져야 한다.

수처작주 입처개진(隨處作主 立處皆眞), 내가 손님이 아닌 주인이면 늘 행복하다.

'언젠가는 행복하겠지.'
'언젠가는 각(覺)을 얻겠지.'

이딴 생각은 집어치워야 한다. 생로병사를 피할 수 있는 사람은 없다. 심지어 대각을 이룬 부처님께서도 늙어가셨고 아프고 병들어 가셨다. 마지막 열반하실 때는 춘다가 공양한 상한 음식을 드시고 심한 복통을 겪으셨다. 하지만 그냥 알아차릴 뿐, 거기에 마음의 동요는 없었다. 생로병사를 초월하는 법을 통달하신 것일 뿐. 다른 어떤 묘법이 있는 것도 아니다.

생생 노노 병병 사사할 뿐, 거기에는 생생 노노 병병 사사 하는 자는 없다. 늙고 병들고 죽는 것은 오직 실체가 없는 아바타일 뿐이다. 살면 살 뿐, 늙으면 늙을 뿐, 병들면 병들 뿐, 죽으면 죽을 뿐, 실제로 늙고 병들고 죽는 자는 없다.

우리의 본 성품자리는 불생불멸(不生不滅), 부증불감(不增不減), 불구부정(不垢不淨)하는 청정한 그 자리일 뿐, 우주 전체에 편재한 우주 의식일 뿐, 모양도 형체도 없고 말로 표현할 수도 없고, 마음의 길도 끊어진 그 자리일 뿐이다. (言語道斷 心行處滅)

죽음은 언제 어떻게 어느 순간에 올지 아무도 모른다. 복진즉사(福盡卽死)다. 세세생생 짓고 지은 복이 다하면 간다. 단 갑자기 들이닥치면 방황하게 된다. 임종 일념 한 생각도 못하고 가 버릴 수 있다. 임종 일념이 최고 중요하다. 지금부터 연습해야 한다.
도겐선사가 '지관타좌의 수행법'을 강조하는 이유다.

지관, 오로지!
타좌, 앉아 있을 뿐!
오로지 지금 이 순간뿐이다.

화를 다스리는 게송

　윤회하는 근본 이유인 무명이 짓는 '탐진치' 삼독 중 '식욕, 성욕, 수면욕'이라는 동물적 욕망을 제외하고 현상계를 살아가야 하는 인간은 사회성이라는 연기적 관계로 살아야 하기에 누구나 다 '재물욕, 명예욕'을 성취하여 부자로 살기를 바란다.
　공자님은 "부자가 되고 싶은 욕망은 누가 가르쳐 준 것이 아니라 타고난 성품"이라고 했다. 부처님은 재가불자들이 살아가면서 재물의 필요성을 알고, 재물을 모으고 사용하는 방법에 대해 법문하면서, 재물을 모으는 10가지 방법 중 최고의 방법으로 '정당하고 여법하게 재물을 챙기되 자신도 챙기고 타인도 챙기면서 재물에 집착하지는 말라'고 하셨다.
　탐심의 오욕 중에서 재물욕, 명예욕을 성취하여야만, 자신의 삶이 성공했다고 생각하며 살아가야 하는 땅이 사바예토다. 사바예토에서 잘 살기 위해 부처님께서는 재가불자들에게 당부하신 행복한 삶을 위해, 성공해서 많은 재물을 챙기되 재물에 집착하지 말고, 불법승 삼보에 공양 보시하여 복덕과 공덕을 쌓으라고 하셨다.

　부처님은 재가불자를 '행복의 길'로 인도하고, 출가자는 '해탈의 길'로 인도하는 각자 근기에 맞는 방편법문(대기법문)을 설하셨다. 그 중에 재가불자나 출가자에게 공통으로 "행복의 길에 들기 위해서는 화를 다스릴 줄 알아야 한다"고 하셨다. 성공한 사람들은 화를 잘 다스리는 마부와 같다. 위대한 부처님을 조어장부(調御丈夫)라고 하는 이유다.

게송(偈頌)은 마음이 쉬어지는 노래란 뜻이다. 부처님께서는 8만 4천 법문을 직접 글로 쓴 것이 아니고, 근기에 맞게 방편 법문하신 것을 게송으로 들려주셨다. 그것이 구전으로 전해지다가 경전으로 기록된 것은 불멸 후 500년이 지난 다음이다.
슬픈 마음은 내려 주고, 들뜬 마음은 가라앉혀 주고, 중도가 되도록 만들어 주는 것이 게송이다. 부처님 가르침, 담마, 법, 진리, 게송이 다 같은 뜻이다.
부처님 당시의 제자들은 부처님 게송을 듣고 '수다원, 사다원, 아나함, 아라한'에 이르셨다. 게송만 듣고 단박에 아라한 과위에 오른 성자들을 성문승이라 한다.
사리불 같은 지혜제일의 제자도 부처님 게송을 만나지 못했다면 수다원과조차도 얻지 못했을 것이라고 부처님께서 말씀하셨다.

심층마음을 각찰한 세친보살의 유식 30송 제4송을 보면, 제8식 아뢰야식 심층마음에 종자로 저장된 번뇌와 선악의 씨앗에 의지하여, 제6식 분별식, 제7식 에고(Ego)식이 항상 폭류처럼 작동하고 있기에 순간순간 성난 파도가 폭류로 솟아난다고 한다. 이런 폭류는 수행을 통해 아라한 지위에서 머문다 라고 한다.
무의식의 심층마음에는 알 수 없는, 세세생생 백천억겁 동안 축적된 과거의 경험과 체험이 종자로 함장되어 있기에, 때로는 아무런 이유도 없이 예상치도 못한 분노의 감정이 성난 파도(폭류)에 휩쓸리게 된다.

조그만 다툼에서의 작은 성냄이 분노가 되고, 분노가 쌓여 원한이 되고, 또 고정관념으로 습관화되어 일상을 시도 때도 없이 지배하여 행복해야 할 삶을 망쳐놓는다.

경전에 의하면 천상, 천신들도 화를 자주 내면 빨리 죽는다고 할 정도로 화(火)를 내는 것은 모든 복덕 공덕을 한순간에 사라지게 한다. 쉬운 말로 화(火)를 내면 온갖 노력이 물거품으로 돌아가 버리는 것이다.

누구나 일상에서 치솟는 화를 겪고 있다. 어떤 조건 대상을 만나면, 스스로 이해할 수도 없는, 이유를 알 수도 없는 화, 분노의 감정이 치솟아 오른다.

그렇다면 아라한과를 성취해야만 우리는 깊은 과거 경험의 성난 파도로부터 자유로울 수 있나? 그렇지 않다. 수행을 통해 꾸준히 극복하는 연습을 하면 된다.

파도타기를 연습한다

분노의 감정에 아바타라는 닉네임을 붙여 '아! 이것은 내 무의식의 파도이구나!' 하면서 이름을 붙여, '아바타가 또 화를 내는구나!' 하면서 함께 파도타기를 연습하면서 같이 놀아준다.

화남을 인정하고 자비심 연민심으로 맞이한다

심층마음에 종자로 있던 마음의 폭류(성난파도)가 시절인연을 만나 의식수준(제6식 의식, 제7식 말라식)으로 올라오면 친절, 수용, 연민으로 대해 줄 필요가 있다. "차 한잔 하시게!" 하는 마음으로 내가 나에게 따뜻한 차를 대접한다. '누구나 이럴 수 있다' 하면서 내가 나를 따뜻하게 위로해 준다. 마치 소중하고 사랑하는 사람을 대하듯이 자애심을 내야 한다. 행복한 삶을 위해서 경전에 나오는 게송 공부를 해보는 것도 의미가 있다.

어차피 원해서 온 곳도 아닌 사바예토, 행복과 불행이 끊임없이 무한 반복하는 인고토(忍苦土)의 땅, 사바세계(Saha World)는 예토(穢土), 즉 더러운 땅이란 뜻이다. 고통을 참아 내야만 살 수 있는 땅이다. 사바예토를 탈출하는 그날까지 행복한 삶을 위해 성난 파도를 다스려야 한다.

경전에 나오는 화를 다스리는 몇 가지 게송을 소개한다.

게송1.

달리는 마차를 능숙하게 멈추듯이
치솟는 분노를 잘 다스리는 사람 그가 진정한 마부다.
나머지 사람들은 그저 말고삐만 잡고 있을 뿐이다.
- 법구경 222

계송2.

남을 괴롭히지 않는 것도
훌륭하지만 괴롭힘을 당하고서도
화내지 않는 것은 더욱 훌륭하다
해치는 마음이 엷어질수록
괴로움도 사라지리라
  - 법구경 390

계송3.

화를 낸 자에게 화로서 앙갚음을 하는 자는
처음 화를 낸 자보다 더욱 비열하다
화로써 앙갚음하지 않을 때
승리하기 어려운 전쟁에서 승리한다
  - 상응부 경전 162

계송4.

몸과 마음의 존재는 순간적인 것이라
이미 사라져 버렸거늘
지금 그대는 누구에게 화를 내는가?
그에게 고통을 주려해도 그가 없다면
누구에게 고통을 주겠는가?
그대의 존재가 바로 고통의 원인이거늘

무엇 때문에 그에게 화를 내는가?
그대가 그에게 화를 낼 때
무엇에 대하여 화를 내는가?
머리털에 대하여 화를 내는가?
아니면 몸털 손발톱 이빨 살갗에 대하여 화를 내는가?
오온의 무더기에 대하여 화를 내는가?
 - '청정도론' 중에서

『청정도론』을 편집한 붓다고사는 메타 수행에서 자기 친절의 중요성을 처음으로 강조하셨는데, 내가 먼저 나에게 친절 배려 연민으로 보살피는 마음이 들 때 남에게도 친절할 수 있다고 하신 것은 자리이타 요익중생(自利利他 饒益衆生)의 불교의 핵심사상과 일맥상통한다. 자신에게 친절하면 남에게 화를 낼 수 없다는 가르침이다.

부처님 가르침 게송을 읽고 듣고 새기면서 하루 단 5분만이라도 계속된 명상수련, 연공수련 명상을 하면 폭류처럼 솟아나는 화를 잘 다스릴 수 있다.

4차원을 꿰뚫어 보는 참나의 마음

현상계와 절대계

의상스님은 화엄경을 통달하시고 법성게 제12구에서 무량원겁즉일념 일념즉시무량겁(無量遠劫卽一念 一念卽是無量劫)이라 노래했다. 저 영원한 겁이 바로 한 생각이며, 한 생각이 곧 무량겁이라는 것이다.

보통 3차원이라 표현하는 현상세계를 아인슈타인 박사는 과거 현재 미래를 동일한 시간상에 놓고 보아 4차원의 세계로 표현했다. 끝이 없는 무량겁의 한 생각도 찰나이고, 찰나의 한 생각도 끝이 없다는 뜻이기도 하다. 시간이란 것도 오직 마음의 조작이란 뜻이다.

현상계의 차원에서 보면 중생은 시간 공간 인간 사이에서 살아가고 있다. 제7식 말라식이 작동하는 현상계는 생각 감정 오감으로 구성된 이원적 분별적 인과성으로 독자적 실체로 있는 것이 아니다. 시간 공간 인과성이 없는 참나(절대계) 차원에서는 시간 공간 인과의 작용이 안 보이니까 눈으로 볼 수는 없다. 즉 실체가 없다. 하지만 텅 비어 보이지 않지만 소소영영(昭昭靈靈)한 영적공지라는 '한 물건'이 분명히 있다. '진정한 나, 참나'가 그 물건이다.

절대계인 참나의 알아차림으로 보면 현상계의 시간 공간 인간은 단지 그 이름이 시간 공간 인간이라고 하는 것이다. 실체가 없는 유명무실(有名無實)이다.

알아차림뿐(참나 본각 원각 법신의 성품자리)

참나의 성품자리에서는 오직 '알아차림뿐'이다. 6근을 떠나서 알아차리는 그 자리가 참나다. 우리는 알아차림을 통해서만 존재하는 것이고, 4차원을 초월한 참나의 자리에서 현상계를 관리 경영하고 있는것이다.

내 마음에서 일어나고 있는 6근의 작용(6식, 7식의 작동)을 체험하고 확인하는 것은 각자의 우주법계다. 또 다른 각자들의 개별적 우주법계인 집합체가 모여 현상계를 구성하고 있는 것이다.

양자역학 얽힘 공명 현상을 증명한 이중 슬릿 실험으로 입자와 파동이 동시에 공존하고 있음이 증명되었다. 색즉시공 공즉시색으로 현상계와 절대계가 공존하고 있다. 입자인 물질세계와 파동인 공의 세계가 상즉상입하는 한 덩어리가 전체이면서 하나인 것이다.

달마조사의 유명한 법문, 즉 "몰라! 오직 모를 뿐! 과거도 몰라! 미래도 몰라! 아무것도 몰라! 지금 여기 나뿐이야!"라는 안심법문으로 "너를 안심케 했다"는 한마디로 2조 혜가에게 법을 전한 그 성품자리가 참나다.

한 마음 내려 놓는 방하착으로 초연하게 보고 있으면, 지금 이 순간을 만족하면서 관(觀)하면 참나가 등장한다(단박에 등장하는 것, 홀기일념으로 최상근기 중생의 돈오). 나와 남을 구별하지 않는 나, 나 아닌 것이 없는 나, 4차원의 현상계(시간 공간 인간)가 한 덩어리로 됨을 알 수 있다.

  참나를 알아차린 것이다. 보조국사 지눌선사는 증오(證悟)와 구분하여 해오(解悟)라고 했다. 화엄경 사사무애의 세계가 펼쳐지는 것이다.

화엄경 초발심 공덕품

  1주 보살 단계의 깨달음인 『화엄경 초발심 공덕품』에도 시방 삼세가 공한 것임을 깨달았다. 시방 삼세가 모두 한 덩어리라는 것을 알게 되었다. 일체중생이 나와 둘이 아님(不二法門)을 알게 되었다. 내 마음 안에 있는 보리심, 양심이 시방 삼세를 다 덮고 있음을 알게 되었다. 삼매, 명상을 통한 영적 체험으로 알아차려 버리면 우주가 내 손아귀에 들어온다. 내 참나가 4차원의 시간 공간 인간(주객)이 있는 현상세계를 만들었다는 것을 알아차리고, 한 덩어리로 끝없이 굴러간다는 것을 자연스럽게 알아차린다. 돈오한 것이다. 성품자리를 본 것이다. 확철대오, 구경각, 증오의 단계 이전에도 만신의 경지에서도 볼 수 있다.

  만신(滿信)이 되면 자연히 초발심 변정각으로 일지 보살이 된다. 해오(解悟)의 단계에서도, 현상계라는 4차원의 시간 공간 인간이 내 에고(Ego)의 작용일 뿐이다. 꿈속의 세계와 같아 꿈 깨면 사라지는 허망한 가상 세계임을 알 수 있다.

'참나, 법신, 법공'의 차원에서 보면 일체가 상즉상입의 한 덩어리 세계일 뿐이다. 현상계는 내 생각, 내 감정, 내 오감이 한 덩어리고, 시간 공간 인간으로 이루어져 있고, 그 사이사이에서 자기만의 우주를 만들어 살고 있는 에고(Ego)의 분별성, 이원성, 인과성의 세계임을 알 수 있다.

깃발과 바람

육조 혜능선사의 법문 중 '깃발과 바람'이 있다. "깃발이 흔들리는 것은 깃발이 흔들리는 것도 아니고, 바람이 흔들리는 것도 아닌 오직 우리 안의 마음이 흔들린다"는 법문이다. 일체유심조, 유식무경, 삼계유식에 참나의 작용이 분명히 있다는 '알아차림(참나)'을 깨우치는 유명한 가르침이다. 한 물건을 본 것이다.

중생의 마음이란 무엇인가?

현상계의 마음이라고 하는 의미는 3가지로 분류할 수 있다. 마음의 구조를 잘 살펴보면, 우리가 '나(자아, Ego)'라고 갖는 개념들, 마음이라 생각하는 마음은 오온에 갇힌 반연심, 대상심, 대상에 따라 생멸하는 마음, 곧 의식이다. 6근의 작용으로 생겨나는 생각, 감정, 오감을 우리는 마음이라 착각하고 살아가고 있다. 우리가 착각하는 자아(Ego)식, 제7식 말라식을 한번 살펴보자. 과연 '나'라고 생각하는 오온(몸과 마음)이 상일하고 주체적이고 개체적인 존재일까? 3가지 개념들을 검증해 보자.

첫째, 변함없이 한결같은 상일(常一)한 자아
　심신의 구성물들은 끊임없이 변화하고 있다. 지수화풍 4대 가합으로 연생연멸할 뿐 실체는 없다.

둘째, 내 뜻대로 될 수 있는 주체적 자아
　인간은 여러 환경적 요소들과 함께하는 존재라 내 뜻대로 된다고 하는 것은 착각에 불과하다. 현상계는 연생연멸하는 연기 인과 법칙이 절대적으로 지배하기에 내 뜻대로 될 수 있는 것이 아무것도 없다.

셋째, '나와 너'는 별개의 존재라는 개체적 자아
　오온에 개체적 본질이라고 할 수 있는 것은 없다. '이게 나다'라고 내세울 만한 나만의 본질 특징은 나만의 것이 아니다. '나'라는 개념에 상응하는 상일하고, 개체적, 실체적 자아는 없다. 오온을 '나'라고 여기고 있지만 '나와 오온'은 일치하지 않는다. 명실상부하지 않는다. 나(Ego)가 참나라고 착각하면서 산다. 오온의 실상은 무상하고, 비주체적이고, 개체적 본질이 없다. 개별적 실체는 없고 인연으로 중중무진연기로 관계성으로 존재한다.

우주 전체를 품에 안는 열린 큰 마음 참나가 있다

　마음의 자증지(自證智)는 누구나 단박에 즉각적으로 알아차림을 통해 느껴 본 경험들이 있지만 간단하고 단순한 것들로 생각하여 쉽게 놓쳐버리고 간과하기 쉽다. 자신의 참나를 보기 힘든 이유는 세세생생 오랜 습기로 인하여 중생의 제6식, 제7식의 작동으로 마음을 대상화하여 보기에 볼 수가 없다.

  공부하는 우리들은 신수와 혜능의 이야기를 통해 심법(心法)이 5조 홍인대사에서 6조 혜능선사로 넘어가는 과정에서 잘 살펴보았다. 신수는 공적영지의 참나를 대상화시켜 보려고 했기에 볼 수 없었다. 거울에 낀 먼지, 때 너머에 있는 거울 자체의 대원경 품성을 보지 못했다. 텅 빈, 그러나 신령스럽게 빛나고 있는 그 자리를 공적영지(空寂靈智, 지늘선사), 성자신해(性自神解, 원효대사)라는 말로 본각 자리를 이름하였다. 신수대사는 오묘하고 신령스러운 본각 참나 자리를 볼 수 없었기에 심법을 전수 받지 못했다. 단지 밖에서 안으로 보는 6근의 대상지로만 본 것이었다.

참나의 발견

  부처님께서 설법하신 무아설은 오온 안에도 밖에도 개별적이라 실체적인 자아는 없고, 인연으로 서로 연관되어 존재한다는 것이다. 무상한 것을 상일하고 주체적이며 실체가 있는 것으로 집착하는 것이 문제라고 하시면서 곧 사라져 버릴 것을 '항상된 나'인 것처럼 붙잡는 허망한 집착에서 벗어나야 참나를 알아차릴 수 있고, 확인할 수 있다고 하셨다. 본격적, 체계적 학문적으로 논한 것은 유식 불교부터다.

  부처님 열반 후 심법(以心傳心)으로 마하가섭을 1대 조사로 여래선이란 이름으로 전해 내려오다가 28대 조사인 달마대사가 중국으로 심법을 전하면서 중국에서 선불교란 이름으로 참나를 깨우치는 사람의 마음을 곧장 가리킨다는 뜻의 직지인심(直指人心)으로 화려한 꽃을 피우게 되었다.

일심 참나란 무엇인가(원효대사의 법문)

무엇이 일심인가? 염정(染淨)제법이 그 성(性)이 둘이 아니고, 진망(眞忘) 2문이 다를 수 없기에 일(一)이라고 하고, 둘이 없는 자리가 제법 중의 실(實)이면서 허공과 달리 성(性)이 자신을 신묘하게 알기에(性自神解) 심(心)이라 한다.
- '대승기신론 소' 중에서

염정을 포괄하고 또한 진망을 포괄하니까 '전체이며 동시에 하나'가 되는 것이다. 추상적 텅 빈 공간이거나 물질이 아닌 자신을 신묘하게 알아차리는 신령스런 오묘한 '한 물건 그 시기'라는 것이다.

작은 마음 너머 큰 마음으로

참나를 알아차리지 못하고 오온에 갇혀 나에게 집착하는 마음을 '무명(無明), 범부의 마음, 작은 마음, 반연심'이라고 한다면, 오온의 장벽을 넘어선 열린 마음, 명(明)의 마음이 '큰 마음, 부처의 마음'이다.

부처님께서는 인간의 마음이 본래 일심(一心)이라고 설하셨다. 전체적 일(一) 하나를 어디 외재적 신(神)이나 어두운 물질로 보는 것이 아니라 중생의 마음은 본래 신령스럽고 밝은 영명(靈明)한 본각의 마음으로 본다. 우주법계 현상계인 4차원 세계를 꿰뚫어 보는 지혜의 마음을 참나라고 한다. 한계를 넘어선 우주적 마음, 우주심이라 한다.

유식학에서 제8식 아뢰야식은 참나의 성품자리로 우주를 아우르는 일심(一心)으로 현상계의 6근의 작용(6식, 7식)을 관리하고 경영하는 큰 마음을 의미한다. 우주전체를 품에 안는 동체대비의 마음이다. '나와 너, 일체 주객분별 자타분별'을 떠난 절대 평등의 마음이다.

무명으로 말미암아 큰 마음 참나를 알아차리지 못하고 육도를 윤회하고 있는데, 점진적 수행(마음 공부)을 통하여 참나를 알아차리면 4차원 현상계를 꿰뚫어 볼 수 있는 지혜의 큰 마음이 열리게 된다.

불교 수행의 목적

수행의 목적은 상락아정(常樂我淨)인 참나의 성품을 마음의 경지로 삼아 지혜 자비를 실천하는 보살도에 있다. '무상(無常), 고(苦), 무아(無我)'를 증득하여 아라한 경지에서 열반 해탈에 든다는 소승의 마음이 작은 마음이라 한다면, 일체 중생을 다 구제한다는 원력을 세워 다시 중생 현상계로 돌아오고 싶어 하는 현장스님 같은 분이나, 열반 해탈에 들지 않고 일체 중생을 모두 다 해탈에 들게 하는 관세음보살, 지장보살 같은 분들이 가진 마음이 대승의 큰 마음이라 할 수 있겠다. 참나를 깨친 후 점진적 수행(돈오후 점수)을 해야만 진정한 보살도를 구현하는 큰 마음이 자연스럽게 열린다는 생각이다.

입자와 파동에 대하여

다윈의 위대한 발견은 우연히 스코틀랜드 해변가에서 지금은 존재하지 않는 생물체의 화석을 보고 모든 생물은 진화한다는 것을 통찰함으로써 이뤄졌다. 이런 통찰(insight)은 신 중심의 창조론을 표방하는 기독교 사회를 완전히 뒤집어 놓았다. 이것을 찰스 다윈의 통찰이라고 한다.

진리는 어떤 한 점에서 딱 알아차리면 모든 상황을 포괄할 수 있어야 한다. 4~5세기 일어난 유식사상도 그랬다. 깊은 숲속에서 요가를 수행하는 수행자들(요가까라)이 표층마음 너머에 있는 심층마음에 대한 통찰(insight)한 것을 바탕으로 이론화된 사상이다. 화엄경의 일체유심조(一切唯心造) 만법유식(萬法唯識) 유식무경(唯識無境)의 공 사상과 일치하더라는 것이다

심층마음은 각성의 마음, 시간 공간 이원성을 초월한 분별 너머의 마음임을 각찰했다. 이것이 제8식 아뢰야식 불생불멸의 성품자리, 참나, 본각, 관찰자다. 참나, 제8식 아뢰야식이 제7식 말라식, 제6식 의식, 전5식 모두를 관리 경영하더라는 것을 깊은 삼매에 들어 통찰해서 알게 된 것이다. 각찰(覺察), 일체만법이 본래 공(空)임을 깨달아 안 것이다.

양자역학이 발전하면서 부처님의 법문인 능엄경의 본래성품 관찰자 사상, 반야심경 공즉시색 색즉시공의 공사상이 과학적으로 증명되고 있다.

능엄경 핵심 요지는 관찰자를 관찰하라(관 관자. 문성 반문성 회광반조)다.

양자란 무엇인가? 우리말로 알갱이를 뜻한다

가) 양자란 어떤 양(量, ENEGY)를 가지고 있는 놈으로 해석된다. 파동이라 여겼던 빛은 광전효과 실험을 통해 33왓트의 전구에서 1초 동안에 빛 알갱이, 광자를 10에 20승만큼(100억 인구에 각각 100억원을 지불하는 양) 많은 양을 쏟아내고 있는 입자로 입증되었다. 그만큼 미세한 물질이기에 오랫동안 빛이 입자인 것을 알 수 없었다. 그러기에 오랫동안 빛은 파동이란 것을 경험칙으로 알고 있었다. 빛이 입자의 성질을 갖는다는 것을 현대물리학의 양자역학이 과학적으로 입증했다.

나) 입자는 또한 이중슬릿 실험을 통해 물결무늬를 만드는 파동의 성질을 갖는다는 것도 알았다. 나뭇잎이 떠있는 물에 돌을 던지면 물결무늬를 만든다. 그것을 간섭무늬 파동이라고 한다. 파동은 에너지의 전달이라고 한다.

다) 입자처럼 행동하는 그 빛을 보고 파동이라고 할 수 없고, 파동처럼 행동하는 그 빛을 보고 입자라고 할 수 없다. 이중적으로 행동

하는 빛(양자)을 보고 입자라고도 파동이라고도 할 수 없다는 결론이다. 빛은 입자도 아니고 그렇다고 파동이라 할 수도 없다.

빛과 양자(아원자 전자)는 입자도 아니고 파동도 아니다. 입자라는 이름도 파동이란 이름도 양자를 제대로 이름 짓는 것일 수는 없다. 입자라고 할 수 없고 입자 아니라고도 할 수 없다. 파동이라고 할 수 없고 파동 아니라고도 할 수 없다. 유를 부정하고 무도 부정하면 연기만 남는다. 입자일 수도 있고 파동일 수도 있는 이중성, 중첩성만 남는다.

양자의 이중성을 보면서 잡아함경에 나오는 유업보이무작자(有業報而無作者)를 생각한다. 업이 있으니까 현상이 일어나고 있지만, 업을 일으키는 그 자가 그 업을 일으키는 그 놈은 아니다.

양자의 실체는 무엇이냐?

일본 물리학자이며 노벨상 수상자 도모나가는 양자를 수줍은 처녀 같다고 했다. 수줍은 처녀처럼 얼굴만 쳐다봐도 행동이 달라짐을 비유한 말이다. 양자는 어떤 조건, 어떤 맥락에 의존하여 행동한다는 것이다. 상황에 따라 변한다는 것이다. 상호관련, 상호의존성은 연기한다는 것을 의미한다, 양자라는 것은 물이 흘러가듯 파동으로 있다가 관찰하는 사람이 의식을 집중하여 관찰하면 입자로 나타나더라는 것이다. 상호 관련 상호침투 상호의존하는 관계를 불교에서는 상즉상입으로 표현한다.

상즉상입의 연기와 창조적 발전

1. 심층마음은 경계선이 없는 마음

　서로 즉(即)하고 있는 상즉의 세계다. 경계선이란 둘 다의 것이기도 하고, 아니기도 하다. 동양의 음양사상을 표현하는 태극 문양을 보더라도 음양을 구분하는 경계선은 음의 것이기도 하고 양의 것이기도 하다. 경계선이 있기 위한 조건은 대대법으로 '인 것'과 '아닌 것'이 함께 있어야 한다. 우리 현상계 모든 법칙은 전부 대대법으로 존재한다. 음과 양, 밝음과 어두움, 생과 사, 높은 것과 낮은 것, 색과 공, 고와 락 등등 이것을 즉(即)한다고 한다.
　상즉을 가능하게 하는 것은 상입이다. 서로 연관된 상호작용. 상호침투하는 상즉상입의 세계가 중중무진연기다. 일즉다 다즉일. 일미진중 함시방의 사사무애 세계를 말한다. 모든 사물이 서로 걸림 장애가 없다는 뜻이다.

　중중무진이란 일체의 사물이 서로 무한한 관계로 얽히고설켜 일체화되어 있다는 뜻이다. 인드라망, 블록체인을 연상하면 쉽게 이해할 수 있다. 빈 종이, 빈 바탕에 화가가 그리는 그림은 드러난 표층의 마음이고, 빈 종이 빈 바탕, 그림이 없는 그 자리는 텅 빈 심층마음의 성품자리다. 결국 둘은 하나다(不二法). 동전의 앞뒤는 둘이 아니고 하나의 동전일 뿐이다.
　옛선사들 표현으로 육도 윤회세계, 성문, 연각, 불보살의 4세계가 서로 상즉상입하고 있다는 것을 중생이 곧 부처라는 말로 한차원 높이 표현한 것뿐이다. 심층마음 제8식 아뢰야식(절대계)의 식소변

(識所變)결과로 펼쳐지는 표층마음 제7식, 제6식, 전5식이 만드는 18계가 우리 사는 세상의 전부며, 일체 만법의 현상계다. 현상계와 절대계는 둘이 아니라 상즉상입의 연기의 세계다.

2. 창발의 3가지 예문을 들어 쉽게 설명해 보자
- 물과 수레와 문명

첫째, 우리가 매일 마시는 물은 서로 극성이 다른 수소 2개, 산소 1개가 결합함으로 물이 된다. 과학적으로 물은 50개의 분자가 뭉쳐서 떠돌아다니는 것으로 파악하고 있다. 그러나 수소 산소에서 아무리 들여다 봐도 물의 성질을 전혀 찾을 수 없다. 수소와 산소가 만나고 의지한다는 인연 때문에 물이 만들어질 뿐이다. 이 간단한 원소에서조차도 산소나 수소에서 찾아볼 수 없는 전혀 다른 속성이 창조적으로 발현되고 있다. 창조적 발전 진화, 즉 창발(創發)이라고 한다.

둘째, 부처님 법문으로 설하신 수레를 들어 설명해 보자.(제16비유경) 수레라는 것도 바퀴 축 판자 손잡이 등등 많은 요소들이 인연 화합으로 서로 상호작용이 없으면 만들어질 수 없다. 이런 현상을 인연 연기에 의한 창조적 발현이라고 한다. 상즉상입하는 연기에 의해서 그 이전 단계에는 없었던 그 이후에 새로운 속성이 발현되는 과정에서 우리 사는 현상세계(기세간)에 새로운 창조라는 기적이 일어나는 것이다. 문명의 발달사를 보면 확연하다.

셋째, 우리 사는 세계(현상계/기세간)의 문명 창조의 위계적 질서를 보자. 과학적으로 우리가 아는 세계는 92개의 원소로 이루어져 있지만 얼마나 다양하게 많은 사건 사고 사물 현상들로 얽혀 있는

지 알 수 있다. 소립자에서 원자, 분자, 생명물질, 세포내 소기관, 세포, 조직, 기관, 계통, 생명체로 단계적으로 진화 발전함으로 우리가 살고 있는 사회 문화 문명을 만들어 낸 것이다. 우리가 이러한 문명의 혜택을 누리며 살 수 있는 것도 모든 것의 상호작용, 상호침투에 의한 상즉상입하는 연기법칙의 창조적 발현 덕분이다.

과학(양자역학)과 불교의 공통점은 보고 관찰한다는 것이다

나에게 어떻게 보이는가? 나에게 어떻게 나타나는가? 관찰과 나타남이다. 현실을 직시하고 참모습 실상이 무엇이냐? 규명하는 점에서 공통분모를 가진다. 일수사견이란 말이 있듯이 누가 보느냐, 보는 관점, 안목, 입장, 차원, 가치관에 따라 다 달리 인식되어 진다.

빛이 입자인지 파동인지 단지 우리의 생각일 뿐, 입자도 파동도 아니고 그냥 명색, 이름과 형색일 뿐이다. 어떤 상황, 어떤 맥락, 어떤 조건하에서 보느냐에 따라 입자와 파동으로 각각 달리 보여진다. 이것이 연기하는 것이다. 아인슈타인 상대성 이론에 의하면 보는 사람, 관측자에 따라 시간 공간마저 달라진다는 것이다.

스티븐 호킹 박사의 북극성 이야기

스티븐 호킹 박사의 북극성 이야기를 예문으로 생각해 보자. 밤하늘에 북극성이 있는 방향이 북쪽이다. 그런데 걸어서 북극성에 도달했다고 가정하면 도대체 북극성은 어디에 있는가? 머리 위에 있다. 그럼 북쪽이 아니잖냐? 어디가 북쪽인가? 북쪽이 없어지면 동서남북이 다 없어진다. 그때그때 보는 관측 맥락 상황 조건에 따라 다르게 나타남을 의미한다.

같은 물도 천신이 보면 반짝이는 옥쟁반으로, 인간이 보면 마시는 물로, 아귀가 보면 고름으로 보일 것이고, 물고기가 보면 살고 있는 집으로 보일 뿐이다. 언제 어떻게 어떤 방식으로 만나고 보느냐에 따라 다르게 인식되는 것이다.

양자역학의 창시자 닐스보어는 "독립된 물질 입자라는 것은 사실상 존재하지 않는 추상물이며 그들의 속성은 다른 요소들과의 상호작용을 통해서만 정의되고 관찰된다"고 하였다.

입자의 세계 파동의 세계를 일목요연하게 정리해 보자.

1. 입자의 세계는 개념적 분별의 세계다

보는 시각 개념적 틀에 따라 달리 인식되는 현상계에 존재하는 개별적 실체의 세계다. 입자의 세계는 실체론적으로 유, 무를 구분 분별하는 이원성 시공간이 절대적으로 존재하는 우리가 사는 기세간, 현상계 가상현실이다. 일체가 마음이 조작하는 꿈, 아바타, 물거품, 그림자, 이슬, 번갯불 같은 가상세계다.

주객분리, 자타구분, 음양분리, 분별의 세계, 중생의 세계다. 실체론의 세계다. 오온 육입 십이처 십팔계가 인연이 화합하면 허망하게 생기고, 인연이 없어지면 허망하게 없어지는 가상세계다.

2. 파동의 세계는 개념적 분별 너머의 공의 세계다

 칸트는 인식될 수 없는 물 자체의 세계라 표현했듯이 시간 공간 이원성을 초월한 일체의 모든 것이 상즉상입하는 연기의 구조를 가진 중중무진 연기의 세계다. 일즉다 다즉일 사사무애 일미진중 함시방의 상호연관, 상호침투, 상호작용하는 텅 빈 가운데 신묘하게 작용하는 진공묘유의 세계인 절대계다. 일체가 하나로 연결된 무아의 세계다. 상호의존적 연기론의 세계다. 삼세 시방 모든 중생이 결국 한 덩어리, 일체임을 알아야 한다.

관계성 상호작용에 대한 부처님 연기 게송

 이것이 있으므로 저것이 있고 이것이 생기므로 저것이 생긴다.
 이것이 없으므로 저것도 없고 이것이 멸하므로 저것도 멸한다.
 제법종연생 제법종연멸(諸法從緣生 諸法從緣滅)

 기원전 남인도 유물 발굴 답사 중 탑 안에서 발견된 연기 게송이다. 양자역학의 입자 파동의 연기현상에 대해 공부하는 시간을 가졌다. 결국 '나'라는 '자아'는 입자이자, 파동의 존재다.

 입자로 살 것인가? 파동으로 살 것인가?
 내가 선택한다. 다 내 작품이다.
 고정된 실체 입자에서 자유자재한 파동으로 살아야 한다.

보배경

심오한 지혜를 지닌 부처님께서 잘 설하신
심오한 진리를 분명히 이해하는 이들은
아무리 게을리 수행할지라도
여덟 번째의 윤회를 받지 않으니
승단이야말로 훌륭한 보배
이 진실에 의해 행복하기를!
- '보배경' 중에서

심오한 진리란 4가지의 거룩한 진리 중에 진리, 사성제(고집멸도)를 말한다. 부처님 말씀에 의하면 나의 고통은 '내가 나다', '내가 있다'라는 집착 애착 갈애 때문이란 것이다.

부처님께서는 내가 있다는 아상이 있는 한 괴로움은 반드시 생겨나고 괴로움에는 원인이 있고, 괴로움에서 벗어난 상태가 있으며 괴로움에서 벗어나는 구체적인 길(道)이 있다고 설하셨다. 고집멸도(苦集滅道)다.

'나의 고통을 없애려면 내가 없어져야 하는구나' 하고 부단히 연습해야 한다. 내가 있다는 아상 아견 아만 아집이 있는 한 욕계 색계 무색계, 삼계의 정신과 물질은 모두 괴로움(苦)이 된다.

사성제를 분명히 이해하고 믿고 원력을 세운 수행자는 바로 수다원과를 성취한다. 내가 없다는 것만 알아도 모든 인간 관계는 남의 탓으로 돌리지 않는다. 국가탓, 사회탓. 이웃탓으로 돌리지 않고, '지금 이 모습은 모두 다 내가 지은 내 작품이구나, 나는 내가 창조하는구나, 아행시아(我行是我), 나의 모든 행위가 지금의 나의 모습인 것을 뼈져리게 느낀다면 수다원과를 성취한 것이다.'

부처님 상수제자 사리불도 '이것이 있기에 저것이 있다'는 연기법문 한마디 구절을 듣고 바로 수다원과를 성취했다고 한다.

과거의 인(因)이 현재의 연(緣)이구나!
현재 짓는 인(因)이 미래의 연(緣)이구나!

이러한 인과법을 분명히 이해한 사람은 수다원과에 입류한 것이다. 수다원과를 얻어서 죽으면 바로 욕계 천상세계로 간다. 수다원과에 입류하면 일곱 번의 생멸거래를 하는 동안에 무아법에 통달하여 아라한과를 성취하게 되어, 다시는 윤회하는 삶이 없는 해탈열반에 이르게 된다. 그러하기에 아무리 게을리 수행을 해도 여덟 번째는 윤회의 몸을 받지 않는다고 하니 얼마나 자상하고 희망적인 부처님 법문인가.

죽어라 수행해야 해탈에 들 수 있다고 하면 막연할 수 있지만 수다원과 입류에 들어가기만 하면 아무리 게을리 수행을 해도 여덟 번째는 무조건 해탈에 들 수 있다니 얼마나 매력적인 법문인가?

수다원과에 들어가기만 하면 행복도 불행도 모두 다 내 작품이라 생각하면서 쉬엄쉬엄 가도 된다는 뜻이다. 너무 빠르게 안 가도 된다는 뜻이다.

일체 모든 유위법으로 이루어진 유근신과 기세간은 실체가 없고 작용하는 현상만 있는 '공 무자성 연기'라는 이치를 깨달으면 수다원에 입류할 수 있다는 자상한 방편 법문이다.

존재의 속성 '무상 고 무아'의 진리를 깨달아 자아에 대한 집착을 완전히 버리고, 그 집착으로 인한 고통을 완전히 멸해 열반적정에 이른다는 아라한 경지보다는 보조국사 지눌선사의 '해오 후 점수' 수행법을 들어보자.

마음 공부를 하시는 분들은 보조국사 지눌스님의 '돈후점(敦後漸)' 수행법에 관심을 가져야 한다. 지눌선사의 돈오는 해오를 뜻한다.

어느 날 홀연히, 단박에, 대각을 이루는 최상근기 사람들은 무시억겁 오랜 세월을 수행한 습기가 있기에 현생에서 좋은 시절 인연을 만나 대각을 이루신 분들이다. 그러나 중하근기 일반 사람들은 내가 있기에 모든 고통이 생겨난다는 사성제 진리에 대한 확고한 믿음만 있다면, 이것이 바로 마음을 닦는 사람들의 '이해하여 깨달은 자리, 해오(解梧)'가 되는 것이다.

- '수심결' 중에서

지눌선사의 해오의 경지가 수다원과를 증득한 입류 단계다. 차츰차츰 천천히 조급함 없이 수행해 가면 된다. 해오(解梧) 후에는 삼학, 육바라밀, 팔정도의 꾸준한 선업수행을 안 할 수가 없다. 소위 양심에 반하는 업 짓는 일은 안 한다는 것이다. 우리 마음 깊숙한 심층세계에 이미 '깨달은 각성(覺性)의 식, 아뢰야식'이 있기 때문이다. 이것을 양심, 불성, 진여, 본래성품, 본각이라 한다.

'내가 나다'라는 에고(Ego)식, 제7식 말라식이 강한 사람들은 남의 허물들은 귀신같이 알아맞춘다. 그러나 자신의 허물은 잘 모른다. 시험 삼아 남의 허물 써 보기를 하면 50가지 100가지도 가볍게 쓴다. 하지만 내 허물을 쓰려면 기억이 잘 안 나고 잘 안 써진다. 평상시 남의 허물은 엄청 보면서 내 허물은 잘 안 보려 하기 때문이다. 설사 보더라도 내로남불로 본다. 내 허물을 숨겨두고 좋은 평판, 존중받기를 바라는 마음은 모두 '내가 나다'라는 자아의식인 제7식 말라식 때문이다.

내가 없다. 나는 무아다.

이렇게 연습을 꾸준히 하다 보면 내가 남을 존중하고 인정하게 되면 마음에 갈등 번뇌가 생길 틈이 없다. 모든 고통의 원인은 '내가 있다, 내가 나다'라는 아상에 있다. 고통의 원인을 안다면 고통에서 벗어나는 길도 안다.
행복도 불행도 다 내가 만든 작품이라는 것을 알 수 있다. 아행시불(我行是佛), 나의 올바른 행동거지가 바로 부처가 되는 길이다.

대승기신론 일심 사상

　일심법(一心法)을 의지하여 두 가지 문이 있으니, 무엇이 둘인가? 첫째는 진여문이요, 둘째는 생멸문이다.
　이 두 가지 문이 모두 각각 일체의 법을 포섭하니 이 뜻이 무엇인가? 이 두 문이 서로 여의지 않기 때문이다.
　마땅히 알라! 일체 존재는 설할 수도 없고, 생각할 수도 없고 텅 비어 공한 모양이기에, 이름하여 진여라고 하느니라
　- '대승기신론 송' 중에서

대승기신론을 저술한 마명보살

　생몰 연대는 확실치 않지만 기원 후 2세기경 중앙아시아에서 활동하셨던 분으로 알려져 있다. 부처님 심법을 계승한 제12대 조사인데 살아있는 보살로 칭송되었다. 얼마나 설법을 잘하셨는지 말(馬)도 설법을 알아듣고 눈물을 흘렸다고 하여 마명보살로 알려져 있다.
　중생들의 마음의 정체를 밝히고 자상하게 설명한 탁월한 논서

『대승기신론』은 『육조단경』과 더불어 경전에 버금간다고 평가된다. 동아시아 불교를 소승불교(부파불교, 아비달마불교)에서 대승불교로 전환 시키는데 지대한 영향을 준 논서다.

대승기신론의 핵심 사상은 일심

 대승(큰 수레)의 큰 믿음을 일으키는 논서다. 부처님 팔만사천 법문을 한 마디 종지로 표현하자면 일심 사상이다.
 일심이란 세상 제일 법, 공성(공의 성품)을 의미한다. 중도로 관하는 것이다. 공성은 유와 무를 떠나 양극단을 배제하고 '공(空, 없음)과 불공(不空, 있음)을 동시에 관하는 것'이다.
 공의 개념은 노자, 장자에서 말하는 무(無)와는 완전히 다른 개념이다. 영원불멸하는, 실체는 없지만, 현상계에서 묘하게 작용하는 개념이다. 연기 공성 중도는 같은 뜻임을 부처님께서 명확히 설하셨다.

 불교의 핵심인 '참나 진여 일심 불성 법신 본각 성품 공성 관찰자'는 같은 뜻으로 표현만 다를 뿐이다. 고정된 실체로서의 나는 없다(진공). 그러나 현상은 있기에 작용은 한다(묘유). 텅 비어 있기에 무엇으로든 채울 수 있기에 어떠한 나도 만들 수 있다(대아) 소승불교의 '무아(無我)를 대아(大我)'로 적극적으로 해석하는 것이 대승의 큰 마음이다. 세상 모든 존재는 '한 마음, 일심, 진여'에서 나왔다는 것이다.(여여부동심)

대승기신론의 역할

『대승기신론』은 부처님 마음을 드러내기 위한 실천적 수행을 강조하면서 그 이론 체계를 일심(一心), 이문(二門), 삼대(三大), 사신(四信), 오행(五行), 육자염불(六字念佛)회향으로 요약한다. 체상용의 삼대(三大), 진여 불법승의 사신(四信), 보시 지계 인욕 정진 지관의 오행(五行), 육자염불(六字念佛) "나무아미타불"을 염하는 수행법은 그 당시 상류층인 귀족 왕실에서만 주로 유통되던 부처님 가르침을, 상인을 포함한 신흥 부자들, 지방 호족들, 일반 하근기 중생들에게 전파한 것으로 『대승기신론』의 큰 역할이었다.

『대승기신론 소』를 저술한 원효대사의 염불수행은 민중불교 대중화에 큰 영향을 끼쳤다. 가난하고 무지몽매한 무리들까지도 부처님 명호를 알게 되었고 모두 "나무아미타불"을 칭하게 된 것은 원효대사의 법화가 컸다고 삼국유사에 기록되어 있다. 염불 수행을 위주로 하는 정토종이 세계적으로 퍼진 것도 『대승기신론』의 영향력 때문이다.

원효대사의 천재성과 위대성

1. 한국 정신문명 사상사에 내놓을 수 있는 최고의 걸작품

『대승기신론』에 주석을 단 『대승기신론 소』는 원효대사의 깨달음에 대한 살림살이가 오롯이 다 녹아 있는 최고의 저작물이다. 한국 지성의 최고봉에 원효대사가 있다는 사실에 우리는 무한한 자긍심을 가져야 한다. 세계 정신문명 사상사에 둘째 가라면 서러울 정도다.

 중국 역사에서 한족 중 최고의 천재로 알려졌고, 살아서는 제자들에 의해 신의 반열에 올랐던 현장법사(서유기의 삼장법사)를 『판비량론』이란 논서로 비판하였는데, 현대 논리학으로 비교하면 원효대사의 논술이 판정승이란 게 학계의 평가다.
 그러기에 한민족 최고의 천재를 원효대사로 평가하여도 된다는 생각이다. 쉽게 말해 원효대사는 현장스님 학문을 그렇게 높게 평가하지 않았던 것 같다.

2. 논서 중에 으뜸이며 모든 쟁론의 평주

 한국 불교계 최고의 천재 원효대사는 마명보살의 『대승기신론』을 "모든 논서(경율론)의 조종(으뜸)이며, 모든 쟁론(유식학과 중관학)의 평주다."라고 논평했다. 기신론을 통해서 경율론 3장을 다 정리했고, 부처님 사상에 대한 논쟁(중관학과 유식학)을 다 해결했다는 점에서 원효의 천재성과 탁월함을 엿볼 수 있다.
 기신론을 해석한 역대 주석서 중 원효의 『대승기신론 소』를 최고봉으로 평가함에 그 어느 누구도 주저함이 없다.

어두운 밤에 새끼줄을 뱀으로 착각하는 용수와 세친의 논쟁

1. 용수보살의 이제설 진제(眞諦)와 속제(俗諦)

 부처님께서는 설법을 하심에 방편으로 진제와 속제의 2가지 진리로 나누어 설하셨다. 진제의 안목으로는 새끼줄이든 뱀이든 모두 공(空)하다는 것이다.
 모든 세상의 구성 요소들을 있는 그대로 파고 들어가면 공통점은 실체가 없고 정체불명으로 공하다는 것이다. 정체불명을 공성 법성이라고 한다. 그럼에도 불구하고 새끼줄 뱀을 공하다고 표현하면 안 된다.
 속제는 세속적 진리란 뜻으로 분별의 세계에서는 새끼줄 뱀 둘 다 작용하고 있다는 것이다. 실재할 수 있다는 차원에서 보는 안목으로 새끼줄을 뱀으로 착각할 수 있다는 논리다. 세속적 작용 둘 다 번뇌의 소산물로 본다.

2. 세친보살의 삼성론 변계소집성 의타기성 원성실성

 공성을 강조하는 진제 속제의 이제설이 갖는 한계를 극복하기 위해, 다시 말하면 유식학파에서는 진·속 이제만으로는 불교의 핵심을 체득하기 어렵다고 보아 의타기성을 도입하여 설명한다. 의타기성은 어떤 조건하에 어떤 결과가 이루어지는 연기성을 의미한다.
 실제로 새끼줄을 뱀으로 보는 것을 의타기성이라고 한다. 그런데 의타기성인 변계소집성이 사라지면 원성실성인 진실한 본성이 드러난다. 이런 모든 것은 마음의 변환일(식소변) 뿐이라고 설명한다.

3 위대한 천재 사상가 원효대사의 출현 원효보살로 칭송

'용수보살의 중관학파', '세친보살의 유식학파'와의 치열한 논쟁을 7세기 한국의 위대한 천재 사상가 원효대사는 『대승기신론 소』에서 "두 주장 모두가 일심으로 회통하고 있어 무애하기에 논쟁은 아무런 실익이 없고, 무의미한 것"으로 일단락 지었다. 그러하기에 동북아시아 불교권에서는, 특히 일본에서는 원효대사를 보살이라 칭함에 아무도 주저하지 않는다. 해동 최고의 위대한 천재 사상가로 칭송받고 있다.

진여문과 생멸문 두 문이 여의지 않는다

일심을 구성하고 있는, 진여문과 생멸문은 둘이 아닌 한 마음(일심)이다. 본래 성품자리 한 마음에서 나온 것이다.

진여문과 생멸문은 주역 태극 사상에서 음양이 상즉상입하고 있는 것처럼 서로 둘이 아닌 상즉상입하고 있다. 주역 태극사상을 연상하면 이해가 빠르다.

양자역학의 거두 덴마크 물리학자 닐스 보아도 노벨상 수상 후 가슴에 태극문양을 달았다. 양자역학이 뜻하는 바를 쉽게 알 수 있다. 주역 태극 사상과 현대 양자역학이 회통하고 있음을 알아차린 것이다.

1. 진여문은 공의 이치로 일체 만법은 텅 비어 공하기에 불생불멸 불구부정 부증불감하다

본래 고향 성품자리는 텅 비어 있고 실체가 없는 것이 심층마음이다. 여여부동한 진리는 일체 만법이 실체가 없다는 공(空)으로 해석한 뜻이다. 견성, 성품을 본다고 할 때의 성품을 말한다.

12연기 환멸문으로 들어가는 길을 알려주는 중관학 관점으로 해석했다. 환멸문으로 가는 길이 해탈 열반의 길이다. 모든 존재가 제행무상으로 변하는데, 변하지 않는 것이 본래 성품자리다.

2. 생멸문은 색성향미촉법(6경)을 대상으로 매일 쓰는 마음(제6식, 제7식)이다

생하고 멸하고를 거듭하는 표층마음, 대상심, 반연심, 분별심이다. 분별하고 조작하는 마음이 있다(有)는 식(識)의 관점에서 해석한 뜻이다. 중생의 마음이 생멸문을 통해, 생멸하면서 윤회해 가는 과정을 설명한 것으로 12연기 유전문으로 들어가는 과정을 유식학 관점으로 해석했다. 유전문으로 가는 길은 천생 만생 돌고 도는 윤회의 길이다.

공의 관점(중관학)으로 해석하든 식의 관점(유식학)으로 해석하든 결국은 한 마음에서 나온다는 것이다. 텅 비어 공한 심층마음과 생하고 멸하는 표층마음이 결국 한 뿌리다. 진여문과 생멸문은 화쟁회통으로 되어 있다는 사실을 각찰하면 어느 쪽에도 걸림이 없어져 일심으로 통하게 되어 있다는 것이다.

원효대사 살림살이의 전부인 '원효 3대 사상, 일심 화쟁회통 무애'의 정신이 확연히 드러난다. 이와 같이 원효대사는 중관학적 관점과 유식학적 관점에서 서로 옳다고 논쟁하는 것을 『기신론 소』에서 확실히 일목요연하게 정리해 주었다.

3. 생멸문에서 진여문으로 나아가다

인간의 본래성품 자리(참나, 진여, 불성) 일심을 자각하고 깨우치면, 즉 삼독 중 치심(어리석음)을 깨우쳐 진여문으로 나아가면 무명에서 벗어나 명의 자리, 본래고향 일심으로 돌아가게 된다고 설하셨다. 치심을 극복하고 '12연기 순환구조' 너머의 본래 청정한 마음자리를 자각하면, 생멸문에서 진여문으로 곧바로 직행하여 명(明)의 지혜로운 아뇩다라삼먁삼보리의 무상정등각 자리가 훤하게 드러나 참나의 청정 세계(일심)를 깨칠 수 있다.

몸은 생로병사하고, 마음은 생주이멸하지만 우리 성품자리 일심은 여여부동하여 불생불멸하다. 그러나 결국 본래성품과 아바타가 둘이 아닌 한 마음, 일심에서 나왔다. 몸과 마음은 아바타, 몸과 마음을 관찰하는 관찰자(성품)가 둘이 아님을 설하는 법문이다. 몸과 마음은 생멸하지만 성품은 불생불멸 여여부동한다.

화엄경의 일심 사상을 노래한 의상대사 법성게

동북아시아 최고의 지성인이며, 중국 한국 일본에서 화엄학의 최고봉으로 불렸던 의상대사는 동서고금을 막론하고 인간이 만들어낸 최고의 글로 된 사상책인 화엄학을 통찰하고 화엄의 종지는 통만법 명일심(通萬法 明一心)으로 규정한다.
"만법을 통해 한 마음을 밝히며, 또한 한 마음을 밝히면 만법으로 통한다."
만법은 일심으로 귀결된다는 뜻이다.

의상대사는 현장법사가 16년간 인도 유학을 통해 배워 왔던 유식학을 배우기 위해 중국 유학을 갔지만, 어떤 이유인지, 현장 문하에 들어가지 않고, 종남산 가난한 절인 지상사에 주석하던 지엄스님 문하에서 화엄학을 배우고 법성게 210자 깨달음의 노래를 불렀다. 법성게는 화엄경을 머금은 보배구슬로 평가된다.

대승기신론에서는 5단계의 수행단계로 제시하고 있다

'불각 시각 상사각 수분각 구경각'의 5단계를 거쳐 본래 고향(일심, 본각, 성품자리, 불성, 진여)으로 돌아가는 것이다. 본래자리를 잊어버린 것을 불각, 불각임을 알고 본래자리를 찾아 나서는 길을 시각이라 하고, 시각을 함에 따라 비슷한 길들이 나타나는 것을 유사한 길이라는 의미의 상사각, 길을 가다 보면 자기의 분수에 맞는 길이 있다는 뜻의 수분각, 계속 가다 보면 구경의 길에 이른다는 구경각, 구경각에 도달해 보니까 본래자리 일심(본각)이더라는 깨달음의 여정을 '신해행증'이라 한다. 굳게 믿고 이해하여 실천해서 증득한다는 뜻이다.

현대 물리학 양자역학으로 보는 일심사상

우주에 꽉 차 있는 순수 에너지 그 자체가 바로 진여다. 절에 가면 주련에서 흔히들 보는 '불신충만 어법계'의 불신(佛身)이 순수 에너지란 뜻이다. 이것이 움직이면 파동 에너지이고, 뭉치면 입자가 되는 이중성, 중첩성을 가지고 있다. 즉 입자와 파동은 상즉상입하는 하나다. 보는 사람, 관찰자에 따라 달리 보일 뿐이다.

우주라는 것도 어떤 특이점에서 뻥 터져 성주괴공하고 있다. 찰나 찰나 변하고 있을 뿐, 어떤 고정된 실체가 있는 것이 아니다. 실체가 없는 몸과 마음이 생로병사하고 생주이멸하듯 우주도 성주괴공할 뿐이다. 일체 만물은 하나의 오묘한 생명체(순수 에너지)며 우리의 몸 안 100조 세포의 생명체와 중중무진으로 다 연결되어 있다.

우주의 에너지를 잘 선용하는 것이 기도의 가피력이다. 우리는 이원적 분별심 탐욕심이 장애가 되어 본래 청정한 성품을 보지 못할 뿐이다. 꽉 차 있는 순수 에너지를 한 마음, 일심, 진여라고 한다. 에너지 불변의 법칙으로 보더라도, 형태를 바꿀 뿐 변하지 않는다.

결론은 『대승기신론, 대승기신론 소』를 읽고 깨닫는 바는 재가불자들도 큰 마음을 내어 수행을 하면 부처가 될 수 있다는 것이 일심사상이다. 무아에 그치지 말고 대아로, 소승에서 대승으로 가자! 이것이다.

* 원성실성 : 분별과 망상이 소멸된 상태에서 드러나는 청정한 진여를 말하며 모든 존재의 본질적 평등성과 공(空)함을 인식하는 경지다.
* 변계소집성 : 인간의 성품 중 하나로 분별과 집착으로 인해 허구적인 대상을 실제로 착각하는 성질을 의미한다.
* 의타기성 : 연기법의 핵심으로 존재의 상호 의존성을 말한다.
* 식소변 : 유식사상에서 인식(識)의 작용에 따라 마음이 변화하는 현상을 의미한다.

끝없는 인간의 욕심

사바세계 중생들은 젊었거나 늙었거나 가난하건 부유하건 소유욕에 시름하네. 한 가지를 소유하면 다른 하나 부족하고 이것 하나 있게 되면 저것 하나 부족하여 이것저것 다 가지려고 애를 쓰며 어쩌다가 다 가져도 금방 잃고 마느리라.
 - '무량수경' 중에서

어떻게 이렇게 절절하게 인간의 탐욕심을 구구절절 잘 표현하셨을까? 부처님은 참으로 쪽집게 아닐까?
실지실견하는 부처님이시기에 당연한 말씀임은 분명하지만, 듣는 우리들은 한편으로 뜨끔하다. 누구나 무량수경을 독경한다면, 한번쯤은 자신의 숨겨둔 마음의 탐욕심이 만천하에 적나라하게 폭로되는 느낌을 가질 수 있다.

인간은 오욕으로 오복을 누리고 싶어한다

중생은 태어날 때부터 '재물욕 색욕 식욕 수면욕 명예욕'의 오욕으로 수(壽) 부(富) 강녕(康寧) 유호덕(攸好德) 고종명(考終命)의 오복을 누리고 싶어한다. 오죽하면 평생 가난에 쪼달렸던 공자님도 부자가 되고 싶다는 욕망은 타고난 인간의 성품이라고 하셨겠는가!

하지만 누구도 그것을 얼마만큼 가지고 태어났느냐 하는 것은 아무도 모른다. 한시도 쉼없이 날뛰는 도적놈 6근은 구하려고만 날뛰고 있는데, 특히 재물욕은 끝이 없다. 오욕에 대한 끊임없는 추구와 동시에, 부자로 오래 살고 사는 동안 덕을 쌓고 죽을 때 잘 죽으려는 오복을 다 누리고 싶어한다. 이분법으로 설계된 사바예토를 살아가는 법칙이기에 비난할 수도 없는 노릇이다.

인간의 근본무명 3가지 삼독을 3가지 명약으로 치유할 수 있다

인간들은 태어날 때부터 근본 무명의 원인, 탐진치의 세 가지 독과 동시에 본래 성품이 공한 이치, 무탐 무진 무치의 세 가지 명약(불성)을 동시에 가지고 태어난다. 그러나 얼마나 가지고 태어났는지는 아무도 모른다.

인생을 사는 동안 근본 무명인 세 가지의 독을 어떻게 세 가지 명약으로 잘 다스리냐 따라 업력(카르마)이 결정되고, 그 업력에 따라 끝없는 윤회가 계속되든지, 사바예토의 윤회세계에서 탈출하여 상락아정의 즐거움만 가득한 열반 해탈 극락정토 세계로 가든지가 결정된다. 다 자기가 짓는 업력의 결과로 스스로 받는 과보에 따라 달라진다. 사바예토 윤회 세계의 인과응보 법칙이다.

콩을 먹고 싶으면 콩을 심고, 팥을 먹고 싶으면 팥을 심어야 한다.

인과법칙은 한치의 오차도 없고, 단지 시차만 있을 뿐이다. 반드시 다 드러난다.

재물욕의 끝은 인간들이 사랑으로 포장된 자식들에 대한 애착심으로 귀결되는 경우가 대부분이다. 자식들에게 많이 물려주고 싶어 한다. 한 번씩 기부도 하고, 보시도 하는 사람들이 있지만, 곰곰이 따져보면 그 금액은 재산의 천만분의 일도 안 된다. 대부분 중생의 인생살이가 재물에 대한 탐욕을 끊어내지 못하고 그저 그렇게 삶을 마감하면서 끝없이 백천만겁을 윤회하며 사바예토를 돌고 돈다.

한 호흡에 달린 목숨이다

죽음의 순간이 언제 올지 아무도 알 수 없는 것이 사바예토의 삶이다. 참고 살아야 할 인고토(忍苦土) 세계이기에 아둥바둥 참고 살다 보면 어느 순간에 죽음이 닥친다.

중생은 "큰일 났어요, 큰일 났어요." 하면서 호들갑을 떨지만 들어보면 사소한 일일 뿐이다. 나고 죽는 일보다 더 큰 일이 있을까? '오직 하나의 큰일'은 '나고 죽는 큰일, 생사 일대사'다.

중생은 사소한 일에 목숨 걸고 큰일인 마냥 살아간다. 허망한 도둑놈 6근은 하루도 쉼없이 '탐진치'에 허덕이며, 쉼없이 구하려고만 한다. 맛있는 것 먹고 싶고, 섹스하고 싶고, 돈벌고 싶고 등등 매일매일 이렇게 살다가 덧없이 죽는 줄도 모르고 평생 모으고 모은 재물을 놓지 못하고 죽는 날까지 가지고 가려 울부짖으며 죽는 경우가 대부분이다.

부처님 가르침을 만나면 변화하기 시작한다

 종교적 수행도 하지 않고 오직 현생의 행복만을 추구하며, 오로지 자기 가족을 위해 사는 사람들은 100% 윤회하는 사바예토를 벗어날 수 없다. 짐승들도 자기 새끼를 돌보며 살 듯이 가족만을 위해 사는 것을 평가절하하며 축생의 삶이라고 한다. 중생이 생각하는 최고의 부모는 바로 축생계의 삶, 최하위 중생의 삶이라 생각하면 된다. 이런 것마저도 안 챙기는 중생은 삼악도로 직행한다.
 인간 몸 받은 자체가 전생의 큰 공덕 복덕의 결과물이 틀림없다. 사바예토, 더러운 땅을 탈출할 절호의 찬스다. 속성반의 기회를 얻은 것이다. '불행시불 아행시아', 부처의 행위를 하면 부처가 되는 것이고, 나의 행위가 나를 결정 짓는다. 다 내가 만드는 작품이다. 내가 부처의 행위를 하고 선하게 살면서 복짓기 도닦기 수행한다면 사바 감옥 탈출이 가능하다. 좋은 시절인연을 만나면 단박에 부처도 될 수 있다.

죽음 앞에서는 어떤 마음을 가져야 할까?

 숙세에 쌓이고 쌓인 탐욕심은 쉽게 변할 수 없겠지만, 인생을 살면서 선업도 쌓아보고 배우고 경험한 것들이 있기에 마음도 달리 변하게 할 수 있다. 조금씩 내려놓고 비우는 습관을 가지면서, 『반야심경』에 반하고, 『금강경』에 흠뻑 빠져 보면, 훈습된 결과물로 몸과 마음은 아바타요, 이 세상은 가상현실이라는 공(空)의 이치, 공성(空性)을 알아차릴 수 있다. 마음 평수 넓히는 공부하면서 운동으로 건강도 챙기고, 할 것 다하면서도 욕심을 줄여나가는 습관을 길러야 한다. 일거양득 금상첨화다.

 마음 공부를 안 하는 중생들이 백년탐물 일조진 삼일수심 천년보, 즉 백년 모은 재산은 하루 아침 티끌이요, 삼일 마음 공부는 천년의 보배라는 도리를 어찌 알겠는가?
 가진 만큼 베풀고 아는 만큼 전하면 수천 수억의 공덕 복덕으로 되돌아온다는 성인들의 말씀을 새겨봐야 한다.

법정스님 무소유 법문

 법정스님은 아무것도 안 가지는 것이 아니라, 필요하지 않는 것을 소유하지 않는다는 것. 소유를 최소화하는 것이 무소유라고 하셨다. 중생들 가슴을 팍 치는 깨달은 선지식의 법문이 아닐 수 없다.
 세상 어떤 것도 영원히 존재하는 실체는 없지만, 생멸하는 현상계에서 일시적 가유상태로 작용한다는 것이 공성을 보는 진공묘유의 중도. 세상 제일 법, 공성을 알아차리면 그 어떤 것도 영원히 가질 수 없고 영원히 얻을 수도 없다. 단지 우리는 지은 업력만 가지고 떠나야 한다.

윤회세계를 벗어나게 하는 게송

 사바세계는 우물의 두레박과 같아서

백천만겁 동안에 오르락내리락 하였다네
이 몸뚱이 금생에 건너가지 못한다면
다시 또 어느 생을 기다려서 건너갈 것인가?
가자 가자 건너가자! 완전하게 건너가자
극락정토 해탈 열반의 세계로!

땡그랑 땡 땡그랑 땡

온몸이 입인 듯 허공에 매달려
동서남북 바람을 묻지 아니하고
한결같이 남을 위해 반야를 설한다
땡그링 땡! 땡그링 땡!

　도겐선사의 스승인 천동 여정선사(1163~1228)가 반야를 노래한 최고의 선시(禪詩)다. 도겐선사(1200~1253)는 중국 남송시절에 중국으로 유학을 가서 조동종의 최고 선지식 천동 여정 문하에 입문하여 한소식하고 스승에게 인가를 받았다. 조동종의 핵심 지관타자(오직 앉아 있을 뿐, 앉아 있는 자는 없다)를 깨치고, 일본으로 돌아와서 일본 조동종의 종조가 되었다. 잠을 자다가 도반이 베고 자던 목침 떨어지는 소리에 한소식을 한 기연(奇緣)으로 유명하다.
　바람에 울리는 풍경소리의 무정설법을 반야 지혜에 비유한 것은 반야에 대한 깊은 성찰 각찰 통찰의 경지에 올라야만 가능하다.
　바람을 묻지 아니한다. 대단한 법문이다. 바람이 동쪽에서 불어오던 서쪽에서 불어오던 남쪽에서 불어오던 북쪽에서 불어오던 바람에 상관없이 반야 지혜를 설하고 있다. 중생들은 세상살이하면서 바람(풍파)을 두려워한다. 풍파를 없애 주시고, 풍파를 겪지 않기를 빌고, 꽃길만 걷고 좋은 일만 생기기를 기도하고 바라며 "이런 생각들 다 집어 치우라"는 경책의 법문이다.

　서핑을 즐기는 사람들은 센 바람이 오기를 바란다. 바람을 묻지 않고 한결같이 반야를 설한다는 뜻은 이처럼 "오는 풍파 막지 말고 가는 풍파 잡지 말고 당당하게 풍파를 즐기며 인연 따라 살아라. 불수자성 수연성의 삶을 살라"는 뜻이다.

　땡그렁 땡! 땡그렁 땡!
　최고의 법문이다.
　선사들은 풍경소리 듣고 깨달았다. 무엇을 깨쳤을까?
　땡그렁 땡! 땡그렁 땡!
　반야의 지혜, 공(空)의 이치를 알아차린 것이다.
　스승이 노래한 최고의 선시(禪詩)를 『정법안장』에서 '마하반야바라밀'에 대하여 게송으로 자상하게 설명하고 있는 도겐선사의 귀한 법문이다.

　온몸이 반야이며 모든 타인도 반야다. 모든 자기도 반야이며, 동서남북도 모두 반야다. 불세존이 곧 반야바라밀이며, 반야바라밀은 일체의 법이다. 이 법은 공(空)한 모양이며, 불생불멸 불구부정 부증불감이다. 반야바라밀이 드러남은 불세존이 드러남이다. 반야바라밀을 공양하고 예경하는 것은 불세존을 받들어 모시는 것이며, 받들어 모시는 불세존이 되는 것이다.
　부처님 가르침을 공부하면서 체험한 것들을 어떻게 표현할 수 있을까? 누구나 한번쯤 다 고민해 본 기억, 내지 경험이 있을 것이다.

성철스님은 평소 제자들에게 책을 읽지 말라고 하셨지만, 도겐선사의 『정법안장』은 꼭 읽기를 권유하셨다. 지혜의 안목으로 깨달은 비밀의 법이다. 성철선사의 혜안이 돋보이는 대목이다. 『정법안장』의 방대한 내용에는 주옥 같은 법문들이 많다. 반야에 대한 도겐선사의 통찰적인 표현은 "마하반야바라밀이 나요, 내가 마하반야바라밀이다. 모든 자리가 반야이고 동서남북도 모두 반야라는 것"이다.

"법을 보는 자가 곧 나를 보는 것이요, 부처를 보는 것이다."

부처님의 말씀은 불상을 부처님으로 보는 것이 아니라, 실상을 꿰뚫은 반야 지혜의 눈으로 보면 이 세상 두두물물 일체 모든 것이 진리 아닌 것이 없다는 뜻이다.

자비로우신 부처님은 중생을 제도하기 위해 나투신 아바타 부처님이다. 그러기에 천백억 화신 석가모니불이라고 한다. 진짜 부처님이 아니다. '나투셨다', '화현하셨다', '아바타로 오셨다'는 다 같은 뜻이다. 그럼 무엇이 진짜 부처님인가? 반야바라밀이 진짜 불세존이라는 것이다. 마하반야바라밀을 받들어 모시는 것이 곧 부처가 되는 길이라고 한다. 법을 보는 이가 부처를 본다.

중생은 어려움이 닥치면 "관세음보살 관세음보살"을 염하면서 기도하지만, 관세음보살은 "마하반야바라밀"을 구념하신다. 깊은 반야바라밀을 행하는 것은 "마하반야바라밀"을 입으로 염하고 마음으로 실천한다는 것이다. 몸과 마음을 아바타로 관찰하고 모든 고통에서 벗어나셨다고 한다. 부처님도 평상시 염하시는 심주(心呪)

가 반야바라밀이다.

"마하반야바라밀"을 염하는 순간 불세존을 받들어 모시는 것이고, 자기가 받들어 모시는 불세존이 되는 것이다. 진리, 법, 부처, 반야가 무엇이냐? 도겐선사는 공(空)이라고 했다. 공은 유명무실, 즉 비시명, 진공묘유다. 이름만 있을 뿐, 실체가 없다.

일체 만법을 있는 그대로 보면, 공해서 실체는 없고 단지 작용하는 현상만 있다. 모든 자기도 '반야'이고 동서남북도 모두 '반야'라는 것이다. 성품의 입장, 불지견의 안목으로 보면 이 세상 '반야' 아닌 것이 없고, 이 세상 자체가 '반야'다. 단지 중생지견으로 모를 뿐이다. 실체가 없고 공하기에, 더러워질 것도 청정해질 것도 없다. 생할 것도 멸할 것도 없고 늘어나는 것도 줄어드는 것도 없다. 유명무실이 핵심이다. 단지 이름만 있고, 현상만 있고, 실체는 없는 공일 뿐이다.

마하는 큼이요, 반야는 밝음이요, 바라밀은 충만함이다.

마하반야바라밀을 구념 심행하라! 수많은 진언 중에 최고의 시대신주, 시대명주, 시무상주, 시무등등주다. 진리는 공의 모양이다. 단지 볼 뿐, 들을 뿐, 느낄 뿐, 알 뿐, 보고 듣고 느끼고 아는 자는 없는 공한 가운데 신묘하게 알아차리는 공적영지다. 견견 문문 각각 지지할 뿐 견문각지 하는 자는 없다. 마하반야바라밀을 구념 심행하는 순간 우리 모두 부처가 되는 순간이다.

공의 이치는 단지 "땡그렁 땡! 땡그랑 땡!" 하는 풍경소리다.

일개반개(一箇半箇)는 도겐선사께서 최고로 좋아하시던 말이다. "만명 천명 중에 한 사람 반 사람만이라도 법을 깨칠 수 있다면 그것으로 큰 보람이다"라는 절박한 마음이다.

인생의 목적은 해탈이다

유마거사가 설하였다. 참고 살아야만 하는 사바예토에도 열가지 훌륭한 법이 있다.

1. 보시로써 빈궁함을 거두어 주고
2. 청정한 계율로써 계 무너뜨림을 거두어 주고
3. 인욕으로써 분노를 거두어 주고
4. 정진으로써 게으름을 거두어 주고
5. 선정으로써 어지러운 마음을 수습하고
6. 지혜로써 어리석음을 수습하며 어리석음을 제거하는 법을 설하며
7. 지옥 아귀 축생 변방지역 장수천 등 팔난에 처한 자를 제도하며
8. 대승법으로써 소승을 즐기는 자를 제도하며
9. 모든 선근으로써 덕이 없는 자들을 제도하며
10. 사섭법으로써 중생을 성취케 한다.

유마경 향적불품에 있는 게송이다. 10가지 선법으로 도와 복을

닦기에 좋은 환경이 지금 우리가 살고 있는 이곳 즉 사바예토세계라는 것이다.

향적세계 보살님들이 사바예토에 놀러 오시다

사바예토로부터 항하의 모래와 같이 수많은 부처님의 나라를 마흔두 번 지난 곳에 중향이라는 나라가 있는데 그곳을 향적세계라고 한다. 향적세계의 보살님들께서 사바세계로 놀러 오셔서 사바세계와 향적세계의 차이를 이야기하는 도중에 나온 이야기다.

사바예토는 성불하기에 최적화되어 있음을 찬탄한다. 향적세계는 모든 것이 향으로 이루어진 세계다. 밥을 안 먹고 향을 맡고 산다. 얼마나 좋을까? 사바예토는 고통을 견디어 내야 하는 곳이니까 고통이 있는 것이 당연하다.

NO Stress NO Progress!

스트레스가 없으면 진보 발전이 없다. 적당한 스트레스는 건강에도 좋다. 어려움에 처했을 때 '역행보살이 왔는가?' 하고 오히려 자신을 되돌아 볼 수 있다. 마음 편한 것만 추구하는 락(樂)은 무덤덤해 졌다가 곧 고(苦)로 바뀌어 버린다. 즐거움이 영원하다는 생각은 참으로 어리석음이다.

"오는 스트레스 막지 말고 가는 스트레스 잡지 말라."

향적세계는 스트레스가 없어서 해탈 성불하는데 수많은 시간이 걸린다. 그러나 지금 우리가 살고 있는 참고 살아야 하는 이 사바세계는 10가지 장점 때문에 공부해서 해탈하기가 좋다.

유마거사께서 설하신 유마경

유마경은 옛날부터 선사 조사께서 많이 읽고 법문할 때도 많이 설하시던 경전이다.
"중생이 아프니 나도 아프다."
아내가 아프면 남편도 아프다는 말이다.
유마경은 초기불교의 핵심인 무아(無我) 대승불교의 핵심인 대아(大我) 선불교의 핵심인 시아(是我) 이 세 가지를 조화롭게 갈무리한 경전이다. 8만 대장경을 다 읽을 수 없기에 불교 경전 한권을 읽고 싶다면 단연코 유마경을 추천한다.
재가 남성신도를 우바새, 재가 여성신도를 우바이라고 한다. 가장 이름난 불자로 보살도를 실천하신 남녀 두 분이 있다. 『유마경』의 유마거사가 있고, 『승만경』의 말리카 왕비의 딸인 승만부인이 있다. 이 두 분의 이야기는 재가불자인 우리들에게 깊은 감화를 주고 있다.

부처님께서 미륵보살에게 유마경을 부촉하시다

내가 지금 무량억의 아승지 겁 동안 아뇩다라삼먁삼보리의 법으로 그대 미륵보살에게 부촉하노라. 유마경을 불멸 후 말세 중에 마땅히 신통력으로서 널리 설하고 유포하여 사바세계에 단절됨이 없게 하여라.

  56억 7천만 년 후에 사바예토에 중생제도를 위하여 강림하기로 결정된 미래의 부처님 미륵보살에게 유마경이 단절됨 없이 지속되도록 위촉하시는 것이다.
  석가모니 부처님께서 설하신 8만4천 법문의 핵심 종지가 다 들어 있기에 다른 어떤 경전보다도 유마경을 중시했다.
  과학기술의 혁신적 발전으로 4차 산업혁명의 시대에 살고 있다. 세계가 한 지붕 한 가족이 된 세상이다. 인터넷으로 모두가 이웃이 된 세상에 살고 있다. 하물며 56억 7천만 년 후의 세상을 한번 상상해 본다면 법문으로 사바세계에 있는 모든 중생을 제도할 가능성은 100% 가능하리라 본다.

인고토의 사바세계에서 열심히 수행해야 하는 이유

"죽으면 온 우주에 떠돌다가 어디서 무엇이 되어 만나랴!"
  김한기 화백의 그림이 생각난다. 알 수 없다. 오직 모를 뿐이다. 인간세상, 즉 사바예토에 다시 태어날 확률은 거의 없다고 한다. 수억만 종의 생명체 가운데 고작 지구의 인구는 약 78억뿐이다.
  천신들은 편해서 공부할 마음을 내지 않고 지옥 축생 아귀 삼악도 중생들은 고통받고 힘든 환경에서 공부할 수가 없다. 고통을 감내해야 하는 사바예토지만 인간만이 수행을 통해 해탈열반에 이를 수 있는 최고의 조건을 갖추고 있다.

사바예토 세계에서 3가지 어려운 일이 있다

 인간으로 태어나기 어렵고, 불법 만나기 어렵고, 해탈하기 어렵다. 인신난득 불법난봉 대도난성(人身難得 佛法難捧 大道難成)
 가장 높고 미묘하고 깊고 깊은 부처님 법 백천만겁 지나도록 만나 뵙기 어렵다. 무상심심미묘법 백천만겁난조우(無上甚深微妙法 百千萬劫難遭遇)

해탈에 이르는 2가지 방법(대도난성)

첫째, 출가자들에게 게송을 통한 공의 이치와 팔정도를 닦아 사성제를 증득하고 아라한과를 얻어 해탈에 이르는 가르침을 주시며, 8만4천 법문을 설하시면서 견성대오하는 가르침을 설하셨다.

둘째, 재가불자들에게는『아미타경』,『관무량수경』,『무량수경』의 정토삼부경을 설하셔서 삼악도가 없는 극락정토로 인도하셨다. 극락정토는 성불할 때까지 정정취 중생으로 화생하여 다시는 윤회하지 않고 수행만 하는 해탈게임 정토세계다. 최고의 경전 법화경 관세음보살 보문품에서도 관세음보살이 중생들을 극락정토로 인도하고 계신다.
 굳은 믿음으로 이해하고 실천해야만 증득할 수 있다. 천생만생 윤회의 쳇바퀴에서 벗어나는 길이다.

인생의 목적은 순간의 행복이 아니라 해탈이다

사바예토에서 극락처럼 살다가 죽으면 진짜 극락정토로 가야 한다. 이분법 이원성 분별법으로 만들어진 윤회(SAMSARA) 게임의 세계이며, 행복 즐거움만 추구하는 애착과 집착의 착유세계. 사바세계는 신도, 인간도 심지어 성불하신 부처님도 늙고 병들어 돌아가야만 하게끔 설계된 세계이니 나도 여러분도 사바 감옥에서 탈출해야 한다.

지금부터 "내 인생의 목표는 해탈이다!"라고 발원한다면 마음도 훨씬 편안해진다. 만약 목표를 행복에 설정한다면 불행한 일이 닥치면 괴로워진다. 행복과 불행은 동전의 양면이고, 손등과 손바닥의 관계다.
Circie of Life!
돌고 도는 것이 인생의 순환법칙이다. 영원한 것은 없는 사바세계의 정해진 법칙이며, 모든 것은 오직 한때. 인간의 속성이라는 것이 잘 나갈 때는 오만, 교만해진다.
역사적으로 보더라도 다 증명이 되고 있다. 선업선과 악업악과의 인과법은 한치의 오차도 없고 다만 시차만 있을 뿐이다. 유마경의 가르침을 마음속 깊이 새기면서 잘 나갈 때는 복덕 짓고 못 나갈 때는 수행하고 공부하면 된다.
경전을 읽다 보면 처음에는 이해하지 못하는 부분이 많다. 그러나 차츰차츰 재미가 붙으면 불법에 물들어 가는 자신을 볼 것이다.

우리 주변에 생활 도인들이 참으로 많다

　선방 수좌들만 해탈하는 것이 아니다. 담배를 끊으면 담배로부터 해탈, 술을 끊으면 알콜에서 해탈, 마약을 끊으면 마약으로 해탈, 탐진치 삼독을 끊게 되면 탐진치에서 해탈이다.
　이런 식으로 접근한다면 멀지 않아 우리 모두 해탈이다. 윤회의 끝과 시작은 알 수 없으며 오직 해탈이 답이다. 인생의 목표가 해탈이라는 큰 발심을 내어 업력에 끄달리는 삶보다 해탈을 이루겠다는 원력의 힘으로 공부하기 좋은 이 사바예토에서 다 같이 해탈해 보자. 나도 해탈, 너도 해탈, 우리 모두 해탈하자.

　천생만생 윤회하며 흘린 눈물이 사대양의 물보다 훨씬 많다. 이제 그대들은 윤회에서 해탈하기에 충분하다. 더 이상 무엇을 윤회할 것인가? 또 하고 싶느냐?
　- '윤회의 시작은 알 수 없다' 경에서

　부처님 설법으로 출가한 왕족 30명 모두 이 게송을 듣고 단박에 아라한의 지위에 올랐다. 부처님께서는 다음과 같은 게송으로 화답하셨다.

　슬기로운 이는 지혜로운 이와 함께 하면 금방 깨닫는다.
　혀가 국맛을 단박에 알듯이!

맺는 말

인연이 닿아 이 책을 읽으시는
모든 분들이 행복하시기를
진심으로 바라며,
마음이 안심의 경지가
되시기를 축원 드립니다.

네이버 블로그
https://blog.naver.com/gskim777
2023년부터 2025년까지
올린 글을 발췌하여 발행했음을 밝힙니다.
더 많은 이야기를 접하고 싶으시면
언제든지 블로그에 방문해주시기 바랍니다.

지리산 귀인산방에서
정산, 비상천
e-mail : gskim777@daum.net
Tel : 010-2488-0906

붓다의 가르침 따라
지리산에서 세월을 잊다

초판 인쇄 2025년 10월 29일
초판 발행 2025년 10월 31일

지은이 김규성

펴낸곳 출판이안
펴낸이/ 이인환
등 록/ 2010년 제2010-4호
주 소/ 경기도 이천시 영창로 314번길 51, 203-302(갈산주공)
전 화/ 010-2538-8468
인 쇄/ (주)아르텔
이메일/ yakyeo@hanmail.net

ISBN : 979-11-985812-4-2(03220)

가격 18,000원

* 잘못된 책은 구입한 서점에서 바꿔 드립니다.
* 출판이안은 세상을 이롭게 하고 안정을 추구하는 책을 만들기 위해 심혈을 기울이고 있습니다.